AU COMBAT

JESSE GLENN GRAY

AU COMBAT

Réflexions sur les hommes à la guerre

Traduit de l'anglais (États-Unis) par Simon Duran

Introduction de Bruno Cabanes
Préface de Hannah Arendt

TEXTO
Le goût de l'histoire

Conseiller éditorial : Guillaume Piketty

Titre original : *The Warriors. Reflections on Men in Battle*

Éditions Tallandier – 2, rue Rotrou 75006 Paris
www.tallandier.com

À ma femme, Ursula,
qui fut naguère au nombre des « ennemis ».

SOMMAIRE

« Il est parfaitement conforme à l'étrange histoire intellectuelle de l'homme que les questions les plus simples et les plus importantes soient celles qu'il se pose le moins souvent. »

Norman Angell

LE SPECTACLE ENVOÛTANT DE LA GUERRE

C'est le propre des grands livres, dit-on, de faire peu à peu leur chemin, de toucher des générations successives en fonction des questions qu'ils posent à chaque époque. *Au combat* est incontestablement de ceux-là. Alors que tant de témoignages ont été publiés, depuis plus de soixante ans, sur la Seconde Guerre mondiale, pourquoi ce livre est-il un « grand livre » ? Pourquoi faut-il absolument le lire ? Sans doute, justement, parce qu'il ne s'agit pas d'un simple livre de témoignage, mais d'une tentative de penser la guerre, de penser en temps de guerre, malgré la pression des événements, malgré la mort qui rôde, malgré la peur[1].

Précisons cependant. *Au combat* n'est pas un livre de philosophie de la guerre, au sens où on l'entend pour Sun Tzu et Clausewitz. Gray ne cherche pas à construire une interprétation générale du phénomène guerrier à partir de la Seconde Guerre mondiale. De son propre aveu, son baptême du feu eut plutôt pour conséquence d'ébranler en lui toute foi dans les

1. Je suis particulièrement reconnaissant à Lisa Gray Fisher et Sherry Gray Martin, les deux filles de Jesse Glenn Gray, pour la confiance qu'elles m'ont témoignée. Je sais combien la traduction en français du livre de leur père est importante à leurs yeux. Ce projet aurait été impossible sans le travail méticuleux accompli par Anne-Laure Bonnet aux éditions Tallandier et par le traducteur Simon Duran. Merci à Martin Woessner (The City College of New York, CUNY) de m'avoir fait bénéficier de sa connaissance de l'œuvre de Gray, et à Juliette Rigondet pour ses suggestions. Merci aussi à Flora, ma première lectrice et toujours la plus exigeante.

systèmes interprétatifs. « Même les grands penseurs de la civilisation occidentale parurent soudainement perdre leur stature », confie-t-il. Ce qu'il s'efforce de faire, plus modestement, c'est donner du sens à *son* expérience de guerre, en revenant, encore et encore, aux notes qu'ils a prises pendant le conflit, et en restant au plus près de l'expérience concrète, celle du corps, celle des sentiments éprouvés, celle des paysages traversés.

Né en 1913, près de la petite ville de Mifflintown, en plein cœur de la Pennsylvanie rurale, Gray fait ses études supérieures à Juniata College puis à Pittsburg et à New York. Au matin du 8 mai 1941, il reçoit une lettre à en-tête de Columbia. Elle lui apprend que sa thèse de doctorat sur Hegel vient d'être acceptée. Ironie du sort, il trouve aussi dans son courrier un papier de l'armée américaine l'informant de son incorporation imminente. Quelques mois plus tard, les États-Unis entrent en guerre.

En 1943, Gray part rejoindre une division d'infanterie en Afrique du Nord ; il participe à la campagne d'Italie puis à la libération de la France. « J'avoue qu'un grand nombre des Américains que j'ai fréquentés dans l'armée m'ont frappé par leurs différences, écrit-il. Je n'en avais jamais rencontrés de semblables auparavant, et je n'en ai pas rencontrés depuis. Rien n'aurait pu me faire mieux voir à quel point le cercle au sein duquel nous évoluons en temps de paix est étroit. » Dans les paysages enneigés de l'Alsace, à l'hiver 1944-1945, il fait face avec ses camarades à la résistance acharnée des troupes ennemies. La mission de son unité est de démasquer les espions et les saboteurs qui peuvent s'être infiltrés dans la population civile et menacer la sécurité des troupes alliées. En Allemagne, il sert comme officier de renseignement, avant d'être démobilisé avec le grade de sous-lieutenant en octobre 1945.

Il y revient à l'été 1946. On demande à Gray de donner des cours de philosophie à l'université Ludwig-Maximilian de Munich. La ville a été dévastée par les bombardements alliés. Là où s'élevaient jadis les bâtiments de la vieille ville, s'ouvrent maintenant de nouvelles perspectives sur les Alpes toutes proches. La ville est crasseuse, infestée de rats. La poussière envahit tout. « On la sentait sur les mains et dans les cheveux, poussière, on la sentait sur la langue, desséchante et fade, soif, le besoin permanent de se laver les mains… », note l'écrivain Max Frisch[1]. Dans un article publié dans *Commentary* en 1948, Gray décrit les bâtiments en ruines de l'université, des auditoires transis de froid et affamés par les restrictions alimentaires de l'après-guerre. « Ces hommes ne ressemblaient pas à des étudiants. Leurs âges étaient incertains, difficiles à deviner en regardant les visages. Leurs habits étaient indéfinissables : quelques pièces d'uniformes, des costumes civils usés, des tabliers de charpentier, des couvre-chefs de toutes les formes et de toutes les tailles – à l'exception de l'élégante casquette que portaient autrefois les étudiants. Aucune gaîté, ni rires ni cris : luttant contre le vent glacial de janvier qui s'engouffrait dans la cour de l'université, ils allaient travailler en silence et sans joie, comme des ouvriers qui attendent la fin de la journée. » Le regard qu'il porte sur la dénazification est désabusé. Comment faire le tri entre les enseignants dignes de confiance et ceux qu'il faut révoquer[2] ?

Est-ce à cette époque que Gray lit pour la première fois les travaux de Martin Heidegger, dont il deviendra le plus grand spécialiste aux États-Unis et le traducteur attitré pour l'éditeur Harper & Row ? L'ironie veut que le jeune officier américain qui a interrogé par dizaines des anciens membres du parti nazi faits prisonniers soit aussi le meilleur ambas-

1. Max Frisch, *Jetzt ist Sebenszeit. Briefe, Notate, Dokumente 1943-1963*, Francfort, Suhrkamp, 1998, p. 22-45, cité par Anne Duménil, « L'expérience intime des ruines : Munich, 1945-1948 », *in* Bruno Cabanes et Guillaume Piketty (dir.), *Retour à l'intime au sortir de la guerre*, Paris, Tallandier, 2009, p. 101-115.

2. Jesse Glenn Gray, « Munich University : Class of '50. A Case Study in German Re-education », *Commentary*, Mai 1948, p. 440-448. Voir aussi Jesse Glenn Gray, « Denazification. An American Appraisal », *American Perspective*, vol. III, n° 8, janvier 1949. La dénazification des universités allemandes a été étudiée notamment par Steven P. Remy, *The Heidelberg Myth : The Nazification and Denazification of a German University*, Cambridge Mass., Harvard University Press, 2002.

sadeur aux États-Unis, avec Hannah Arendt, des idées de Heidegger, interdit d'enseignement jusqu'en 1951-1952 pour avoir accepté la charge de recteur de l'université de Fribourg sous le Troisième Reich. Pour autant, de l'avis des spécialistes, Gray est un heideggérien modéré qu'embarrasse le culte du « petit magicien de Messkirch » dans l'Allemagne des années 1950[1]. Le penseur Heidegger, si séduisant par ses fulgurances, se concilie difficilement, à ses yeux, avec l'homme Heidegger et ses compromissions avec le régime nazi.

Pendant des années, Gray joue le rôle de passeur du philosophe allemand. Il revient de ses voyages à Fribourg, où vit le maître, les bras chargés de livres à traduire, et publie régulièrement des articles sur son œuvre[2]. Autant la prose de Heidegger est souvent obscure, autant celle de Gray sait être limpide. Son abondante correspondance avec Hannah Arendt, rencontrée au début des années 1960, témoigne de leurs efforts communs pour rendre accessible la philosophie de Heidegger au public américain. À chaque nouvelle traduction, Gray consulte sa « chère Hannah ». « En prenant de l'âge, tu deviens de plus en plus claire », lui écrit-il. « Malheureusement, on ne peut pas en dire autant de Heidegger[3]. »

De retour en Amérique, Gray se voit proposer un poste universitaire à Colorado College. Il s'y établit comme l'un des meilleurs connaisseurs de la philosophie allemande, de Hegel bien sûr, auquel il a consacré ses premiers travaux[4], mais aussi de Karl Jaspers et de Martin Heidegger. Un excellent connais-

---

1. Martin Woessner, « J. Glenn Gray : Philosopher, Translator (of Heidegger) and Warrior », *Transactions of the Charles S. Peirce Society*, été 2004, vol. XL, n° 3, p. 487-512.

2. Par exemple, Jesse Glenn Gray, « Heidegger's Being », *The Journal of Philosophy*, volume XLIX, n° 12, Juin 1952, p.415-422.

3. Lettre de Jesse Glenn Gray à Hannah Arendt, 21 novembre 1971, Fonds Hannah Arendt, Bibliothèque du Congrès, Département des manuscrits, Washington D.C.

4. Jesse Glenn Gray, *Hegel's Hellenic Ideal*, New York, King's Crown Press, 1941.

seur, certainement, mais pas un « expert », tant il refuse cette forme de spécialisation sur un seul auteur ou sur un seul champ d'étude[1]. Pour lui, la véritable éducation philosophique doit apporter autre chose, une forme de curiosité, d'ouverture au monde que révèlent tous ses textes sur la violence et sur la guerre[2]. Si l'on se souvient aujourd'hui de Jesse Glenn Gray, disparu en octobre 1977 – si l'on s'en souvient aux États-Unis, car en France, il est malheureusement totalement inconnu –, c'est surtout pour un petit livre paru en 1959 : *Au combat. Réflexions sur les hommes à la guerre*.

Pour Jesse Glenn Gray, comme pour la plupart des Américains de sa génération, la Seconde Guerre mondiale fut un rite d'initiation, un moment fondateur. Durant ses quatre années de guerre, Gray n'avait pas cessé de consigner ses impressions dans des carnets qu'il portait sur lui : l'expérience des combats, la libération de l'Europe, la dénazification. C'est à partir de ces notes prises au jour le jour qu'à partir de la fin des années 1950, il commence à rédiger *Au combat*. Passé inaperçu lors de sa parution, ce qui reste comme son maître livre est néanmoins réimprimé en 1967, avec une introduction particulièrement élogieuse de Hannah Arendt, qui assure sa postérité. Dans une nouvelle édition parue trois ans plus tard, Gray écrit qu'*Au combat* est destiné à « soigner les blessures intellectuelles de la Seconde Guerre mondiale ». Mais à l'époque, ce sont surtout les blessures de la guerre du Vietnam qu'il faut soigner. Depuis, le temps a passé. Les États-Unis sont engagés dans une guerre contre le terrorisme, qui semble sans fin. Et le cercle des lecteurs de Jesse Glenn Gray n'a cessé de s'agrandir.

De sa belle écriture poétique, Gray sait rendre ce qui est au cœur de l'expérience quotidienne d'un soldat : le passage pro-

1. Lettre de Jesse Glenn Gray à Hannah Arendt, 12 novembre 1965, Fonds Hannah Arendt, Bibliothèque du Congrès.
2. Jesse Glenn Gray, *On Understanding Violence Philosophically and Other Essays*, New York, Harper & Row, 1970.

gressif de l'état de civil à celui de combattant, la loyauté à l'égard des compagnons d'armes, la tendance constante à déshumaniser l'ennemi, du moins à ne plus le considérer que comme une entité collective, la blessure morale qui est au cœur des combats, et cette forme d'exaltation que le philosophe explique par la dimension érotique de la guerre. Si le dernier chapitre de son livre (« L'avenir de la guerre ») est plus théorique, pour le reste, *Au combat* est un ouvrage exceptionnellement *incarné*, qui donne à voir la guerre comme peu de témoignages, même parmi les plus remarquables, ont jamais réussi à le faire. Ici, il décrit des dizaines de cadavres de chevaux, abandonnés sur une route italienne par l'armée allemande, au printemps 1944 ; ailleurs, l'expression apaisée qu'il croit lire sur le visage d'un jeune soldat allemand qui vient d'être pendu par les SS pour tentative de désertion ; ailleurs encore, le spectacle affligeant des femmes tondues à la Libération.

Pour bien comprendre la portée du livre de Jesse Glenn Gray, ne perdons pas de vue qu'il a été publié à peine quinze ans après la fin du conflit, alors que le mythe de la Seconde Guerre mondiale comme « guerre juste » est à son apogée. La génération des vétérans du second conflit mondial – *the greatest generation*, pour reprendre l'expression de Tom Brokaw[1] – fait alors l'objet de toutes les attentions, elle bénéficie de programmes sociaux ambitieux (le fameux G.I. Bill) et d'une popularité exceptionnelle au sein de la population américaine. C'est elle qui contribue à diffuser l'image de la « bonne guerre » faite par des « héros » au nom d'une « noble cause ». Au fil du temps, cette image ne cesse de se renforcer, notam-

1. Tom Brokaw, *The Greatest Generation*, New York, Random House, 1998. Certains travaux ont questionné l'image de la Seconde Guerre mondiale comme « guerre juste » avant la parution du livre de Brokaw, par exemple Michael C. C. Adams, *The Best War Ever : America and World War II*, Johns Hopkins University Press, 1993. Mais la remise en cause du mythe de la *greatest generation* est plus forte dans l'historiographie américaine depuis une dizaine d'années. Pour une mise au point, voir Kenneth D. Rose, *Myth and the Greatest Generation. A Social History of Americans in World War II*, New York, Routledge, 2008.

ment lors de la guerre du Vietnam. Après tout, qu'il s'agisse de la guerre du Pacifique, dont l'historien John Dower a étudié la dimension raciale dans un livre célèbre[1], ou du théâtre européen, qui aurait osé remettre en cause le bien-fondé de la mission défendue par les États-Unis ?

La perspective adoptée par Jesse Glenn Gray est totalement différente. Lorsqu'il publie *Au combat* en 1959, il dédie son livre à sa femme Ursula, d'origine allemande. « Naguère au nombre des "ennemis" », note-t-il malicieusement. On ne peut mieux dire le déplacement du regard auquel invite le philosophe : se défaire de la confortable justification morale offerte aux soldats américains par leur victoire sur les totalitarismes et réexaminer l'expérience de guerre avec honnêteté et lucidité.

En voici un exemple. Dans les plus belles pages de son livre, Gray confesse la fascination que le spectacle de la guerre exerce sur lui, lorsqu'il observe, d'une barge de débarquement, le bombardement de la côte varoise par l'aviation américaine. Dans la demi-obscurité du petit matin, l'horizon crépite de mille éclats lumineux. Le choc sonore des bombes est tel qu'il provoque un effet de sidération sur ceux qui assistent, du large, au débarquement. La guerre offre un spectacle terrifiant et sublime qui submerge les individus, les tient sous son pouvoir hypnotique et leur fait sentir à la fois l'immense force que les armées modernes sont capables de déployer et leur extrême vulnérabilité d'êtres humains. Innombrables sont les témoignages de cette fascination dans la littérature de

1. John Dower, *War Without Mercy. Race and Power in the Pacific War*, New York, Pantheon Books, 1986. En comparaison, la guerre menée par les G.I. sur le théâtre européen est beaucoup moins idéologique et de nombreux soldats américains semblent ignorer les motivations profondes de leur lutte contre l'Allemagne et l'Italie (Paul Fussell, *Wartime*, Oxford University Press, 1989, trad. fr. : *À la guerre. Psychologie et comportements pendant la Seconde Guerre mondiale*, Paris, Éditions du Seuil, 1992, chapitre x). Pour une analyse comparée des générations de soldats américains depuis la Première Guerre mondiale, voir également Peter S. Kindswatter, *American Soldiers. Ground Combat in the World Wars, Korea & Vietnam*, University Press of Kansas, 2003, chapitre v.

guerre[1]. Mais rares sont ceux qui ont su décrire, comme le fait Gray, l'ébranlement moral qu'apporte le spectacle de la guerre.

Dans un autre passage, le philosophe va encore plus loin : « Quiconque a observé des artilleurs sur le champ de bataille, ou regardé dans les yeux de combattants aguerris au sortir du carnage, ou encore étudié les descriptions que des bombardiers ont pu donner des sentiments qui étaient les leurs au moment de frapper leurs cibles, trouvera qu'il est difficile d'échapper à la conclusion qu'il existe une jouissance de la destruction. » Aveu d'autant plus déroutant qu'il ne vient pas d'un homme ensauvagé par la guerre, mais d'un intellectuel pétri de valeurs humanistes, animé par une forte sensibilité religieuse. Aveu qui apparaît, finalement, dans un assez grand nombre de sources[2] et sur lequel les historiens de la guerre – notamment les spécialistes du premier conflit mondial – ont commencé, depuis peu, à travailler[3].

La réflexion sur la notion de culpabilité est d'ailleurs au cœur du livre de Gray. Le sixième chapitre (« Le tourment de la culpabilité ») lui est intégralement consacré. Le philosophe analyse avec beaucoup de précision comment l'éducation militaire puis les rapports d'autorité au sein de l'armée favorisent la suspension du jugement moral chez les combattants. Au cœur de la bataille, les soldats « se comporte[nt] comme des cellules au sein d'un organisme militaire, exécutant ce qu'on attend d'eux ». Gray exprime sa surprise face à l'importance démesurée que tant de ses camarades attachent à leur serment de soldat. Il rapporte cette remarque, entendue à de multiples

1. William R. Hochman, « The Enduring Fascination of War », in Timothy Fuller (dir.), *Something of Great Constancy. Essays in Honor of the Memory of J. Glenn Gray, 1913-1977*, The Colorado College, Colorado Springs, 1979, p. 158-186.

2. Peter Kindswatter, *American Soldiers, op. cit.*, chapitre VII : « The Joys of War ».

3. Par exemple, le travail pionnier de Joanna Bourke, *An Intimate History of Killing. Face to Face Killing in Twentieth Century Warfare*, Londres, Granta, 1999.

reprises : « Lorsque j'ai levé la main droite pour prêter serment, je me suis délivré des conséquences de mes actes. Je ferai ce qu'on me dira de faire et personne ne pourra me le reprocher[1]. »

Les débats sur le poids de l'autorité militaire et étatique sont nombreux, depuis le procès de Nuremberg (1945-1946), le procès Eichmann (1961-1962), jusqu'au massacre de My Lai en 1968 ou plus récemment le scandale de la prison d'Abu Ghraib en Irak. De manière significative, *Au combat* paraît seulement quelques années avant *Eichmann à Jérusalem* (1963), le célèbre essai dans lequel Hannah Arendt pose la question de la « banalité du mal[2] », et les expériences menées à Yale par le psychologue Stanley Milgram (1961-1963) sur la perte du sens de la responsabilité individuelle lorsqu'une personne est soumise à une autorité supérieure. Il participe de la même séquence chronologique.

Gray poursuit sa réflexion en étudiant l'impact de la mécanisation des armées modernes sur les combattants. Les armes sont souvent perçues par les soldats comme une forme d'extension de leur corps, comme une partie d'eux-mêmes, explique-t-il dans des pages très intéressantes[3]. Paradoxalement, elles leur permettent aussi de mettre à distance l'acte de tuer, comme si c'était l'arme qui tuait et non pas celui qui appuie sur la gâchette. Ces pages de Gray sur l'automatisation de la vie militaire trouvent leur illustration dans les mutations technologiques engagées par l'armée américaine pendant la Seconde Guerre mondiale, notamment l'essor de

1. En réalité, Jesse Glenn Gray montre bien aussi comment il est possible de ne pas tenir compte d'un ordre immoral ou de répondre aux ordres de façon détournée sans y obéir. Pour une mise au point générale, Michael Walzer, *Just and Unjust Wars*, 1977, trad. fr. *Guerres justes et injustes*, Paris, Belin, 1999, chapitre XIX, rééd. Gallimard, Folio Essais, 2006.

2. Initialement parus sous la forme d'articles dans le *New Yorker*, les textes d'Hannah Arendt ont été réunis en 1963 sous le titre : *Eichmann in Jerusalem. A Report on the banality of Evil* (New York, Viking Press).

3. Sur ces questions, voir aussi les développements de Stéphane Audoin-Rouzeau dans *Combattre. Une anthropologie historique de la guerre moderne (XIXe-XXIe siècles)*, Paris, Éditions du Seuil, 2008, p. 252-262.

la guerre aérienne et l'utilisation de l'arme atomique. La haute altitude de vol des bombardiers, associée à la couverture nuageuse, dérobe aux pilotes la perception concrète des conséquences de leurs actes. « La brutalité d'un bombardement de masse est très impersonnelle », témoigne l'un d'eux. « J'accomplissais ma mission près de quatre miles au-dessus du point d'impact. Dans ces circonstances, il est difficile d'avoir le moindre sentiment de porter atteinte à un ennemi[1]. » À l'inverse, la réduction de l'altitude de vol, par exemple lors des raids dévastateurs contre Tokyo sous la direction de Curtis LeMay au printemps 1945, semble s'être accompagnée de troubles psychologiques de plus en plus nombreux parmi les pilotes. Plusieurs témoignages les décrivent agités de tremblements durant les heures qui suivent leur retour à la base[2].

Cinquante ans plus tard, l'écho des analyses de Jesse Glenn Gray est encore plus fort, depuis que la première guerre du Golfe a consacré la doctrine de la « guerre chirurgicale ». Qu'advient-il lorsque la guerre est faite à distance, sur des écrans de contrôle[3] ? Les pilotes de drones qui détruisent leurs cibles à partir d'une base située dans le Nevada et qui rentrent chez eux le soir après leur journée de travail ont-ils encore un sentiment de responsabilité[4] ? En lisant les pages superbes que Gray consacre à l'expérience morale de la guerre, on ne peut qu'être frappé par leur modernité. Notamment lorsqu'il interroge l'avenir de la violence : « Si nos guerres devaient transformer tous les combattants en tueurs, la vie civile serait

1. Philip Ardery, *Bomber Pilot : A Memoir of World War II*, Lexington : University Press of Kentucky, 1978, p. 106.

2. Wilbur H. Morrison, *Point of No Return : the Story of the 20th Air Force*, New York, 1979.

3. Sur cette révolution technologique, voir notamment Peter W. Singer, *Wired for War : The Robotics Revolution and Conflict in the 21st Century*, Penguin, 2009, et Stephen Graham, *Cities Under Siege. The New Military Urbanism*, Londres, New York, Verso, 2010.

4. À l'été 2008, plusieurs articles dans la presse américaine ont fait état d'un nombre croissant de pilotes de drones souffrant de troubles post-traumatiques.

menacée pour plusieurs générations, ou bien elle deviendrait tout simplement impossible. »

Gray se révèle être enfin, à travers ces lignes, un philosophe de la fraternité, un exceptionnel analyste des liens qui unissent les compagnons d'armes lorsqu'ils traversent ensemble l'épreuve du danger et celle de la mort : « D'innombrables soldats sont morts, plus ou moins volontairement, non pour leur patrie, leur honneur ou leur foi religieuse, ou pour tout autre bien abstrait, mais parce qu'ils avaient conscience que, en abandonnant leur poste pour sauver leur vie, ils exposeraient leurs compagnons à un plus grand péril. Le moral du combattant a pour essence cette loyauté envers le groupe », écrit-il.

Depuis l'article fondateur des sociologues Shils et Janowitz sur les « groupes primaires[1] », nombreux sont les travaux qui ont mis en évidence l'importance des communautés de combattants en temps de guerre[2]. Mais Jesse Glenn Gray le fait avec une attention soutenue à l'expérience concrète du champ de bataille, aux rituels d'intégration des nouveaux venus dans une unité, aux deuils vécus et portés en commun. « Bien des anciens combattants auront, je pense, l'honnêteté d'admettre que leur expérience d'un effort mené en commun au combat, y compris dans les conditions nouvelles imposées par la guerre moderne, représente un sommet de leurs existences », conclut-il. « Malgré l'horreur, l'épuisement, la crasse et la haine, il y a dans le fait de se soumettre avec d'autres aux hasards de la bataille quelque chose d'inoubliable qu'ils n'auraient certaine-

---

Selon certains psychiatres militaires, ces cas de PTSD s'expliqueraient notamment par le fait que les pilotes de drones peuvent visualiser avec précision les dégâts humains et matériels causés par leurs armes, à la différence des pilotes de bombardiers.

1. Edward E. Shils et Morris Janowitz, « Cohesion and Disintegration in the Wehrmacht in World War II », *Public Opinion Quarterly*, volume XII, No 2, été 1948, p. 280-315.

2. Notamment S.L.A. Marshall dans son étude célèbre des combattants américains de la Seconde Guerre mondiale (*Men against Fire. The Problem of Battle Command in Future War*, New York, 1947) et les quatre volumes édités par Samuel Stouffer (*The American Soldier. Combat and Its Aftermath*, Princeton, NJ, 1949).

ment pas voulu manquer. Quiconque n'en a pas fait l'expérience pour lui-même aura du mal à comprendre ce sentiment, tout comme ceux qui sont passés par là auront du mal à l'expliquer aux autres. C'est bien ce sentiment qui explique l'étrange combinaison de sérieux et d'insouciance qu'on observe si souvent chez les hommes au combat. »

Bruno CABANES
Professeur associé, département d'histoire,
Université Yale (États-Unis)

PRÉFACE

Quelque chose d'étrange et d'inquiétant est arrivé à ce livre lorsqu'il fut publié il y a sept ans. En règle générale, les très bons livres ne passent pas inaperçus, de même que seuls les très mauvais livres, espérons-nous, s'entassent chez les éditeurs avant de finir au pilon. À vrai dire, entre ces deux extrêmes, tout ce qu'on peut imaginer peut arriver et arrive en effet à la majorité des ouvrages imprimés : indifférence, *succès d'estime*[1], liste des best-sellers. Et comme il pourrait difficilement en aller autrement, au vu du déluge de publications qui, d'un bout à l'autre de l'année, inonde les critiques comme les lecteurs, la présence dans notre environnement culturel d'un minimum d'ouvrages de référence et d'un minimum d'intégrité intellectuelle dépend pour beaucoup de cette règle. Mais les exceptions confirment la règle, et quand nous voyons qu'*Au Combat* de Glenn Gray en fait partie, nous pouvons seulement espérer qu'elles soient rares. Ce livre fut presque complètement négligé lors de sa parution, et pourtant, par sa seule présence en librairie, il acquit lentement et sûrement son propre cercle, non seulement d'admirateurs mais aussi d'amoureux, des lecteurs issus d'horizons très différents qui le chérissaient comme on chérit une découverte personnelle, et qui, peut-être pour cette raison si personnelle, se mirent à considérer son auteur en termes d'affinité, de proximité et d'affection, sentiments que même les chefs-d'œuvre suscitent très rarement. Alors, consolons-nous

1. En français dans le texte.

en espérant qu'un accueil si fraternel, non médiatisé par l'opinion des critiques ou l'opinion publique, attende aussi les auteurs qui, pour une raison ou pour une autre, n'ont pas été emportés par le courant suspect de la notoriété.

De plus, s'agissant de ce livre, il y a quelque chose d'étrangement approprié dans le succès lent et intime qu'il a connu. L'auteur, officier de renseignement pendant la Seconde Guerre mondiale, nous y livre son expérience et ce qu'il apprit durant plus de quatre années de combat et d'occupation en territoire ennemi. Et comme ce combattant-là, en qui un ami vit même un jour « le soldat par excellence », se trouvait être en même temps philosophe (assez ironiquement, il reçut son avis d'incorporation dans l'armée par le même courrier qui lui portait son diplôme de docteur en philosophie de l'université de Columbia), il lui fallut quatorze années de remémoration et de réflexion pour comprendre et accepter ce qui s'était produit au cours de ces quatre ans. Tout ce temps lui fut nécessaire pour apprendre la « simplicité » et désapprendre « la simplification de la pensée abstraite », pour atteindre l'aisance dans l'art et le langage des pensées et des sentiments « concrets », et par là même pour comprendre que les notions et les émotions abstraites ne trahissent pas seulement ce qui se passe réellement, mais entretiennent entre elles des rapports vicieux. En effet, « la pensée abstraite est strictement comparable à l'inhumanité des émotions abstraites » : l'amour et la haine qui ont pour objet des ensembles collectifs – mon propre peuple, *l'*ennemi (spécialement en temps de guerre) ; ou encore, en dernier ressort et sur un ton de désillusion, la haine ou l'allégeance aveugle envers l'humanité considérée collectivement, cette dernière étant « sans aucun doute tout autant prédisposée à l'injustice que le sont les nations ».

Ainsi, la première leçon apprise sur le champ de bataille est que plus on se rapproche de l'ennemi, moins on le hait. En effet, « éloigné de la zone de combat, un civil sera presque certainement plus assoiffé de sang que le soldat qui se trouve au front », à moins, bien sûr, que le soldat soit un tueur, mais seuls les pacifistes qui sont animés par des notions et des émotions abstraites les confondront l'un l'autre. C'est pourquoi « des soldats qui nourrissaient des émotions concrètes jugeaient le climat moral au front tellement plus supportable qu'à l'arrière des lignes qu'ils en acceptaient volontiers la tension et le danger supérieurs régnant dans les zones de combat ». Ces soldats devinrent les frères spirituels de l'auteur, car eux aussi auraient considéré que Nietzsche avait « certainement raison » lorsqu'il écrivait : « Plutôt périr que haïr et craindre, et plutôt périr deux fois que se faire haïr et redouter. » La seconde leçon était qu'aucun « isme », ni le nationalisme ni même le patriotisme, et aucune émotion ne sont susceptibles d'endoctriner et de manipuler les hommes, mais seulement la fraternité, car « le moral du combattant a pour essence cette loyauté envers le groupe ». Cet auto-apprentissage du concret, cette inébranlable fidélité au réel, aussi difficile à atteindre pour le philosophe, lui qui est rigoureusement formé à la pensée abstraite, que pour l'homme du commun, qui se complaît dans des sentiments et des émotions qui ne sont pas moins abstraits, est la marque distinctive de ce livre singulièrement beau et sincère.

Ce qui ne peut manquer de frapper tout d'abord le lecteur dans ce livre sur la guerre, c'est la sérénité particulière qui s'en dégage, le ton paisiblement méditatif d'une voix qui jamais n'enseigne ni ne prêche, mais exprime avec la plus grande modestie ce dont l'auteur se souvient. Dès la première page, la mémoire est convoquée : après quatorze ans, Gray a entrepris de relire son journal et sa correspondance de guerre. Voici le décor planté. Ces pages relues lui paraissent « tristes, risibles et étranges », ainsi que Platon qualifie, à la fin de *La République*, les hommes qui évoluent dans les limbes. Mais elles lui font aussi prendre conscience de la prépondérance de l'oubli, de l'« absence de continuité entre ces années-là et ce que je suis devenu », et à présent il a « peur d'oublier », car il se pourrait bien qu'un tel oubli confirme une des « peurs les plus profondes qui me tenaillaient pendant mes années de guerre [...] celle que ces événements n'aient aucun sens », que « peut-être ils ne signifiaient rien ou pas grand-chose ». Cette peur, confesse l'auteur, « est encore en moi ». D'où nous pouvons conclure qu'il n'oublia jamais mais qu'il fallut attendre que le moment fût venu de parler.

De façon assez surprenante – comme s'il ignorait combien ce qu'il avait à dire irait en ce domaine à contre-courant des convictions à la mode et des sensibilités modernes –, il commence son récit par « l'attrait persistant du combat » : la « confrérie du danger » ; la « puissante fascination » du « spectaculaire » ; « le caractère poignant et intense » de l'existence en face du danger, car « tout comme la félicité propre à l'amour érotique est tributaire de sa nature éphémère, la vie est douce en raison des menaces de mort qui l'assaillent » ; l'« insouciance » qui vient de ce que « nous nous trouvons délivrés de notre impuissance individuelle et enivrés du pouvoir que nous offre l'union avec nos semblables », sentiment qui s'apparente au plaisir esthétique intense que nous éprouvons lorsque nous sommes à ce point absorbés par son objet que notre « ego nous déserte » et que nous ne nous sentons plus « reclus entre les murs du moi et livrés aux insuffisances de l'ego » ; enfin, le caractère « compulsif » de l'amour en temps de guerre, lorsqu'il « s'abat sur nous "comme le vent de la montagne sur le chêne, ployant feuilles et branches", pour reprendre l'image frappante de la poétesse Sappho ». Gray résume ce que sont les attraits persistants du combat en citant un propos du général Robert E. Lee : « Heureusement que la guerre est si terrible, autrement nous finirions par trop l'aimer », ou en se servant à maintes reprises du mot « extase ». Car ce qu'ont en commun toutes ces expériences, c'est qu'en elles les hommes se tiennent littéralement, ou même sont jetés, hors d'eux-mêmes, soit parce que « le "je" se change insensiblement en "nous" », soit parce qu'ils ressentent si fortement qu'ils font « partie du monde environnant » et qu'ils se sentent si vivants, que, de façon apparemment paradoxale, ils ne se soucient plus de la mort. Il est aisé de convenir que l'amour érotique a une nature extatique, mais le point important, c'est que la fraternité a la même nature, et que l'amitié n'est pas simplement une forme plus intense de la camaraderie, mais son contraire : « Tandis que la fraternité vise à détruire les murs du moi, l'amitié cherche à les étendre tout en les conservant intacts. Là où la relation de fraternité est extatique, la relation d'amitié est totalement individuelle. » L'une est amorale (non pas immorale), l'autre guidée par la responsabilité morale. Mais puisque toute moralité repose sur la conscience de soi, et donc sur un certain amour de soi, c'est la fraternité plutôt que l'amitié qui inspire le sacrifice de soi ; car « l'amitié rend la vie doublement précieuse », et « la peur insupportable qui étreint les amis sur le champ de bataille est à l'opposé de la témérité qui caractérise le soldat-tueur » et de « l'amour comme sacrifice de soi », qui, comme nous le savons fort bien, peut s'animer indifféremment pour les bonnes et les mauvaises causes.

En relisant le livre, on est tenté de le citer indéfiniment et de priver ainsi le lecteur d'y faire lui-même ses propres découvertes et du plaisir immense qui les accompagne. À première vue, nous avons affaire à un livre qui traite de l'*homo furens* et de l'*homo sapiens*, mais en réalité il traite de la vie et de la mort, de l'amour, de l'amitié et de la fraternité, du courage et de la témérité, de la sensualité et d'une certaine « poussée de vitalité », de « la cruauté inhumaine » et d'une certaine « suprême bienveillance », non pas en tant que stéréotypes opposés mais en tant qu'ils peuvent être présents simultanément dans la même personne (car « la guerre comprime les opposés les plus absolus dans le plus petit espace et le temps le plus court », c'est ce qui en elle nous fascine tant), et finalement il traite de la conscience, qui est véritablement le contraire de l'extase, puisque la conscience « implique de s'opposer aux autres et de perdre d'un seul coup leur présence consolatrice ». À vrai dire, ce sont là ni plus ni moins que les données élémentaires de l'existence humaine, « mais si les êtres humains ne sont pas repoussés dans leurs ultimes retranchements, ils auront moins la capacité d'affronter des réalités simples et premières » ou de les méditer.

Aujourd'hui, on en vient aisément à s'opposer à la guerre, et pour Glenn Gray c'est une chose qui va de soi. Nul besoin d'Hiroshima ou de Nagasaki, ni du fait qu'au cours de la Seconde Guerre mondiale il y eut plus de civils tués que de soldats au combat, pour apprendre à l'auteur « le tourment de la culpabilité », un tourment que les romans contemporains ont presque totalement négligé, eux qui traitent pourtant si librement de toutes les autres angoisses du combat. L'un des grands mérites de ce livre est qu'il rend l'opposition à la guerre vigoureuse et convaincante en ne niant pas les réalités et en ne se contentant pas de nous mettre en garde, mais plutôt en nous faisant comprendre pourquoi « pour beaucoup, la perspective d'une paix stérile et insipide est aujourd'hui aussi effrayante que celle d'une grande guerre ». Et pour bien se faire comprendre, l'auteur nous raconte l'histoire d'une Française dont il fit la connaissance au temps des dangers et des souffrances, avant de la retrouver en temps de paix et qu'il retrouva confortablement installée. Elle lui dit : « Tout vaut mieux que cette vie où jour après jour rien ne se passe. Vous savez que je n'aime pas la guerre et que je ne désire pas qu'elle recommence. Mais au moins me faisait-elle sentir vivante, comme je ne me suis jamais sentie vivante avant ou après elle. » Gray commente : « La paix exposait un vide en eux que l'excitation de la guerre leur avait permis de recouvrir », et il nous met en garde contre « le vide qui est en nous », contre l'exaltation de ceux qui se sentent liés « à quelque chose de plus grand que soi-même ». Se pourrait-il que l'ennui soit plus terrifiant que toutes les horreurs de la guerre ?

À sa manière discrète et non démonstrative, le livre revient sur un petit épisode qui eut lieu dans les Apennins. Là, non loin du front, l'auteur rencontra un vieil homme illettré, qui vivait apparemment en ermite. Il fumait paisiblement sa pipe sans autre compagnie que son âne. Le soldat fut immédiatement invité à s'asseoir sur l'herbe à ses côtés, et il s'avéra que le vieil homme était tout à fait déconcerté par le vacarme et la poussière qui se dégageaient de la bataille que l'on pouvait voir au loin ; il ne savait pas qu'une guerre faisait rage. Ceci était déjà passablement étrange. Mais il était encore plus étrange que ces deux hommes, le soldat et l'ermite, « commencent à converser de choses importantes aussi naturellement que le font des gens qui se connaissent bien ». Ici, l'auteur se trouve à nouveau confronté aux « réalités simples et premières », mais à présent à l'écart de l'exaltation de la guerre et des conditions extrêmes de la bataille, « dans la sérénité et la raison », où le « familier et l'évident » ne paraissent plus lointains parce que deux hommes sont en mesure de partager, pour ainsi dire hors de l'histoire, leurs préoccupations au sujet des « questions importantes : Qui suis-je ? Pourquoi suis-je ? Quel est mon rôle dans la vie ? ». C'était là de la fraternité, et elle était possible parce que l'un des deux hommes, le vieil ermite, avait le bonheur de jouir du « don de la simplicité », et que l'autre, soldat et philosophe, avait été dépouillé de ses sophistications ordinaires et de tout ce qui est subtilement erroné dans ce que nous enseignons ou apprenons. Car voici ce qui s'était produit : « Les professeurs qui m'avaient enseigné la philosophie et pour lesquels j'avais nourri tant de respect et d'estime devinrent tout d'un coup des êtres frêles dans mon imagination [...]. Même les grands penseurs de la civilisation occidentale parurent soudainement perdre leur stature et n'être plus que des êtres humains [...]. Leur sagesse était si inadaptée à la situation que c'en était presque grotesque. » On ne pouvait attendre de ce paysan illettré, assis sur l'herbe près de lui, qu'il fût animé par cette sagesse-là ; sa compagnie n'était donc pas inadéquate. Tous deux se trouvaient en dehors de la civilisation, en dehors de la tradition et de la culture, le soldat parce que la guerre l'avait jeté dans la solitude de l'un de ces trous de combat où l'on se trouve sans autre compagnie que la possibilité de « regarder les étoiles dans la nuit », l'ermite parce qu'il avait « comme surgi de la nature elle-même [...] son rejeton authentique ». Ainsi, l'un avait désappris, tandis que l'autre n'avait jamais possédé cette « arrogance » qui pousse les hommes à « s'exagérer la signification de l'histoire humaine relativement au reste du royaume de la nature ».

Le livre se conclut comme il convient par des réflexions sur « l'avenir de la guerre » et les perspectives d'une « paix éternelle ». Rejetant l'optimisme et le pessimisme comme étant également « non pertinents », convaincu que « la paix n'adviendra jamais comme effet de la faiblesse, de l'épuisement ou de la peur », il espère que le jour viendra où les forts et les puissants – « un peuple insigne par ses guerres et ses victoires », pour reprendre les mots de Nietzsche cités par l'auteur – « briseront l'épée » parce qu'ils pourront se permettre de dire que « mieux vaudrait pour les hommes périr deux fois plutôt que se faire haïr et redouter » et qu'« il y a pire que périr sur le coup, c'est survivre sans conserver l'intégrité de sa conscience ». Nulle part ailleurs, peut-être, que dans ces passages, on ne peut mieux comprendre pourquoi un certain ami de Glenn Gray put voir en lui « le soldat par excellence ». Car ils ne font qu'exprimer les conclusions dernières et, dans les circonstances d'aujourd'hui, inévitables, du credo fondamental du soldat – à savoir que la vie *n'*est *pas* le bien suprême.

Hannah ARENDT
New York, février 1966

AVANT-PROPOS, 1970

Comme beaucoup d'Américains, je me suis efforcé d'accepter les horreurs insolites de la guerre au Vietnam, la violence, le chaos et la confusion affective que ces horreurs ont suscitées – ou répercutées – dans notre pays. Pour moi, elles ont une fois de plus rouvert les blessures intellectuelles de la Seconde Guerre mondiale, que j'avais tenté de guérir en écrivant ce livre il y a une dizaine d'années. Au sortir de la présente décennie, se peut-il qu'un effort de réflexion parvienne à atténuer, ne serait-ce que d'un iota, la confusion grandissante qui s'empare de nos esprits ?

À l'époque, je sentais, plutôt que je ne comprenais, que « quelque chose allait mal, terriblement mal » dans la civilisation contemporaine. Ce sentiment procédait du caractère même de la guerre totale, où, pour la première fois, bombarder des civils et des villes pour y semer la terreur était devenu la norme. L'apogée en avait été atteint lors de la destruction de Nagasaki et d'Hiroshima par le plus abstrait des instruments propagateurs de mort.

Dans ce livre, j'essayais de comprendre ce que la pratique de la guerre totale pouvait faire à l'homme en tant qu'homme de guerre. En effet, traditionnellement, lorsque celui-ci tuait un ennemi impersonnel, il n'était pas regardé comme un criminel, comme un meurtrier. Or, à l'époque de la guerre totale, cette distinction s'estompe encore davantage. Et la dissociation entre activités militaires et activités civiles s'accroît dans nos vies au moment même où la distinction entre combattants et non-combattants menace de disparaître complètement. Il me semble maintenant que c'est de là que procédait, dans les années 1950, mon intime conviction que quelque chose allait affreusement mal dans le monde contemporain. Aujourd'hui, peu nombreux sont ceux qui contestent le fait que quelque chose a mal tourné, bien que nous ne parvenions pas à savoir quoi au juste.

Il y a quelques mois, grâce à deux expériences distinctes, j'ai pu ébaucher un aperçu intellectuel de *ce qui* va mal. À l'université de Hawaï, j'ai entendu un philosophe japonais parler du « caractère monstrueux » de la civilisation moderne. Il se référait à l'adoption par le Japon de la science et de la technologie occidentales, dont a résulté l'un des produits intérieurs bruts les plus importants du monde. Or, d'après lui, c'est au même moment que le Japon est devenu la principale des nations sans dieu, une nation sans autre motivation véritable que l'attrait des biens matériels et du sexe. Je fus d'autant plus impressionné par ses mots qu'en le fréquentant pendant une semaine, je pus constater qu'il n'avait rien d'une Cassandre qui se lamente sur la disparition de la foi religieuse et se complaît dans une nostalgie réactionnaire. Pour sérieux qu'il fût, cet homme n'avait rien de lugubre. Son propos et la discussion qui s'ensuivit portaient essentiellement sur la question de savoir si les Orientaux ou les Occidentaux pouvaient survivre sans dieu ou sans dieux. Et sa réponse aux questions explicites qu'on lui posait à ce sujet était un « non » sans appel.

À l'époque, je venais tout juste d'achever un compte rendu de lecture[1] du récit douloureux de Daniel Lang sur l'« incident de la colline 192 », sujet de son *Casualties of War*. Un vétéran du Vietnam y expliquait à Lang pourquoi il s'était décidé à dénoncer et faire traduire en cour martiale les autres membres de sa patrouille, coupables d'avoir, en novembre 1966, enlevé, violé, puis délibérément assassiné une jeune Vietnamienne. Tout en réfléchissant aux raisons qui l'avaient poussé à ne pas participer à ce crime et à prendre le risque de faire juger ses

1. Jesse Glenn Gray, in *New Yorker*.

camarades pour en répondre, cet ancien soldat déclarait à l'auteur :

Nous pensions tous que nous pouvions être morts la minute d'après, alors quelle différence cela pouvait-il faire, ce que nous faisions ? Mais plus je passais du temps sur place, plus je me persuadais que c'était le contraire qui était vrai, à savoir que, parce que nous n'étions peut-être pas là pour très longtemps, il nous fallait prêter encore plus d'attention à notre comportement. En tout cas, c'est ce qui m'a fait croire que la religion m'intéressait. Un autre homme aurait peut-être appelé ça autrement, mais l'idée était simplement que nous avions à répondre de nos actes. Que nous devions en répondre devant quelque chose, devant quelqu'un – peut-être simplement devant nous-mêmes.

Avec leurs mots à eux, le professeur japonais et le vétéran du Vietnam m'ont éclairé sur une chose qui me posait problème depuis longtemps. Ces manifestations de notre époque monstrueuse sont-elles la conséquence de la mort de tous les dieux ? Qu'est-ce que cela signifie que d'essayer de vivre sans dieux ?

Répondre affirmativement à la première question, ainsi que mon expérience de la présente décennie me presse de le faire, dépend en grande partie de mon interprétation de la seconde. Lorsque j'ai écrit ce livre à la fin de la dernière décennie, l'absence des dieux m'était déjà apparue sous un aspect particulier, je veux parler de cette mise à distance de la réalité dans la guerre que j'ai appelée abstraction.

Le sens de l'abstraction s'est manifesté encore une fois à l'occasion du scandale déclenché par le massacre de Song My[1]. Pour le jugement ordinaire, un tel acte paraît bien plus atroce que celui du pilote qui, depuis le ciel, bombarde le même

1. Le 16 mars 1968, à My Lai, hameau du village de Song My, des soldats américains ouvrirent le feu sur des civils. Les victimes furent essentiellement des vieillards, des femmes et des enfants. Le bilan du massacre est encore aujourd'hui controversé, mais on parle de plus de 350 morts. [NdT.]

hameau, ou que celui de l'artilleur qui tire des obus de longue portée. La raison invoquée est que les actes auxquels se livrent les soldats d'infanterie les transforment en brutes. Pourtant, la brutalisation est loin d'être la pire chose qui puisse arriver à un homme, car on en peut guérir à la longue et grâce aussi aux conditions de vie en temps de paix. Mais l'homme qui tue à distance et sans avoir conscience des conséquences de ses actes ne ressent nullement le besoin d'en répondre devant quiconque, pas même devant lui-même. Son état de dépravation est inconscient et peut s'accroître imperceptiblement dans la vie civile. Dissocié de ses actes, il peut devenir bien plus monstrueux que le soldat d'infanterie ou que l'officier subalterne pris de folie au plus fort du combat. Les hommes « effroyablement normaux », qui forment toujours l'immense majorité, sont ceux qui font de notre époque une époque monstrueuse.

Aujourd'hui, je comprends mieux qu'autrefois que ces hommes normaux sont partout. Nul besoin qu'ils soient bombardiers ou capitaines d'artillerie. Les atrocités et les « incidents » du Vietnam sont loin d'être des événements isolés, sans rapport avec la tradition américaine ou toute autre tradition. Bien que les représentants du gouvernement nous assurent du contraire, la réflexion nous enseigne une vérité plus profonde, à savoir que ces actes sont plus ou moins un produit de la culture moderne, laquelle s'est de plus en plus établie comme une culture sans dieux.

Quelles sont les autres implications d'une existence sans dieux ? En premier lieu, la propension à oublier ce monde qui nous enlace et auquel nous sommes si totalement liés, aussi bien comme individus que comme espèce. Nous ne sentons plus que nous avons à répondre de cet enlacement qui agit en nous sous les espèces de la mémoire, de l'imagination et de la conscience, et hors de nous sous les espèces de la terre, du soleil, de l'air et de l'eau. Nous oublions que ce ne sont pas là simplement des choses de notre environnement, mais les puissances naturelles et les fibres dont nous sommes faits et qui nous permettent de soutenir l'existence à chaque instant. Ce sont des verbes, pas des substantifs ; or, la notion de sans-dieux étant adverbe, elle qualifie ces verbes, hélas aujourd'hui dans un sens négatif.

C'est de façon inconsidérée que nous concevons la nature en tant qu'environnement extérieur. Penser, et vraisemblablement aussi se remémorer, sont supposés être des choses « non naturelles ». Mais ce qui nous soutient dans l'être comprend aussi bien les activités non matérielles de la pensée, de la mémoire et de la création, que la digestion, la respiration, la locomotion et ainsi de suite. Il est fort possible que ces choses ne soient pas d'un genre si différent, comme peut-être un jour nos sciences l'établiront.

Une telle existence sans dieux signifie que notre espèce se figure être le but final de la création, et peut-être pas seulement de notre minuscule planète, mais aussi, à présent que nous avons franchi les limites de l'atmosphère terrestre, de tout le cosmos dans son amplitude et étendue inconcevables. Cela suppose une capacité à oublier le fait le plus évident de notre mortalité, à savoir que nous sommes dans la création des tard-venus, et probablement aussi des partants de la première heure. Un autre élément constitutif du caractère monstrueux de la civilisation contemporaine est la dissociation de l'homme, comme individu et comme espèce, à l'égard de l'arrière-plan multiple et illimité de son existence.

Par d'étranges voies, la religiosité conformiste de certains met en évidence le phénomène de l'absence des dieux tout aussi sûrement, si ce n'est plus, que l'athéisme avoué de certains autres. En se raccrochant à un univers centré sur l'homme et en façonnant dieu à notre image, ils abjurent de façon trop caricaturale l'arrière-plan multiple de l'homme qui pense. En insistant sur la croyance – qu'ils ne différencient pas de la foi –, ils montrent qu'ils se défient des idées contemporaines et cèdent à leur atavisme dans le pire sens du mot. Le dieu qu'ils cherchent est toujours le « Dieu de nos pères », et jamais le dieu des enfants de nos enfants. Leur religion semble à peine proposer quelque chose de plus que superstition et consolation. Pour eux, vivre sans dieux reviendrait à nier l'existence physique du dieu des juifs et des chrétiens, que toujours ils se représentent comme une Personne et conçoivent en lettres majuscules, un dieu qu'ils prient lorsqu'ils sont en détresse et qu'ils louent quand les temps sont meilleurs. Parler des dieux, comme le faisait le philosophe japonais, leur paraîtrait relever d'une conception primitive, puisque chacun sait que le monothéisme est « supérieur » au polythéisme. Peu nombreux sont ceux qui considèrent sérieusement le fait que d'autres religions du monde ont leur propre dieu ou même leurs propres dieux, et encore moins nombreux ceux qui tiennent compte du fait, pourtant évident, que le dieu des juifs et des chrétiens n'est pas vraiment le même pour chaque croyant. Ceux-là ne pourraient pas davantage comprendre la remarque simple et profonde de cet ancien soldat qui disait que « nous avons à répondre de nos actes devant quelque chose, devant quelqu'un – peut-être simplement devant nous-mêmes ».

Si, à la rude lumière des réalités de l'époque, la tentative des hommes de vivre sans dieux paraît avoir échoué, est-il possible de renverser le cours des choses ? Perplexes, certains penseurs sont persuadés qu'on ne peut rien faire. Ils considèrent que notre culture techno-électronique est comme un destin qu'il nous faudrait vivre jusqu'à son accomplissement final. D'après eux, le problème que pose le phénomène de l'absence des dieux ne relève pas d'une crise morale, ou d'un échec de l'homme ; il consiste plutôt en un retrait des divinités du champ de vision humain. Un tel retrait s'est accompli graduellement et lentement au cours des siècles derniers, coïncidant avec la lente ascension de l'homme jusqu'à la domination et l'exploitation de la nature extérieure. Séparé de sa source et de son habitat originel, l'esprit laisse inévitablement place aux idéologies subjectives, qui prennent alors leur essor en conflit les unes avec les autres. Ces idéologies constituent la forme et la substance mêmes de la réalité d'aujourd'hui. Penser que nous pourrions modifier notre destin grâce à une réforme morale, aussi profonde fût-elle, c'est se bercer d'illusions. Les puissances de l'histoire sont supérieures à toutes les résolutions des hommes, y compris celles de l'homme même.

Je reconnais que la réforme morale est loin de pouvoir répondre de façon appropriée au retrait du sens du divin dans l'existence humaine. La religion n'est pas la moralité ; elle est à la fois plus et moins que la moralité. Pourtant, je ne suis pas disposé à accepter la conclusion que rien ne peut être « fait » pour modifier notre destin. Bien qu'une conscience profondément religieuse, du type de celle que je postule dans ce livre, ne soit pas une chose que nous pourrions vouloir ou qui serait en notre pouvoir de faire advenir, elle peut néanmoins surgir quand notre véritable condition nous apparaît avec suffisamment de clarté.

Ce qui signifie que les dieux absents et cachés se révéleront peut-être à nouveau quand nous serons prêts pour leur venue. Il est improbable qu'ils adviennent sous la forme d'une répétition du judaïsme ou du christianisme, encore moins sous la forme d'une religion « étrangère » comme le bouddhisme zen ou d'autres religions. Si jamais ils se manifestent, ce sera probablement d'une nouvelle manière et sous une forme nouvelle. Pourtant, comme toujours en cas de changement profond, la nouveauté est à bien des égards « l'ancien le plus ancien ». Un tel rétablissement de la foi religieuse constituerait une sorte d'autorétablissement de notre société. Par conséquent, il ne pourrait certainement pas avoir lieu sans notre concours, bien que nous ne puissions pas non plus en avoir la maîtrise.

Cette façon de penser ne pourra guère aider nos concitoyens désorientés à accepter les atrocités du Vietnam, l'assassinat de nos personnalités publiques et l'accroissement de la violence dans les campus universitaires et dans les villes américaines et européennes. Elle n'y parviendra certainement pas si nous nous contentons de l'aspect superficiel des choses et si nous ne parvenons pas à penser la disparition des arrière-plans illimités de l'existence humaine. C'est seulement si nous renouons avec les sources de notre être, dans cette nature qui est en nous et qui nous entoure, que nous serons à même de découvrir de nouvelles indications du chemin à suivre pour le restant de ce siècle. Seuls ceux qui auront comblé certaines des discontinuités de la tradition occidentale oseront penser les nouvelles pensées radicales d'où sortiront ces indications.

Je suis loin de prétendre que les réflexions sur les hommes au combat qui composent ce livre soient assez profondes pour offrir de telles indications. Mais les efforts que j'ai entrepris pour comprendre mon expérience de soldat au cours de la Seconde Guerre mondiale me font espérer qu'on y trouvera un regard sur le passé et sur l'avenir qui aidera à réduire les discontinuités de notre présent monstrueux.

J. Glenn Gray
Décembre 1969

AVIS AU LECTEUR

Puisqu'une bonne partie du matériel qui compose ce livre est tirée de mon expérience de la Seconde Guerre mondiale, il sera préférable que je donne ici un bref aperçu de ma carrière militaire. J'ai été incorporé dans l'armée comme simple soldat le 8 mai 1941, ayant trouvé les « compliments du président » dans le même courrier qui m'annonçait que l'université de Columbia m'accordait le titre de docteur en philosophie. Le 28 octobre 1945, je fus honorablement libéré de mes fonctions de sous-lieutenant, grade qu'une commission militaire m'avait conféré en décembre 1944 à Strasbourg. Ces quatre années de service comprennent presque une année passée au sein d'une division blindée, plus d'un an à Washington comme agent du contre-espionnage militaire, et un peu moins de deux ans sur le théâtre d'opérations européen. À la fin de 1943, on m'envoya en Afrique rejoindre une division d'infanterie qui partait pour le front italien. C'est en tant que membre du contre-espionnage que je participai, jusqu'à la fin de la guerre, rattaché successivement à trois divisions d'infanterie, à la campagne d'Italie, au débarquement dans le sud de la France et à la campagne d'Europe centrale. Notre unité avait pour responsabilité la protection de nos troupes contre les espions et les saboteurs que l'ennemi était susceptible de dépêcher de l'autre côté du front ou de laisser derrière lui au sein de la population civile.

La nature de notre mission exigeait une liberté et une mobilité inhabituelles. Parce que nous travaillions constamment avec des civils en Italie, en France et en Allemagne, il nous était possible d'observer les effets de la guerre sur les populations locales aussi bien que sur nos propres soldats. Après la fin de la guerre, une année de plus passée au service du rétablissement de l'éducation me permit d'observer les réactions d'après-guerre dans une Europe en ruines.

Le livre fut essentiellement écrit au cours d'une année que je passai récemment en Allemagne, rendue possible pour moi et ma famille grâce à une bourse généreuse de la Fulbright Commission et de la Ford Foundation. Cette année sabbatique m'a donné l'occasion de soutenir à nouveau, avec des Allemands de toute condition, de longues discussions sur la guerre telle qu'ils la voyaient dix ans après. Cela allait du général Hans Speidel, ancien chef d'état-major de Rommel, aux membres des Jeunesses hitlériennes recrutés au cours des derniers jours de la guerre, en passant par des civils, hommes et femmes, des étudiants, des femmes au foyer, des prêtres, des survivants de l'attentat du 20 juillet contre Hitler… Nous avions beau avoir combattu les uns contre les autres peu de temps auparavant, comme individus et comme nations, nous pouvions discuter du passé sans grande rancœur ni méfiance, un des phénomènes les plus étranges des relations humaines.

Au cours de cette année d'écriture, je me suis penché sur la littérature de guerre allemande, lisant aussi bien Clausewitz que des romans, des mémoires et des correspondances contemporains de la Seconde Guerre mondiale, pour la plupart encore inconnus en Amérique. Pendant plusieurs années, j'ai étudié largement, sinon systématiquement, des écrits similaires issus de notre propre tradition, ou de celles de Grande-Bretagne, de France et de Russie. Bien que j'en cite comparativement fort peu dans les pages qui suivent, je ne voudrais pas minimiser l'importance que ces lectures ont eue pour m'aider à corriger et à élargir ma propre expérience de la guerre. C'est seulement parce que l'intention et l'objectif de mon livre sont si différents des leurs que je n'ai guère fait un usage direct de cette littérature, mais je ne lui en suis pas moins redevable en tant que toile de fond de ma propre recherche.

AVIS AU LECTEUR

Je voudrais exprimer ma gratitude à Mme Lillian McCue, au professeur William Hochman et au Dr Ellsworth Mason pour leur lecture critique de mon manuscrit et aussi pour leurs encouragements amicaux. Les professeurs Franz Krutzke et Lewis Pino ont été des conseillers avisés dans le choix de l'éditeur approprié.

J. Glenn GRAY
Colorado College

Chapitre premier

SE SOUVENIR DE LA GUERRE ET OUBLIER

Cher Fred, voilà bien longtemps que je ne t'ai écrit. Depuis deux ou trois semaines, je ne sais plus. Les dernières semaines ont été difficiles, il y a eu bien des moments amers et détestables, et seulement quelques interludes heureux. Quel héritage les nazis ont-ils laissé derrière eux ! Parfois, je me sens très vieux. Ce que mes yeux ont vu ! Il y a longtemps que nous sommes engagés, et on dirait par moments que c'est toujours le même spectacle. Seules les personnes sont différentes. Si la joie et la beauté ont de multiples visages, la brutalité et la haine n'en ont que fort peu. J'en suis venu à l'extrémité de penser, au-delà de tout doute, que la seule manière pour moi de survivre pendant cette période est d'emprunter, en découvrant ce qu'il y a de meilleur chez mes camarades et en les aimant, la dure voie chrétienne. Dernièrement, au cours de plusieurs nuits glacées et sans sommeil, les mots prophétiques et dépouillés d'Auden,

Nous devons nous aimer ou mourir

ont résonné dans mon esprit.

Même toi, peut-être que tu ne saurais participer à la vie d'ici autant qu'il faudrait pour comprendre. Il faudrait que tu puisses voir une belle, une très belle famille brisée, des gens que tu as appris à aimer détruits par d'insignifiantes rancunes privées. Il faudrait que tu puisses voir des gens giflés et battus parce qu'ils étaient peut-être en train de mentir, ou parce que certaines pulsions sadiques ont besoin d'être satisfaites. Il faudrait que tu puisses voir errer sur les routes des hommes et des femmes âgés, tirant leurs biens misérables sous une pluie battante, à la recherche d'un abri et d'un peu de nourriture dans un paysage de terre brûlée. Oh, il faudrait que tu puisses voir bien des choses, Fred, pour comprendre pourquoi j'en suis venu à prendre conscience de cette vérité première, qu'il n'y a d'alternative à la mort que d'aimer et prendre soin des gens que pourtant moi-même, en tant qu'homme naturel, je veux abattre.

Le temps n'est peut-être pas très éloigné, s'il n'est déjà advenu, où des millions de gens ne voudront plus vivre. On l'a prophétisé, et cette prophétie est vraie. Aujourd'hui, j'ai parlé avec une jeune femme charmante, mère de trois enfants, qui m'a dit que son sort l'indifférait. Elle voulait mourir. Il n'y avait rien de théâtral chez elle. Elle ne souffrait d'aucun mal physique et elle n'avait pas faim. La séparation d'avec son mari, les bombardements, la vie dans les caves, l'absence d'avenir – tout ça, c'en était trop pour elle. C'est toujours le même tableau – immer das gleiche Bild.

Mais je puise du courage et de la force quelque part. Je vais persévérer. Platon a parlé de l'homme sage captif d'une époque néfaste, qui refuse de prendre part aux crimes de ses concitoyens et se réfugie derrière un mur en attendant que l'orage passe. Platon comprenait. Mais moi je suis trop profondément impliqué. Ce chemin n'est plus possible pour moi. Et donc l'issue qui s'offre à moi est la voie chrétienne. Elle est ardue, mais on puise un grand réconfort en la découvrant. Je dors mieux à présent, et parce que je donne de l'amour, j'en reçois aussi plus souvent. Tu n'aimeras pas ce que je t'écris là, et pourtant je ne peux rien écrire d'autre pour le moment. Il est tard et je suis fatigué…

9 décembre 1944

Après quatorze années, c'est une expérience terrifiante que de relire ce que j'ai écrit à la guerre, dans mon journal ou dans des lettres comme celle-ci. Tristes, risibles et étranges – c'est ainsi que Platon décrit ceux qui évoluent dans les limbes à la fin de *La République*, et on ne saurait mieux exprimer les sentiments qui sont les miens en ce moment. Comment en étais-je arrivé à un pareil état d'esprit ? Et quelle signification pourrait revêtir le fait de se le remémorer dans le monde périlleux qui est le nôtre aujourd'hui ? À la première question, je peux répondre honnêtement, sinon facilement, en invoquant à l'appui de ma mémoire le témoignage de mes journaux intimes et de certaines lettres qu'un ami m'a restituées. Quant à la seconde question, elle a déjà suscité beaucoup de réflexions, d'hésitations et de doutes, dont je n'entrevois pas encore la fin.

Cette lettre-ci a été écrite en Alsace, où des troupes de SS fanatisés avaient fini par stopper l'avancée précipitée de notre division depuis les plages du sud de la France. Nous étions engagés en première ligne depuis plus de cent jours sans repos, et il est n'est pas difficile de se souvenir à quel point nous étions fatigués. La résistance farouche qu'on nous opposait aux frontières de l'Allemagne rendait nos journées pénibles et dangereuses. Presque moins enviable encore était le sort, fait de récriminations et de persécutions, infligé aux malheureux Alsaciens réputés pro-allemands. Les boutiquiers changeaient leurs enseignes, de même qu'ils échangeaient l'allemand contre le français, après avoir fait l'inverse en 1940 ; mais dans le climat de vengeance qui faisait de presque tout le monde un suspect, il n'était pas si facile d'échanger une opinion politique contre une autre. En outre, nous arrivions tout juste des Vosges, d'où les Allemands ne s'étaient retirés qu'après avoir tout brûlé pour nous priver d'abri contre les rudes températures hivernales à venir. Du coup, les routes étaient encombrées de réfugiés de tous âges et de toutes conditions. Chargés de tout ce qu'ils pouvaient porter sur leur dos, sur des bicyclettes ou à bord de carrioles, des hommes, des femmes et des enfants affluaient vers l'arrière.

Ce n'était pas très différent de ce que j'avais vu au printemps dernier en Italie, où ma division avait pris part à une marche tout aussi précipitée pour rejoindre l'Arno depuis Cassino, une campagne que Churchill a si bien décrite en parlant du « râteau de feu », sauf qu'ici le climat était plus rude et que la pluie qui s'abattait sur les réfugiés paraissait plus implacable que dans le Sud. Il y avait une autre différence. Ici, nous croisions fréquemment d'énormes chariots couverts, tirés par des bouvillons ou des bœufs, sur lesquels s'entassaient des outils de ferme et des casseroles. Sous les bâches, les femmes et les enfants étaient juchés sur le matériel, tandis que les hommes aiguillonnaient les bêtes à l'avant et que les jeunes garçons guidaient les vaches à l'arrière. D'une façon ou d'une autre, ces paysans avaient persuadé les Allemands de les laisser sauver une partie de leurs biens.

Ces équipages me faisaient inévitablement songer à nos pionniers américains du XIXe siècle. Mais la comparaison s'arrêtait là, puisque, à la différence des pionniers, ils n'avaient aucune destination. Leur but était derrière eux et il n'y avait aucune lueur sur leur visage. Le cœur serré, je pensais à cette régression des pionniers aux réfugiés, et je me demandais si certains historiens du futur ne jugeraient pas ces termes particulièrement caractéristiques des XIXe et XXe siècles. Il y avait quelque chose de manifestement symbolique dans ce contraste, que je n'ai pu depuis lors m'ôter de l'esprit.

À l'évidence, l'ennemi était cruel ; pourtant, sa cruauté me tourmentait moins profondément que la nôtre. En effet, la brutalité des Allemands rendait bien plus aisé de les combattre, alors que la nôtre affaiblissait notre volonté et nous troublait l'esprit. Bien qu'il n'y eût aucune commune mesure entre l'une et l'autre, je me sentais bien plus responsable de la nôtre que de la leur. Et l'effet en était cumulatif. Cela avait commencé avant même que ma division eût rejoint le front d'Italie au début de 1944. Bivouaquant à une cinquantaine de kilomètres à l'arrière, j'avais vu des Italiennes et leurs enfants affamés, debout sous les pluies de février, tendant de grossières boîtes de conserve sur des fils de fer pour y collecter les restes de notre cantine. Les soldats américains étaient généreux, et on remarquait aisément qu'ils laissaient plus de nourriture qu'à l'ordinaire dans leurs gamelles pour mieux garnir les boîtes avidement tendues par ces civils maigres et grelottants. Ces derniers mangeaient rarement sur place, bien qu'ils en eussent la tentation ; ceux qui dépendaient d'eux au village d'à côté étaient manifestement prioritaires dans leurs pensées. Inexpérimentés et craintifs dans un territoire étranger, les officiers du haut commandement donnèrent bientôt des ordres stricts stipulant que, désormais, tous les restes devaient être enfouis dans la terre. C'est alors que l'on put voir le spectacle hideux de soldats contraints, malgré leur réticence, de repousser des femmes et des enfants tandis qu'ils déversaient des déchets de nourriture dans des trous fraîchement creusés. D'autres soldats se hâtaient alors de recouvrir avec de la terre mouillée des restes de viande, de pain et de légumes. Pour empêcher le maraudage de nuit, il devint bientôt nécessaire de se procurer de la terre sèche pour mieux piétiner et aplanir la surface des « fosses ». Plus d'une fois, nous vîmes des femmes et des enfants, désespérés, passer à travers les lignes et chercher à tâtons sous la pluie et dans la boue des morceaux de nourriture crasse, jusqu'à ce que les soldats les attrapent et les repoussent. « Et bien que les voir me brise le cœur, je m'habitue vite à la vision de ce spectacle, et je mange à ma faim. Que le cœur de l'homme est dur ! »

Se peut-il que ce soit bien moi qui aie assisté à cette scène et écrit ces mots dans ce journal ? Ma mémoire ne me trompe pas, et, si elle le faisait, j'ai sous les yeux ces pages. Il est vrai que la plupart d'entre nous ne voulaient pas se comporter de cette façon ; d'ailleurs, les visages des novices exprimaient le profond dégoût que ces ordres insensés inspiraient. Mais nous ne protestions pas ; nous nous forgions un caractère d'acier, pensant, sans nul doute, que des spectacles bien plus affreux nous attendaient.

Il serait superflu, et aussi trop douloureux, de me les remémorer tous. Toutefois, en raison de sa nature si particulière, il est un autre épisode qui me hante et que je peux évoquer brièvement. Cela s'est produit dans le sud de la France, peu après notre débarquement. Un jour, une jeune et jolie Française se présenta dans notre quartier général provisoire et avoua qu'elle avait collaboré un certain temps avec la *Gestapo* locale et qu'elle craignait maintenant la vengeance des maquisards.

L'officier français de sécurité avec qui je travaillais l'interrogea calmement et longuement, et il apprit bientôt qu'elle était tombée amoureuse d'un capitaine de la *Gestapo* responsable du district et que celui-ci l'avait persuadée de l'aider occasionnellement à mettre en œuvre ses mesures répressives contre la Résistance. Comme notre unité devait se remettre en marche presque immédiatement, l'officier français écrivit un rapport d'interrogatoire à destination des autorités civiles de la ville libérée – rapport où il recommandait en guise de conclusion de faire fusiller la jeune fille ! Sur le chemin de la prison de la ville où nous devions l'amener, il sortit quelques photographies de sa femme et de ses enfants, qu'il avait fait développer dans le laboratoire local pendant notre bref séjour. Après me les avoir présentées pour que je les commente et les admire, il les porta à l'avant du véhicule pour les montrer à la jeune fille. Ignorant tout du sort qu'il avait décrété pour elle (et vu les conditions du moment, elle serait certainement exécutée immédiatement), la fille admira les images et tous deux plaisantèrent et rirent ensemble pendant de longues minutes. Des passants les auraient facilement pris pour des amants.

Cet officier français était loin d'être assoiffé de sang, et il n'y avait guère de sauvagerie en lui. À ma connaissance, bien qu'il détestât les actes commis par cette fille, elle ne lui inspirait aucune haine. En fait, il aurait parfaitement pu coucher avec elle et ordonner son exécution le lendemain. Quand je lui reprochai son insensibilité, il m'expliqua que le regard qu'il portait sur lui-même en tant qu'officier était tout à fait différent de celui qu'il portait sur lui en tant qu'être humain. Comme j'allais pouvoir le constater en de nombreuses occasions, ces deux personnalités pouvaient se succéder l'une l'autre à la vitesse de la lumière. En tant qu'être humain, il était capable de gentillesse et même de tendresse ; et, dans certaines limites, il était juste et honnête. En tant que fonctionnaire, il pouvait se montrer brutal au-delà de toute mesure, sans jamais perdre son extérieur aimable et posé. J'ai remarqué exactement les mêmes qualités chez les politiciens ou les policiers fascistes et nazis auxquels j'ai eu affaire.

Après des mois d'expériences de ce genre, je commençai à observer avec une sorte d'horreur que je devenais insensible à la cruauté et que j'étais moi-même capable de la pratiquer en certaines occasions. Au printemps 1945, je trouve dans mon journal des notes comme celle-ci :

À mesure que le printemps approche, les journées s'allongent, le soleil et la chaleur s'installent, et chacun prend conscience du lourd tribut de l'hiver. Au printemps dernier, j'ai vu en Italie le rouge luxuriant des champs de coquelicots, la fleur de la mort, et je savais que des mines gisaient dessous. Ce printemps-ci, il n'y a que des mines. Il en va de même avec nos vies. Le camouflage, beau parce que perfide, disparaît, et nous restons avec l'affreuse et mortelle surface des choses. Je deviens amer et sarcastique. Aujourd'hui, j'ai hurlé contre une personne parce qu'elle m'avait menti, et j'ai pris un certain plaisir à voir son visage transpirant et ses mains tremblantes. Elle savait quel pouvoir j'avais sur elle. Ainsi, nos valeurs se corrompent et nos consciences se dégradent du fait de l'épreuve. Mais assez de cela…

Et quelques mois plus tard, dans une lettre à mon ami, j'écrivais :

C'est incroyable comme on s'endurcit. À présent, je désespère souvent de moi-même. J'interroge ces « bâtards », ainsi que nous les appelons, en les raillant, en les insultant, et parfois je me délecte froidement de leur asservissement. J'ai déclaré que si je devais un jour en trouver un qui me dirait : « Je suis, j'étais et je resterai national-socialiste, que cela vous plaise ou non », je lui serrerais la main en criant : « Enfin j'ai trouvé, tout mauvais qu'il soit, un homme brave et honnête. Nous ne voulons pas arrêter des hommes comme vous. » Mais je pense que je ne trouverai jamais un tel homme. Ils sont tous aussi écœurants que les fascistes en Italie – tous de fieffés couards, qui disent qu'on les a forcés à faire ce qu'ils ont fait, même quand il s'agit de leur adhésion au Parti en 1928. Du haut jusqu'au bas de l'échelle – et j'ai eu affaire à quelques gros bonnets – c'est la même histoire. Je suis tenté de croire que la clé de tout ce foutoir pourri, c'est le manque de courage et la peur. Ceux qui comprennent le mieux la psychologie de la peur sont les lâches. Cette phrase me permet de comprendre beaucoup de choses. Peu d'entre eux ont le courage de mettre fin à leurs jours, bien que les camarades de mon Détachement m'accusent d'échouer ou de réussir dans mes affaires en cours en comptant là-dessus. Je n'apprécie pas ce genre de plaisanteries, mais d'un autre côté, ceux qui se sont « joués » de moi sur ce chemin ne m'ont inspiré aucune mauvaise conscience. Oh c'est un sale boulot que tout cela, et moche, et je demande parfois à Dieu pourquoi il a fallu que je sois choisi pour un tel travail.

Aujourd'hui, je m'aperçois combien étaient ténus les liens que j'entretenais avec mes amis et mon journal, eux qui me permettaient de préserver l'intégrité de ma personne et de n'être pas trop marqué par la monstrueuse cruauté de la guerre. Pour la majorité d'entre nous, devenir fonctionnaire n'est pas totalement étranger à notre nature.

Aussi submergé par la brutalité et la souffrance que j'aie pu l'être à certains moments, celles-ci représentent, après tout, un aspect seulement de la guerre. Il serait erroné de s'y arrêter en ignorant d'autres aspects tout aussi importants de notre expérience de la guerre. Dans les grands moments, il y avait aussi une intense excitation nerveuse, lorsque même les plus maussades d'entre nous étaient conscients de participer à des événements historiques d'une importance sidérante. Des milliers de vétérans doivent se souvenir de notre entrée dans Rome en juin 1944, après l'hiver morne, meurtrier et interminable passé sur notre tête de pont à Anzio, sur le front de Cassino. Soudainement et comme par magie, nous nous trouvions dans une belle ville, gorgée et de soleil et de la foule exubérante désireuse de nous combler de ses faveurs. À la place des créatures tristes et disgracieuses que nous avaient paru être les Italiens jusqu'ici, nous avions affaire à des filles merveilleuses, au teint frais, aux jambes nues, avides d'hommes, et qui, lorsque nous fîmes notre entrée dans la ville, semblaient voir en nous des demi-dieux. Il y avait quelque chose de primitif et d'archaïque dans les émotions qui nous emportèrent tous au cours de ce glorieux premier jour à Rome. La Ville éternelle accueillait son nouveau conquérant, et tandis que la population exubérante nous étreignait et nous embrassait des heures durant, j'avais l'impression d'être l'un de ces soldats qui prirent la ville des milliers d'années auparavant.

C'est lors de la prise de Rome que nous avons reçu l'accueil le plus chaleureux. En France, il nous est arrivé dans bien des villes de nous prendre pour des héros conquérants, habités par ce sentiment délicieux et enfantin, ridicule mais irrésistible, de triomphe et d'exaltation. Dans mon journal, je trouve un bref récit d'une de ces occasions, applicable à beaucoup d'autres.

*Ce soir, mon cœur est comblé. Nous sommes à Vienne, près de Lyon, et nous sommes les premiers Américains en ville. Même à Rome nous n'avons pas connu pareil accueil. Tout le monde était dans les rues, alors même qu'il pleuvait, et on nous a embrassés et couverts de fleurs pendant des heures. Après un moment, nous avons apporté les fleurs sur la tombe du soldat inconnu, et c'est alors que la foule nous a vraiment assaillis. Je suis sûr qu'aucun empereur n'a jamais reçu accueil plus sincère et plus enthousiaste. Ils nous ont amenés au célèbre restaurant de Fernand Point, et nous y avons mangé comme je n'avais jamais mangé en Europe et même ailleurs. Puis, il y a eu les hôtels, avec une chambre pour chacun et de merveilleux lits. Ce soir, les autres sont repartis, et j'ai pris avec moi le propriétaire de l'hôtel pour qu'il me montre les églises et la ville. C'était ma première cathédrale purement gothique, du XI*e *siècle, de quoi vivifier l'esprit comme rien d'autre ; puis ce fut une vue de la ville depuis les hauteurs, belle dans le ciel du soir, avec ses toits rouges et ses ruines romaines sur les collines adjacentes. Plus tard, j'ai organisé avec la gérante de l'hôtel – une Italienne de naissance – une petite réception à l'heure du café. Il y avait là quinze ou vingt hommes et femmes. Comme ils ont apprécié le café et les cigarettes ! Nous sommes presque comme des dieux pour ces gens. Je ris de moi-même, mais en même temps cela m'exalte.*

Comme cette dernière phrase est caractéristique de la diversité de nos sentiments à l'époque. On pouvait rire joyeusement et se sentir un peu honteux tout en même temps. Au fond, nous savions que nous étions loin d'être ce que ces gens pensaient de nous, mais c'était tout de même incroyablement agréable. Nous y trouvions une compensation par rapport à la situation et à l'humeur opposées, qui étaient notre lot commun, puisque personne n'ignore que la guerre peut être la plus atrocement ennuyeuse des activités humaines. L'alternance de la morosité et de l'excitation, dans leurs degrés les plus extrêmes, distingue nettement la guerre de la paix, et elle favorise la discontinuité dans nos souvenirs. La guerre comprime les opposés les plus absolus dans le plus petit espace et le temps le plus court.

Ce ne sont pas seulement l'ennui et l'excitation palpitante qui prestement se succèdent l'un l'autre, mais d'autres émotions aussi. Dans une ville près de Vienne, les gens partageaient leur attention entre les acclamations qu'ils nous adressaient et le harcèlement des collaborateurs interpellés par la jeunesse résistante. Dans le délire de la Libération, nombreux étaient ceux qui passaient constamment d'un groupe à l'autre, ici étreignant et embrassant les camarades FFI de retour chez eux, là torturant des collaborateurs isolés. Chez bien des gens, nous pouvions observer l'amour et la haine, la tendresse et la brutalité se succéder l'espace d'un instant. L'excitation était à son comble. De jeunes garçons triomphants escortaient des soldats allemands, aux mains haut levées, jusqu'aux lieux de regroupement des prisonniers. Alors que nous marchions dans les rues, nous vîmes, un camarade et moi, avec un sentiment d'horreur, un groupe en train de battre une jeune femme dont les cheveux avaient été grossièrement coupés et dont le visage était ensanglanté et tuméfié. Elle pleurait amèrement pendant que ses bourreaux continuaient de la faire avancer à coups de pied, en la brocardant, en la conspuant, en la huant. De toute évidence, elle avait été la maîtresse d'un Allemand, et peut-être qu'elle avait aussi espionné la résistance locale. Un peu plus loin, nous vîmes un homme au visage tailladé, courant comme une bête blessée et apeurée devant des hommes qui lui infligeaient un traitement plus atroce encore. Il était clair qu'il n'avait aucune chance d'en sortir vivant si et quand ses poursuivants le coinceraient.

Soudain, à peut-être une vingtaine de mètres de nous, une fille se dégagea d'un groupe et se mit à courir dans ma direction. Mince et rapide comme une biche, elle était dans mes bras ahuris avant même que je pusse prendre conscience de ce qui se passait. Une étreinte, un baiser rapide sur la bouche et la voilà qui s'échappait déjà vers un autre attroupement, les joues rougissantes et en moins de temps qu'il n'en faut pour prendre sa respiration. Tout le monde se mit à rire gaiement et applaudir, tandis que je ramassais au sol mon bonnet en essayant de dissimuler mes joues cramoisies et ma confusion. Ce geste était purement spontané, et nul doute que, toute à son excitation, elle savait à peine ce qu'elle faisait. Rien ne pouvait être plus représentatif de la confusion des émotions en temps de guerre que cette ville au sortir de l'occupation allemande, pendant ses premières heures de liberté.

Il y avait d'autres types d'excitation, moins joyeux, où la tension nerveuse était, si cela est possible, encore plus grande. Peut-être qu'aucun soldat ne saurait décrire de façon adéquate quels sentiments on éprouve sous le feu ennemi au jour J d'un débarquement. La peur, l'anticipation, l'impuissance, la prière et l'invective, l'humeur aventureuse et la nostalgie se succèdent à la vitesse de l'éclair. Quoique le débarquement dans le sud de la France ait été relativement aisé, les détails de son déroulement surgissent avec netteté lorsque je m'avise d'en ranimer le souvenir. J'étais accroupi sous ma jeep à bord d'une péniche de débarquement, accostant quelques heures après les premières vagues de l'infanterie. Des obus explosaient dans l'eau tout autour de nous, et j'étais certain que le prochain tomberait pile sur nous. Il était stupide d'attendre de la jeep qu'elle nous protégeât en rien contre les obus 88 mm des Allemands, mais je ne parvenais pas à me lever. C'est alors que je vis, au travers d'un enchevêtrement d'équipements et de machines, un capitaine américain qui se tenait debout sur le côté du navire. Il fumait une cigarette, et je le regardai avec fascination pendant qu'il faisait tomber ses cendres dans l'eau. Sa main ne tremblait absolument pas ; il aurait pu aussi bien se trouver sur le ferry de Staten Island. J'éprouvai alors pour lui une reconnaissance tout à fait déraisonnable. Il était clair qu'il ne s'exposait pas davantage que moi ; seulement, sa raison commandait. J'aurais voulu ramper jusqu'à lui en me faufilant au travers des équipements, pour l'étreindre aux genoux en le regardant avec adoration. Pourtant, ce qui me retint ne fut pas tant le ridicule d'une telle action que l'imagination du danger que je courrais en quittant ma place. Toutefois, la vision de cet homme finit par m'apaiser, si bien que, lorsque notre embarcation accosta, je pus monter dans ma jeep et la conduire à toute vitesse sur les vagues et jusqu'à la terre sèche.

Dans un bosquet, à quelques centaines de mètres de la côte, il fallut nous arrêter pour ôter le mastic protecteur qui avait empêché nos moteurs de se noyer dans les eaux du rivage. Notre position fut découverte à nouveau, et les obus commencèrent à tomber de plus en plus près de nous. Enfin, l'un d'eux s'écrasa au milieu de nous. En me jetant à terre, j'attendais que ses éclats viennent s'enfoncer dans ma chair. Je ne fus touché que par de la boue et des cailloux projetés par l'obus. Mais j'en éprouvai une peur déraisonnable ; le prochain, j'en étais sûr, précipiterait ma fin. Comme j'étais à découvert, je me levai pour courir jusqu'au premier abri disponible, mais celui-ci s'avéra très insuffisant. Puis je constatai que d'autres soldats s'étaient rapprochés de Mère Nature autant qu'ils l'avaient pu. Je suivis leur exemple et commençai à creuser une étroite tranchée avec mes ongles entre les rochers. L'explosion suivante fut plus lointaine, et nous pûmes mieux respirer. Au bout d'un moment, après être revenus sur nos pas, nous découvrîmes que la jeep à côté de la mienne avait d'énormes trous dans le moteur. D'autres véhicules à proximité étaient dans un état similaire.

De telles descriptions extérieures ne donnent que peu d'idée de l'état d'intense excitation qui accompagne ces circonstances. Les débarquements n'en sont qu'un exemple particulièrement frappant. Quiconque a subi un raid aérien, quelle qu'en ait été l'intensité, a été à cette occasion affecté d'une qualité d'excitation quasiment jamais éprouvée jusqu'alors ou depuis lors. Peut-être était-ce la peur qui constituait le trait dominant de cette excitation ; mais elle en était rarement le seul ingrédient. Quand l'émotion est ainsi à son comble, on ressent souvent, de manière aussi vague qu'authentique, une poussée de vitalité, et on y entrevoit les potentialités de notre être véritable, passé, présent ou avenir. En de telles situations, de manière simple et pourtant fondamentale, certains sont capables de se mettre au service d'autrui. L'inhumaine cruauté peut laisser place à la suprême bienveillance. Les inhibitions s'évanouissent, et les individus sont réduits à leur essence. Et si, par la suite, ils semblent se hâter de l'oublier, peut-être que la mémoire n'en est pas totalement perdue. À maintes reprises, dans des moments comme ceux-là, j'ai autant été inspiré par la noblesse de certains de mes camarades qu'écœuré par la bestialité de certains autres, ou, plus exactement, par la coexistence de ces deux qualités dans une même personne. Le tempérament moyen, que nous connaissons communément en temps de paix, dissimule autant de choses qu'il n'en révèle sur l'humaine créature.

Et puis il y avait l'étrange. Je pense que tout soldat devait ressentir à certains moments que tel ou tel événement ne correspondait à rien de ce qu'il avait pu voir se produire auparavant. Parce que cet événement était incompréhensible, parce qu'il était absurde ou mystérieux, ou les deux à la fois. Quand nous avions affaire à de nombreux événements de cette sorte, alors nous commencions à nous sentir étrangers à nous-mêmes, à nous sentir des intrus dans le monde. Plus souvent que dans nos foyers, nous nous réveillions en pleine nuit en nous demandant où nous étions. Et recouvrant nos esprits après quelques secondes, il nous arrivait de nous interroger sur ce que cela signifiait d'être là où nous nous trouvions. Je suppose que c'est à cause de nos camarades que cette impression d'étrangeté nous saisissait si souvent. Comme nous ne les avions pas choisis, que nous n'entretenions avant la guerre aucun rapport avec eux ou leurs villes d'origine, et en dépit des sentiments d'amitié qu'ils avaient pu nous inspirer dans la vie militaire, ils représentaient une rupture avec tout ce qui n'était pas le présent et le passé immédiat.

J'avoue qu'un grand nombre des Américains que j'ai fréquentés dans l'armée m'ont frappé par leurs différences. Je n'en avais jamais rencontrés de semblables auparavant, et je n'en ai pas rencontrés depuis. Rien n'aurait pu me faire mieux voir à quel point le cercle au sein duquel nous évoluons en temps de paix est étroit. La plupart d'entre nous n'ont quasiment aucune idée de la façon dont 90 % de nos compatriotes vivent ou pensent. Naïvement, nous supposons qu'ils sont comme nous, ou guère différents de nous.

Quelle qu'en soit la cause, je n'étais sûrement pas le seul à subir la fascination de l'étrange. Parfois, pendant des jours et des semaines, je tentais d'atteindre le familier, l'habituel et l'intime. Étudiant Hegel tout au long mon parcours universitaire, j'avais adopté pour objectif de vie celui qui invite à se sentir chez soi dans le monde. À présent, cet objectif s'éloignait de moi au point de s'évanouir, car je ne pouvais chasser l'étrangeté qui faisait l'essentiel de mon expérience d'alors. Là encore, mon journal témoigne du caractère récurrent de cet état d'esprit dominant.

6 novembre 1944. Un incident curieux s'est produit aujourd'hui et, comme la légende de la Lorelei, il ne veut pas sortir de mon esprit. Ce matin, deux jeunes FFI qui travaillent pour nous sont arrivés et nous ont raconté avoir vu un soldat suspect dans la forêt, qui était muni d'armes allemandes et qui ne parlait que français ou peut-être allemand. Il était seul et il récupérait les rations éparpillées dans les bois. Eux pensaient que c'était peut-être un soldat allemand qui avait passé un uniforme américain et se cachait. J'ai décidé d'aller vérifier les faits avec eux cet après-midi.

C'était un jour pluvieux, sombre. Nous avons roulé en jeep sur un chemin forestier qui avait manifestement été le théâtre de combats acharnés. Des arbres étaient déracinés ; à un moment, nous avons dû en dégager un du chemin. Je redoutais les mines, puisque la route ne montrait guère de traces de véhicules américains, même si les jeunes FFI m'assuraient qu'elle avait été empruntée. Finalement, comme nous ne pouvions aller plus loin en jeep, il nous a fallu continuer à pied. Les bois étaient gorgés d'eau de pluie et dégoulinaient, le sol sous nos pieds était détrempé. La quiétude des lieux était impressionnante, et d'une certaine façon menaçante. Il n'y avait aucun signe de vie et des traces de combats récents étaient partout visibles. Des tranchées profondes et complexes longeaient le chemin, et tout autour gisaient toutes sortes d'équipements, allemands et américains : munitions, casques, vêtements, courrier personnel, tout. Enfin, nous sommes tombés sur le corps d'un soldat allemand, oublié par l'équipe de ramassage. Il gisait dans cette position désarticulée commune à tous ceux qui sont tués au combat. Quelqu'un avait replié son manteau sur sa tête, et lorsque l'un d'entre nous l'a soulevé, nous avons pu voir qu'il avait été touché à la tête et qu'il était déjà en train de se décomposer. Son journal et d'autres papiers gisaient à côté de lui, mais je ne les ai pas lus. Dans ce décor sombre par une journée sombre, il semblait être à sa place. Je remarquai, tandis que nous poursuivions notre chemin, que j'avais l'estomac un peu noué. L'aspect macabre de notre aventure paraissait tout droit sorti d'un récit d'Edgar Allan Poe. Ensuite, nous sommes tombés sur un couple de paysans qui bêchaient activement les restes d'un retranchement, manifestement à la recherche de tout objet de valeur qu'ils pourraient trouver. Tandis que nous nous précipitions sur eux, nous les vîmes lever la tête d'un air un peu coupable, et, à la question d'un des FFI, répondre prestement qu'ils n'avaient vu personne.

Continuant notre chemin, nous avons marché jusqu'à une petite dépression dans la forêt, de la forme d'un bassin. Au sol, à partir d'une tranchée individuelle on avait construit une cabane de fortune, d'environ un mètre de haut, dont le toit était formé avec du matériel de toute sorte, des rondins, des uniformes… Apparemment, nous avions trouvé là notre proie, puisque les jeunes gens se déployèrent silencieusement tout autour, prêts à faire parler leurs armes. Comme j'avais oublié la mienne, je restai à l'écart. L'un d'eux cria : Hände hoch ! *Presque aussitôt nous vîmes une tête sortir de l'unique ouverture, et puis un soldat grand, négligé et mal rasé s'en extirpa et se redressa. Il portait un uniforme américain, et après un instant d'hésitation, je lui demandai : « Êtes-vous américain ? » « Oui, répondit-il. » Et là je sus que c'était un déserteur. Je sautai dans le bassin et m'approchai de lui. À l'évidence, ses nerfs étaient à bout, car il était au bord des larmes.*

Il était là depuis environ une semaine et s'était installé assez confortablement. À l'intérieur de la cabane, un feu brûlait et notre homme venait de cuire son repas. Il commença par me mentir au sujet de son unité, mais lorsqu'il vit que j'étais bien disposé à son égard, il me raconta tout. Il était à l'étranger depuis deux ans et avait combattu au sein de la ixième division en Afrique, en Sicile et en Italie, avant d'être transféré en France dans une autre division.

« Tous les hommes que je connaissais et que j'ai fréquentés à l'entraînement ont été tués ou transférés, me dit-il d'une voix tremblante. Je me sens seul. Ils m'avaient promis que je serais relevé et remplacé, mais jamais rien n'est venu. Je ne peux plus supporter l'infanterie. Pourquoi est-ce qu'on ne me transfère pas dans une autre unité ? J'ai l'impression que les obus se rapprochent toujours plus de moi et je ne les supporte pas. » Il frissonna. Je l'ai laissé parler en essayant de me montrer aussi bienveillant que possible. J'étais profondément désolé pour lui. Il venait de Pennsylvanie ; un gars pas très brillant mais très cultivé. Il m'a supplié de le laisser rester là quelques jours de plus, promettant qu'il rejoindrait ensuite de lui-même son unité. « J'ai l'habitude de vivre dans les bois, dit-il. Chez moi, je campe très souvent. » Mais il n'a pas beaucoup discuté quand je lui ai expliqué que je ne pouvais pas faire ça et que quelques jours de plus ne l'aideraient pas vraiment. « Je suis content d'avoir été pris par vous et pas par la police militaire, m'a-t-il dit » ; puis il m'a offert un revolver allemand P-38, auquel visiblement il tenait beaucoup. « Les MP [la police militaire] *me le confisqueront et je préfère qu'il soit à vous. » Après avoir protesté, j'ai fini par lui proposer d'accepter de le prendre, mais seulement en attendant de pouvoir*

le renvoyer chez lui après la guerre. J'ai noté l'adresse de sa mère et je le lui renverrai un jour. Il s'est montré reconnaissant, surtout lorsque j'ai demandé aux FFI de lui restituer ses jumelles allemandes, pensant que les MP lui permettraient de les garder.

Puis, après que les jeunes FFI eurent rassemblé rations, couvertures et autres équipements, nous avons entamé notre longue marche de retour à travers les bois détrempés. Comme ils étaient déjà venus et avaient tenté de le capturer, le déserteur était persuadé qu'ils l'avaient dénoncé afin de lui prendre ses rations. Il m'a dit qu'ils savaient qu'il était américain. Après un moment, j'ai vraiment commencé à le croire. Je les ai laissés emporter et garder la nourriture, mais j'ai apporté les couvertures et le reste du matériel à l'enclos des prisonniers de guerre ; quant à lui, je l'ai confié, ainsi que ses biens, à la police militaire. Ils ont paru le recevoir de façon neutre, et je pense qu'il ne sera pas sanctionné, mais simplement renvoyé au front ainsi qu'il l'avait amèrement prédit.

Pour reprendre la question posée par Ernst Jünger dans son journal de guerre de 1940 : Pourquoi ai-je été transporté dans ce théâtre ? Il y a peut-être une bonne raison à cela. Malgré le caractère apparemment arbitraire de toutes choses, je continue de croire que nos vies sont dirigées. Lorsque je cesserai de le croire, je serai prêt à mourir.

Pour moi, le plus étrange, et le plus significatif quand j'y repense aujourd'hui, ce fut une rencontre que je fis en Italie quelques semaines après notre arrivée au front. Un jour, profitant d'une heure de temps libre, je grimpai sur l'une des collines voisines des Apennins, seul avec moi-même dans le soleil d'un après-midi finissant. Passant au milieu de plantations d'oliviers, je me trouvai bientôt soustrait aux manifestations de la guerre, et je me rapprochai progressivement du sommet de l'arête. Là, je tombai sur un vieil ermite qui se tenait assis sur l'herbe d'une clairière, fumant une vieille pipe cabossée pendant que son âne broutait à proximité. Une hutte en terre, dont j'aperçus l'intérieur, ne contenait qu'une paillasse bien arrangée et quelques ustensiles de cuisine rudimentaires. Le vieil homme me salua aimablement, et nous nous mîmes à converser, bien que son patois et ma maîtrise imparfaite de l'italien, essentiellement tributaire des grammaires, rendissent la chose difficile. Il fumait de l'herbe séchée, et ses traits grisonnants s'illuminèrent d'un sourire de satisfaction lorsque, à mon invitation, il la remplaça par du bon tabac américain.

En bas, dans la vallée, la canonnade du soir commença ; au loin nous pouvions voir d'où partaient les obus de chaque camp et où, quelques secondes plus tard, certains d'entre eux atterrissaient en explosant dans d'immenses nuages de poussière. L'ermite se mit à gesticuler et à m'interroger, et il devint de plus en plus clair à mes yeux qu'il était déconcerté par ce qui se passait et qu'il avait besoin d'une explication. Se peut-il, me demandai-je, qu'il ignore qu'il y a une guerre ? C'est là que surgit dans mon esprit une remarque que Tolstoï fait dans *Guerre et Paix*, d'après laquelle de nombreux paysans russes, malheureux d'avoir tout perdu lors de l'invasion de la Russie par Napoléon, n'eurent jamais la moindre idée, du début jusqu'à la fin, de qui faisait la guerre et de quoi il retournait au juste dans ce conflit. Mais c'était là un roman. Or ici, plus d'un siècle plus tard, j'étais tombé sur un homme qui se trouvait totalement détaché vis-à-vis de ce qui était en train d'absorber ma vie tout entière et celle de millions d'autres.

Perplexe, je tentai de lui expliquer simplement, dans mon italien hésitant, ce qu'était la Seconde Guerre mondiale. Puis j'en vins progressivement à comprendre combien ma tâche était impossible et combien elle le resterait même si je maniais parfaitement son patois italien. Comment pouvait-on expliquer à ce vieil homme ignorant les raisons qui avaient poussé des Américains, des Britanniques et des Allemands, et certains de ses compatriotes dans chacun des deux camps, à combattre en Italie ? Le savais-je moi-même autrement que superficiellement ? L'étrangeté du conflit, et la part que j'y prenais, me firent frissonner. Pourquoi combattions-nous contre des individus que nous n'avions jamais vus et qui ne nous avaient jamais vus, des soldats qui étaient probablement aussi malheureux et ignorants que nous ? Que faisais-je ici ? En quoi cette guerre insensée me concernait-elle ? Pendant quelques minutes, je pus observer tout ce spectacle à travers les yeux perplexes du vieil ermite, assez longtemps pour me rendre compte que je le comprenais aussi peu que lui.

Il est difficile de mettre des mots sur les idées contradictoires qui, tandis que je prenais congé du vieil homme innocent pour entamer la descente, se bousculaient dans mon esprit. Je ressentais vivement ce que le philosophe Karl Jaspers appelle l'être sans fond du monde. Les professeurs qui m'avaient enseigné la philosophie et pour lesquels j'avais nourri tant de respect et d'estime devinrent tout d'un coup des êtres frêles dans mon imagination. Je me les figurai à cet instant assis chez eux devant leurs radios, écoutant les nouvelles pour savoir ce que nous faisions ici et ne comprenant guère plus que l'ermite et moi. Même les grands penseurs de la civilisation occidentale parurent soudainement perdre leur stature et n'être plus que des êtres humains, incapables de m'aider à saisir ce que des millions d'Européens et d'Asiatiques subissaient en ce moment. Leur sagesse était si inadaptée à la situation que c'en était presque grotesque. Je sus alors que je ne pourrais plus compter sur leur aide ; il n'y avait que moi seul.

S'il y avait dans le tourbillon de mes pensées une tonalité dominante, c'était le sentiment d'être exposé, et la raison en était que j'avais perdu aussi bien ce qui me rattachait à la tradition que la protection d'une nature aujourd'hui déchirée par le conflit. Ma naïveté d'avant me stupéfiait, mais j'étais malgré tout heureux d'en avoir enfin pris conscience. De cette expérience de l'étrangeté émanait un sentiment rare de libération, absent de toutes les autres. Pour folle et insensée que fût la guerre, je continuerais à m'y trouver engagé, et je découvrais mon impuissance à l'empêcher. Mais le temps de regagner mes quartiers et j'avais atteint, par l'intensification de la conscience de soi, un niveau de détachement inaccessible à ces malheureux à qui le conflit ne laissait aucun répit. Plus jamais je n'entrerais en victime dans ce conflit exactement de la même manière qu'auparavant. Intérieurement, pour ce qui concernait l'issue de la guerre, j'étais à l'abri du danger que font courir aussi bien la foi et les espoirs erronés que, jusqu'à un certain point, les amours et les haines erronées.

D'une certaine manière, comme on le dit du fils prodigue, j'étais revenu à moi-même, et cela signifiait que je voyais pour la première fois sous un juste éclairage certaines choses pourtant simples et familières. Dans notre état normal, il semble que nous soyons éloignés des vérités les plus évidentes et les plus importantes. « Il est parfaitement conforme à l'étrange histoire intellectuelle de l'homme, écrit Norman Angell, que les questions les plus simples et les plus importantes soient celles qu'il se pose le moins souvent. » La raison en est peut-être que la naïveté requise n'est pas aisée à acquérir ou conserver. Nos aperçus du moment sont obscurcis par ceux de l'heure suivante, et peu d'entre nous peuvent endurer leur moi réel assez longtemps pour découvrir les vérités décisives sur nous-mêmes et sur cette terre tumultueuse à laquelle nous nous cramponnons. Ceci est particulièrement vrai des hommes à la guerre. Le grand dieu Mars tente de nous aveugler lorsque nous pénétrons dans son domaine, et quand nous le quittons, il nous donne à boire une coupe généreusement emplie des eaux du Léthé.

Je n'oubliai pas ma rencontre avec l'ermite, mais les nécessités de l'action se saisirent à nouveau de moi. Quand au cœur de l'Allemagne, après seize mois bien remplis, la guerre se termina enfin pour moi, le cruel, le décisif et l'étrange se trouvaient mêlés comme jamais auparavant. Émotionnellement, j'étais devenu insensible ; tout du moins le pensais-je, parce que, au jour de la victoire en Europe, je découvris avec surprise que je ne parvenais pas à retenir mes larmes. Ce qui me causait le plus de peine, c'était la pensée de ceux qui avaient perdu la vie dans les derniers jours du combat. Comment pourrais-je jamais donner du sens à la tragédie de ceux qui, en camp de concentration ou au front, avaient espéré ce jour, et à qui il n'avait été donné que de périr quelques heures ou quelques jours avant son avènement ? Pourquoi avais-je été épargné ? À ces questions, je ne trouvais aucune réponse.

Les mois qui suivirent furent une période de lutte acharnée contre mon incapacité à tenir en place, maladie quasiment universelle à l'époque, et absolument pas réservée aux seuls vétérans. À certains moments, je voulais être muté à l'UNRRA[1] et aider à la reconstruction de ces pays dévastés que j'avais aidé à détruire. À d'autres moments, je voulais fuir le charnier de l'Europe, et je cherchais à entrer dans la carrière pour laquelle je m'étais préparé à une époque qui me paraissait maintenant incroyablement lointaine. Lorsque, contre toute attente, une offre d'emploi me parvint de la part du président d'une université américaine, je ne sus pas d'abord si cela me rendait heureux ou triste. Puis, je me mis à rêver que j'enseignais à des étudiants sérieux et intéressés, que je travaillais avec eux sur certains des problèmes qui font le tourment de la vie et de la pensée. Mais pourrais-je supporter la grande Amérique, triomphante et sans remords ? Je spéculais dans mon journal sur ce que je pourrais bien répondre au président de cette université s'il s'avisait de me demander quelles étaient mes positions philosophiques, et je décidai de lui répondre que j'étais un idéaliste au cœur brisé, m'apercevant qu'une telle réponse, quoiqu'elle ne valût pas grand-chose au regard de la philosophie académique, avait pour moi une signification dont il pourrait difficilement mesurer la portée.

Toutefois, le temps qui passe donne à toutes choses un nouveau visage. Je quittai bientôt l'armée, et progressivement je me réaccoutumai aux usages en temps de paix. Il me paraît aujourd'hui à peine croyable d'avoir eu pendant un temps l'impression étrange que j'allais dévêtu parce que je n'avais pas de revolver attaché à la hanche, ou d'avoir persisté à marcher avec précaution sur tout sol meuble, redoutant inconsciemment les explosifs dissimulés, ces diaboliques mines antipersonnel conçues pour tuer ou émasculer les soldats imprudents

1. L'United Nations Relief and Rehabilitation Administration (Administration des Nations unies pour les secours et la reconstruction), créée en 1943, avait pour mission de fournir de l'aide aux victimes de la Seconde Guerre mondiale. [NdT.]

qui mettent le pied dessus. Lorsqu'une nouvelle génération d'étudiants remplaça à l'université les vétérans avec qui je pouvais philosopher en toute connivence sans avoir à mentionner notre passé commun, la guerre s'éloigna encore plus vite qu'auparavant. Maintenant, c'est presque comme si elle n'avait jamais eu lieu.

Pourtant, quelque chose va mal, affreusement mal. Lorsque je pense avec quelle facilité nous oublions les millions de gens qui ont souffert de façon intolérable, qui ont eu le corps ou l'esprit définitivement mutilés, ou qui ont donné leur vie avant d'avoir pu accomplir ses objectifs, je m'insurge contre tout le spectacle insensé de l'existence humaine. Si j'avais été l'un d'eux, quelle différence cela aurait-il fait pour quiconque aujourd'hui ? Avons-nous été, nous les survivants, modifiés de façon significative par la Seconde Guerre mondiale ? L'ai-je été ? Et si oui, comment ?

Ne parlant que pour moi seul, il me faut répondre que je suis loin de l'avoir été suffisamment. Malgré l'état d'esprit qui transparaît dans ma lettre d'Alsace, je n'ai pas adopté l'injonction chrétienne ni tenu compte de l'avertissement d'Auden. Au lieu de cela, j'ai cédé à une vieille tentation. Pendant la guerre, j'ai si souvent senti une dissociation à l'égard de ce que j'avais pu vivre dans ma vie d'avant ; depuis lors j'ai éprouvé une absence de continuité entre ces années-là et ce que je suis devenu. Comme professeur de philosophie et philosophe en devenir, je m'efforce de voir au moins ma propre vie comme un tout, de déceler finalité et direction au moins dans ses parties principales. Pourtant, l'effort nécessaire pour assimiler ces souvenirs intenses de la guerre au reste de mon expérience est chose difficile et même effrayante. Pourquoi m'y attaquer ?

C'est une vraie tentation, à laquelle beaucoup nous pressent de céder. Il y a une croyance répandue d'après laquelle les hommes qui ont fait directement l'expérience de la guerre en parlent peu ou pas du tout. Ceux qui le font sont alors suspectés de vouloir magnifier leur petit ego, d'être des anciens combattants professionnels. Par ailleurs, les gens en ont assez de la guerre. On peut entendre ce refrain dans des milliers de foyers. Ils veulent qu'on la leur donne à lire dans des fictions, pour que la guerre soit transmuée en art, ou bien ils veulent qu'on leur en fasse l'histoire, comme dans les mémoires qu'écrivent les généraux ou les hommes d'État. Ces mémoires, pour admirables qu'ils soient quand ils sont bons, n'exigent pas de nous un effort d'assimilation trop lourd, de franchir l'abîme qui sépare la paix de la guerre. Ils s'interrogent rarement sur le pourquoi et la finalité des choses, et ils sont étrangement dépourvus de curiosité à l'égard des relations morales et psychologiques entre l'homme comme combattant et l'homme comme civil.

J'ai peur d'oublier. Je crains que nous autres, humaines créatures, ne puissions oublier proprement, comme vraisemblablement le font les animaux. Ce qui dans notre passé déborde et ne s'y intègre pas bien resurgit pour nous hanter et nous faire spirituellement souffrir dans le présent. Les discontinuités de l'existence contemporaine nous coupent de nos racines et nous menacent, au XXe siècle, du mal redoutable du nihilisme. À moins d'avoir la volonté de nous souvenir, il se pourrait bien que nous devenions des réfugiés à l'intérieur de nous-mêmes. Assurément, la menace de nouvelles guerres, plus terribles encore, n'est pas tout à fait étrangère à notre incapacité à comprendre celles dans lesquelles nous avons récemment combattu. Si nous pouvions gagner ne serait-ce qu'un infime degré de sagesse supplémentaire à propos du genre d'homme que nous sommes, quel effet cela pourrait-il avoir sur les événements à venir ?

Il est extrêmement peu probable que je parvienne jamais à comprendre les tenants et aboutissants de la guerre. Mais, avec assez de réflexion à l'aide du miroir de la mémoire, je pourrais peut-être donner du sens à mon propre petit parcours. Parmi les peurs les plus profondes qui me tenaillaient pendant mes années de guerre, il en est une qui subsiste encore en moi, celle que ces événements n'aient eu aucun sens. Tout comme le hasard parut souvent guider mes pas à l'époque, il se pourrait bien que les voies plus ordonnées qui se dessinent en temps de paix n'offrent aucune signification ou fort peu. Mais je ne suis pas disposé à accepter pareille conclusion sans combattre ; mieux, je ne puis absolument pas l'accepter, si ce n'est comme le conseil du désespoir. Combien de fois n'ai-je pas écrit dans mes journaux de guerre qu'à moins d'être porteur de sens pour ma vie future, tel jour ne pouvait valoir le prix de la souffrance qu'il m'avait coûté ?

Chapitre II

L'ATTRAIT PERSISTANT DU COMBAT

Je me sens heureux et comblé... Ce qui m'attend a beau être sinistre et effroyable, je trouverai plus de repos au cœur du carnage qu'ailleurs à l'arrière du front. Puisque je me suis livré aux réalités de la guerre, je veux en payer le prix et les connaître dans ce qu'elles ont de pire.

(Journal de guerre, 31 janvier 1944.)

Vers la fin de la guerre, un ami m'a écrit un jour qu'il pensait souvent à moi comme au soldat par excellence. À ses yeux, j'avais fini par incarner les qualités qu'il associait au combattant universel. Je me souviens de m'être tout d'abord senti à la fois flatté et insulté par cette idée ; mais bien qu'elle ne me fût jamais venue à l'esprit, je fus bientôt frappé par sa vérité. Voici ce que j'ai écrit dans mon journal : *Le pire que l'on puisse dire peut-être, c'est que je suis en train de* devenir *un soldat. Être un soldat ! Au mieux, c'est être moins qu'un homme. Sans même parler d'un philosophe.* Depuis lors, je me suis souvent demandé ce que voulait dire être un « soldat », et je me suis souvent demandé aussi pourquoi je me considérais à l'époque, dans la mesure même où j'étais un soldat, comme moins qu'un homme.

À l'époque où j'écrivais ces lignes, je découvrais à quel point tous nos désirs étaient devenus étriqués, et cette prise de conscience était effroyable. La veille au soir, une femme de la ville où nous nous trouvions avait déclaré : *Das Essen ist die*

Hauptsache. Le principal, c'est la nourriture. Et ces mots se consumaient dans mon cerveau avec la force d'un proverbe. On eût dit que, pour la plupart de mes camarades, la satisfaction de leurs désirs naturels – manger, boire et convoiter des femmes – suffisait à leur bonheur. De mon côté, les intérêts et les raffinements qui transcendent ces besoins primitifs et que j'avais bâtis au cours des ans s'estompaient à vue d'œil, et je sentais que j'étais tout simplement en train de devenir comme les autres.

Dans un journal allemand confisqué à un prisonnier, je lus la lettre d'un soldat qui, ayant longtemps combattu sur le front russe, regrettait que la guerre lui eût ravi tout sentiment de son identité personnelle et qu'il ne possédât plus ni ego ni destin individuel. Je comprends maintenant, bien mieux que je ne le pouvais à l'époque, qu'il y avait alors une autre force à l'œuvre, bien plus déterminante que le simple besoin ou le simple désir. C'était l'environnement émotionnel de la guerre, et, plus spécifiquement, son atmosphère de violence. La menace exercée sur notre vie et notre sécurité par la présence de l'adversaire, l'« ennemi », créait ce climat. Près du front, il était impossible d'ignorer, consciemment ou inconsciemment, le fait brut qu'il y avait là-bas des hommes qui ne manqueraient pas de nous tuer allégrement s'ils en avaient l'occasion. Du coup, l'individu dépendait d'autrui, c'est-à-dire de gens qui autrefois n'auraient pas même franchi la périphérie de sa conscience. Réciproquement, pour les autres, l'individu n'avait d'intérêt qu'en tant que centre de puissance, en tant qu'être capable de manier des armes et comme moyen en vue de leur sécurité et de leur survie. Cette confrérie du danger et du risque n'a pas son équivalent pour créer des liens entre individus aux désirs et aux tempéraments divergents, des liens qui, pour utilitaires et étroits qu'ils soient, et malgré leur caractère fortuit et général, ne sont pas moins passionnés.

Dans un tel climat, les hommes peuvent s'accrocher au souvenir de leur vie civile antérieure, et résister obstinément, comme j'ai essayé de le faire, à l'emprise de la violence et de l'irrationnel. Ils peuvent écrire à leurs parents et à leurs petites amies qu'ils n'ont pas changé, et en être eux-mêmes convaincus. Mais le soldat qui s'est livré aux aléas de la guerre, qui a cherché à tuer et a tout fait pour ne pas l'être, ou qui a simplement vécu assez longtemps dans le paysage tumultueux de la bataille, ce soldat n'est plus ce qu'il était. En un sens, qu'il le veuille ou non, il devient un combattant – du moins est-ce le cas pour la plupart des hommes. Ses humeurs et dispositions sont affectées par la présence des autres et un environnement omniprésent où règnent la peur et le danger. Il doit jusqu'à un certain point se soumettre à la volonté des autres et à une force supérieure. Il devient, dans le vrai sens du terme, un combattant, un *homo furens.*

Ceci fait certainement partie de ce que veut dire être un soldat, et de ce que cela a toujours voulu dire. L'*homo furens* est, pour ainsi dire, une sous-espèce du genre *homo sapiens.* Aujourd'hui comme toujours, l'homme est évidemment plus qu'un combattant et autre chose qu'un combattant. Pour certaines générations – hélas trop peu nombreuses ! –, la guerre organisée était à peine plus qu'un épisode dans leurs vies. Et même ceux qui devaient consacrer beaucoup de temps au combat se considéraient eux-mêmes avant tout comme des fermiers, des professeurs, des ouvriers, et ainsi de suite, plutôt que comme des combattants. L'homme en tant qu'homme de guerre n'est que partiellement homme. Et pourtant, assez fatalement, cet aspect de son être est capable de le transformer tout entier. Si on lui laisse libre cours, il parvient à soumettre les autres aspects de la personnalité, à réprimer les habitudes civiles de pensée, et à faire du soldat une créature différente du travailleur, du fermier ou de l'employé qu'il était auparavant.

Des millions d'hommes à notre époque – comme des millions d'autres avant nous – ont appris à vivre dans l'élément étrange de la guerre et ont découvert en elle un grand pouvoir de fascination. L'environnement émotionnel de la guerre a toujours été attrayant ; la plupart des hommes sont tombés sous son charme. La réflexion et le calme raisonnement lui sont étrangers. J'ai écrit dans mon journal de guerre que j'étais obsédé par la « tyrannie du présent ». Je ne me sentais concerné ni par le passé ni par l'avenir. Il m'était difficile de penser, d'être seul. Lorsque les signes avant-coureurs de la paix furent visibles, j'écrivis avec quelque regret : « La puissance purgative du danger, qui rend les hommes plus grossiers mais peut-être aussi plus humains, sera bientôt perdue pour nous, et les premiers mois de paix feront regretter à certains d'entre nous le bon vieux temps du conflit. »

Sans doute sont-ils nombreux ceux qui simplement endurent la guerre en l'exécrant à chaque instant. Bien qu'ils puissent apprécier la vie de garnison ou les manœuvres militaires, ils n'éprouveront que dégoût et sentiment d'horreur pour le combat en tant que tel. Pourtant, ceux qui se plaignent le plus ne sont pas forcément immunisés contre les attraits de la guerre. Pour le soldat, se plaindre est un droit héréditaire et un devoir coutumier, et peu admettraient avoir du goût pour la guerre. Mais bien des hommes exècrent et aiment le combat tout à la fois. Ils savent pourquoi ils l'exècrent ; mais il leur est plus difficile de savoir et d'exprimer clairement pourquoi ils l'aiment. Le combattant novice peut bien avoir envie, parfois, de décrire les émotions qu'il ressent au combat, mais c'est aux vétérans endurcis au combat que la bataille a manifesté ses plus puissants attraits. Pour certains d'entre eux, les années de guerre représentent ce que Dixon Wecter a bien défini comme « le grand moment lyrique de leur vie ».

Quels sont donc ces charmes secrets de la guerre qui, bien que des changements révolutionnaires aient affecté les méthodes dans l'art de la conduire, ont persisté en Occident ? Je crois qu'ils comprennent : la jouissance de voir, la jouissance de la fraternité, la jouissance de la destruction. Il est des combattants qui ne connaissent qu'un seul de ces attraits, et il en est d'autres, bien sûr, qui en connaissent d'autres que j'ignore. Mais ces trois-là avaient pour moi de la réalité, et je les ai également retrouvés dans toute la littérature de guerre.

La guerre en tant que spectacle, comme chose à voir, c'est ce qu'il ne faudrait jamais sous-estimer. Il y a en chacun de nous ce que la Bible appelle « la luxure des yeux », expression tout à la fois précise et de la plus grande ampleur qui soit. Elle est précise parce que les êtres humains sont dotés de cet amour du voir qui agit en eux comme une inclination primitive. Nous redoutons de manquer ce qui vaut la peine d'être vu. Assurément, cette passion du voir précède chez la plupart d'entre nous le désir de participer ou d'apporter son aide. Quiconque a vu une foule se presser sur les lieux d'un accident de la route sait fort bien que la luxure des yeux existe. Quiconque a observé les visages d'individus assistant au spectacle d'un incendie sait aussi qu'elle existe. Voir quelque chose nous absorbe totalement ; tout se passe comme si l'être humain n'était plus qu'un grand œil. L'œil est luxurieux en ce qu'il réclame la nouveauté, l'inhabituel, le spectaculaire. Il ne saurait être rassasié auprès de ce qui est familier, routinier, quotidien.

Cette inclination peut sombrer dans la curiosité machinale, un élan primordial. Son expression typique est celle de l'individu ébahi, bouche bée devant le spectacle formé par une parade ou l'explosion d'une bombe à hydrogène. Combien d'hommes, dans chaque génération, ont-ils été entraînés jusqu'au crépuscule chaotique et meurtrier de la bataille « pour voir comment c'est » ? Cet attrait de la guerre est ordinairement décrit comme le désir d'échapper à la monotonie de la vie civile et aux restrictions oppressantes d'une existence dépourvue d'aventure. Les gens se lassent souvent de ces journées qui n'offrent aucune variété, aucune distraction, qui sont exemptes de toute menace ou de tout sentiment d'insécurité. Ils voudraient assouvir leur soif d'étonnement. Quoiqu'il soit bien connu que la guerre offre son lot d'ennui et de monotonie, elle offre aussi de l'insolite, de l'exotique et de l'étrange. Elle donne l'occasion d'un ébahissement devant d'autres terres et d'autres peuples, devant d'étranges engins de guerre et d'autres unités marchant au pas, ou encore devant l'ennemi captif derrière ses barreaux.

Toutefois, la curiosité des sens ne constitue qu'un niveau du voir. Le terme « voir », avec ses nombreux dérivés, comme « vue » ou « vision », a une connotation intellectuelle et imaginative bien plus vaste que sa connotation physique. Souvent, nous ne sommes pas en mesure de séparer les différents niveaux du voir, de distinguer l'œil extérieur de l'œil intérieur. Ce n'est probablement pas un hasard. Après tout, l'être humain a son unité, et lorsqu'il est absorbé dans quelque chose, la sensibilité, l'imagination et l'intellect, éléments de sa nature, peuvent se confondre. La curiosité machinale ne se distingue pas autant que nous voudrions le croire de ce que les amateurs d'art appellent la contemplation désintéressée de la beauté. La jouissance de la bataille en tant que pur spectacle peut se muer presque insensiblement en contemplation esthétique – ou en une contemplation où l'intellect prédomine – de tout ce qui est horrible en elle. Du plus simple soldat qui considère bouche bée le panorama de la bataille depuis sa portion de terrain, à l'artiste émérite qui observe la même scène, il n'y a, je pense, qu'une différence de degré. Le « voir » dans lequel tous deux sont absorbés est pour eux une fin en soi avant de devenir une incitation à l'action. Dans les deux cas, le motif dominant semble n'être ni le désir de connaître, quoique la scène vue soit fort instructive, ni le besoin d'agir, bien que la nécessité s'en ressente bientôt impérieusement. Ils ne regardent que pour regarder, pour la luxure des yeux, pour que l'œil réponde de l'être humain tout entier, pour l'homme spectateur.

Il existe une croyance populaire d'après laquelle la guerre et la bataille appartiendraient à la sphère de la laideur, et puisque la jouissance esthétique est associée à la beauté, on en pourrait conclure que la guerre est l'ennemie naturelle de toute esthétique. Je crains que ceci ne soit en grande partie une illusion. Tout d'abord, il est faux de croire que seul le beau peut nous procurer une jouissance esthétique ; le laid aussi peut nous plaire, comme le savent fort bien tous les artistes. En outre, le beau, sous diverses formes, n'est guère absent des scènes de bataille. Bien qu'il soit indéniable que le désordre, la distorsion et la violation de la nature que le conflit apporte avec lui sont des choses laides au-delà de toute comparaison, on y voit aussi de la couleur et du mouvement, de la variété, un panorama à parcourir des yeux, et même par moments de l'équilibre et de l'harmonie. Si nous songeons au beau et au laid en écartant les connotations morales qui les accompagnent habituellement, alors on observe qu'il y a souvent une étrange mais authentique beauté dans le spectacle d'hommes et d'armements massés au combat. On raconte que c'est le spectacle de colonnes avançant sous le feu ennemi qui poussa le général Robert E. Lee à dire à l'un de ses officiers : « Heureusement que la guerre est si terrible, autrement nous finirions par trop l'aimer. »

Bien sûr, on dit que les batailles modernes n'ont pas la couleur et la magnificence des guerres d'autrefois. John Neff, dans sa précieuse étude intitulée *War and Human Progress*, insiste sur le déclin, dans le siècle présent, du pouvoir et de l'autorité de ce que nous appelons « les exigences du plaisir ». En des temps plus anciens, fait-il observer, les hommes de guerre étaient plus qu'aujourd'hui mus par des considérations artistiques dans la confection de leurs armes. Manifestement au détriment de l'efficacité pratique et militaire, ils s'attardaient sur les ornements et la beauté de leurs canons, de leurs navires et de leurs armes individuelles. En ce temps-là, des artistes de grand talent et très réputés travaillaient sur des armes de guerre, et les armuriers étaient très fiers de la beauté de leurs ouvrages. Pour John Neff, dans ce siècle de la guerre totale qui est le nôtre, les exigences de la beauté ont de plus en plus laissé place à des objectifs matérialistes et pragmatiques. Lorsque je pense à certains des engins hideux de la Seconde Guerre mondiale, il m'est vraiment difficile de ne pas être d'accord avec lui. La standardisation et l'automatisation des armes leur ont souvent ôté toute prétention à la beauté.

Ceci, cependant, n'est qu'un des aspects de la bataille et de la guerre modernes. Ce qui a été perdu dans un domaine trouve sa compensation dans un autre. Aujourd'hui, on mène la guerre dans les airs aussi bien que sur terre et sur mer, et il est difficile de s'exagérer la grandeur du spectacle qu'offrent à nos yeux les combats aériens. Comme ces nouvelles armes très puissantes éloignent encore plus ceux qui les manipulent des conséquences épouvantables que déchaîne leur mise à feu, elles offrent de plus grandes possibilités de satisfaction esthétique. Il est rare que le combat aérien soit dépourvu de la forme, de la grâce et de l'harmonie qui font défaut à l'affrontement terrestre. On y assiste à un drame d'une ampleur spectaculaire, rivalisant de pittoresque et de précision, que seul un petit nombre de grandes batailles navales ont pu offrir au cours des siècles précédents. Il est bien vrai que le rugissement des avions de combat peut s'avérer fort désagréable et accabler nos oreilles, et lorsqu'ils piquent sur leurs victimes pour les mitrailler ou bombarder, ces engins inspirent la terreur. Mais le combattant dispensé de participer au combat et qui se voit offrir la position du spectateur pourra quasiment combler ses yeux grâce à tous les éléments qui composent ces beautés effroyables.

J'ai un vif souvenir de ce que j'ai ressenti le matin du 25 août 1944 en assistant, à bord d'une péniche de débarquement, au bombardement de la Côte d'Azur par nos avions et nos navires de combat agissant simultanément. Sous couvert de la nuit, nous nous étions approchés relativement près de nos cibles. À l'aube, tandis que le tracé du rivage apparaissait, immobiles et silencieux, conscients que nous ne serions engagés dans l'action qu'après les bombes et le tir de barrage, nous étions des milliers à regarder. Alors nous vîmes les avions jaillir de nulle part, parfaitement alignés au-dessus de leurs cibles. Soudain, d'immenses canons commencèrent à cracher du feu et de la fumée depuis nos navires. Puis ce fut le début de l'invasion. Nous pouvions suivre des yeux les avions qui piquaient dans un amas de fumée, de flammes et de poussière, avant d'émerger plus loin au-dessus de la côte pour faire demi-tour et recommencer le même circuit. L'offensive des bombes et des obus sur le rivage était si violente que je m'attendais presque à ce qu'une grande partie de la côte se détachât pour sombrer dans la mer.

Quand je parvenais à oublier la dévastation et la terreur que ces bombes et ces obus déchaînaient sur des villages à moitié endormis, le spectacle était incontestablement magnifique. Je n'avais aucun mal à le regarder, et c'était même une tentation à laquelle on pouvait difficilement résister ; j'étais complètement absorbé, envoûté, indifférent à ce que l'avenir immédiat nous apporterait. D'autres que moi semblaient manifester la même concentration intense dans la contemplation de ce spectacle. Beaucoup d'anciens militaires se souviennent certainement d'avoir vécu une expérience similaire. Pour incompréhensibles que puissent être ces scènes de guerre, et quand bien même personne ne voudrait les voir se reproduire, peu d'entre nous pourraient en toute honnêteté nier la satisfaction que leur procure le fait de les avoir vues. En ce qui me concerne, une partie au moins de cette satisfaction peut être attribuée au plaisir éprouvé dans la contemplation esthétique.

Toutefois, en y réfléchissant davantage, il m'apparaît clairement que la « beauté », dans le sens ordinaire du terme, n'est pas l'attrait majeur de ce type de spectacle. C'est plutôt la fascination qu'exercent sur l'esprit les manifestations de la puissance et de la grandeur. Certaines scènes de bataille, tout comme une tempête sur l'océan, ou un coucher de soleil dans le désert, ou encore le ciel nocturne vu à travers un télescope, peuvent frapper de stupeur un individu isolé et le tenir sous leur charme. Il se perd dans leur majesté. Son ego l'abandonne pour un moment et le voilà absorbé dans ce qu'il voit. La conscience d'une puissance qui dépasse de loin les limites de son imagination le transporte dans un état d'esprit inconnu de lui dans sa vie de tous les jours. Pour fugaces que puissent être de tels moments de ravissement, ils sont, pour la majorité des hommes, un moyen d'échapper à soi-même fort différent de celui qu'on peut trouver dans l'amour sexuel ou dans l'alcool. Ce ravissement est adhésion et non perte ; c'est un dépouillement de soi qui advient en échange d'une union avec des objets jusque-là étrangers. Oui, le principal attrait esthétique de la guerre réside certainement dans le sentiment du sublime, auquel nous autres, enfants de la nature, que nous le désirions ou non, sommes conduits. L'étonnement, l'émerveillement et la stupeur paraissent faire partie de notre être le plus profond, et la guerre leur offre le terrain d'exercice par excellence. Comme je l'écrivais :

Hier matin, nous avons quitté Rome et nous nous sommes mis à la poursuite des Allemands, qui fuient à toute allure. À nouveau notre route nous a fait passer devant des villages en ruines et noircis par le feu, des véhicules détruits, des cadavres mutilés de soldats allemands, des dépouilles puantes de chevaux, des ponts explosés et des nuages de poussière qui nous noircissaient le visage et s'infiltraient dans nos vêtements... Plus tard, j'ai contemplé la pleine lune qui voguait à travers le ciel nuageux... j'ai vu des bombardiers allemands qui nous survolaient et les points d'impact de nos batteries anti-aériennes tout autour d'eux.

[...] J'ai ressenti encore une fois la beauté douloureuse de cette terre incomparable. Je songeais à tout ce que j'avais toujours été et à ce que j'étais encore. C'était pénible et glorieux.

Que se passe-t-il en nous lorsque nous sommes sous l'emprise de ce sentiment si puissant ? On dit souvent que sa satisfaction la plus profonde tient au sentiment d'être personnellement affranchi du destin qui pèse sur les autres. Nous les voyons aux prises avec des puissances qui les dépassent, et nous jouissons alors du sentiment de supériorité que nourrissent ceux qui sont à l'abri. Quand aucun être humain n'est impliqué et que nous sommes gagnés par le sentiment du sublime devant la majesté de la nature, nous pouvons remonter à la source de tout ceci, qui relève d'une manière ou d'une autre d'un sens accru de notre moi. Comme spectateurs, nous sommes supérieurs à ce qui tombe sous notre regard. Voici ce que j'écrivais dans mon journal :

Ce soir, nous avons regardé un beau coucher de soleil sur la mer Tyrrhénienne. De notre fenêtre, nous pouvions voir les jardins clos de Carano, où des fleurs s'épanouissaient et les pêchers emplissaient l'air de la douceur de leur floraison blanche. Au-delà s'étendaient les champs, et plus loin les montagnes. Formia, Gaeta, la mer. En disparaissant derrière les montagnes, le soleil illuminait un nuage qui flottait bas dans le ciel. Tandis que nous regardions le spectacle merveilleux de la nature en fête, le son du canon nous parvenait dans l'air du soir. Nous étions bien obligés de nous rendre compte qu'à quelques kilomètres de là, sur ce territoire que nous parcourions des yeux, des hommes qui portaient la mort dans leur cœur se tenaient en embuscade. Nous parcourions des yeux le no man's land. À mesure que la nuit tombait, d'immenses signaux de feu apparaissaient sur la montagne. C'était mystérieux, mais nous ne doutions pas que cela eût un rapport avec la mort et la destruction.

Le sentiment de dépression momentané, comme le dit Kant, auquel nous succombons initialement lorsque nous regardons dans un télescope vers l'immensité des cieux et que nous songeons à notre insignifiance en comparaison, est bientôt supplanté par la conscience que nous sommes les astronomes. En effet, nous savons, nous, que les cieux sont vastes et vides, alors que, de leur côté, les cieux ne connaissent probablement rien de nous. L'esprit humain triomphe sur ces forces aveugles et ces puissances sans vie que la nature manifeste. De ce point de vue, des scènes comme celles que j'ai décrites plus haut pourraient être expliquées par l'exaltation que les spectateurs ressentent du fait de ne pas être acteurs ou victimes ; car le sentiment du sublime procède de la séparation entre le spectateur et le spectacle, et le plaisir éprouvé de la supériorité que l'ego ressent alors.

Mais ce point de vue est faux, ou à tout le moins biaisé. C'est le point de vue d'une psychologie égoïste, atomiste, plutôt que le produit d'une observation minutieuse. La stupeur qui nous gagne dans ces moments-là n'est pas essentiellement un sentiment de triomphe, mais bien au contraire la reconnaissance d'une puissance et d'une grandeur à laquelle nous sommes assujettis. Il n'y a pas tant séparation entre le moi et le monde qu'une subordination du premier au second. Dans ces moments-là, par transcendance du soi et oubli de toute séparation, nous sommes capables de mépriser le danger.

Hier soir, je me suis assis sur un rocher à l'extérieur de la ville, et de là j'ai pu assister à une bataille moderne, un duel d'artillerie… le panorama était si vaste que je pouvais voir aussi bien l'explosion au départ des canons que le lieu d'impact de leurs rapides messagers... Plusieurs obus tirés par des batteries qui ripostaient atterrissaient tout près de moi, ce qui ne faisait pas de mon perchoir le poste d'observation le plus sûr. Mais c'était intéressant et passionnant à voir. Après un moment, le feu cessa de part et d'autre, et la vallée se couvrit des ombres du soir. Un citadin qui passait par là, transportant un seau d'eaux grasses pour ses cochons, entama la conversation puis me demanda d'attendre son retour pour qu'il puisse me convier à boire un verre de vin chez lui.

Sans doute la plupart des hommes ne peuvent être si absorbés dans la vision d'un spectacle qu'ils puissent surmonter leur peur de la souffrance et de la mort. Il n'empêche, c'est un phénomène assez courant sur le champ de bataille que des hommes s'exposent témérairement au danger dans l'unique dessein de voir. Si un jour une superbombe fait voler le monde en éclats, il y en aura qui, sans peur, de façon désintéressée et détachée, regarderont le spectacle jusqu'à la dernière minute. Je ne veux pas dire qu'il y a un défaut d'intérêt dans ce désintéressement, ou un manque d'émotion dans ce détachement. Bien au contraire. Mais pour celui qui observe, le moi n'a plus d'importance ; il est absorbé dans les objets qui le préoccupent.

Je pense que ce qui distingue le sentiment du sublime, c'est son caractère extatique, extatique dans le sens originel du terme, c'est-à-dire l'état où l'on est hors de soi-même. Même la curiosité machinale dont on fait communément l'expérience comprend une suppression momentanée de l'ego, un léger affaiblissement des barrières du moi, même si c'est insignifiant quand on y compare les moments plus rares où nous sommes saisis de stupeur. Cette extase nous comble parce que nous sommes conscients d'avoir affaire à une puissance extérieure à nous, dans laquelle nous pouvons nous fondre comme la partie dans le tout. Ce n'est ni un sentiment de triomphe, ni un sentiment de dépression qui prédomine alors. La vague d'émerveillement qui nous submerge nous comble parce que nous sommes assurés de faire partie du monde environnant, de n'être pas séparés de lui, reclus entre les murs du moi et livrés aux insuffisances de l'ego. Certains psychologues y verraient une autre façon d'échapper aux déplaisantes réalités de notre condition. Mais s'il en va ainsi, c'est une échappatoire toute différente de celles qu'on emprunte ordinairement. Nous nous sentons délivrés de notre vide intérieur. En se perdant, le moi gagne un lien avec quelque chose de plus grand que lui, et le caractère étranger du monde environnant se trouve puissamment atténué.

On trouvera un bon exemple de ce que je décris dans un petit livre intitulé *Letzte Briefe aus Stalingrad* [Dernières lettres de Stalingrad]. En 1943, le haut commandement allemand, soucieux d'évaluer le moral des soldats encerclés à Stalingrad, fit courir le bruit que leur courrier serait désormais porté à leurs foyers par avion. Comme la situation était devenue désespérée, la plupart des hommes comprirent que ce serait probablement le dernier message qu'ils pourraient adresser aux leurs. Mais après que ceux-ci les eurent écrites, les officiers de sécurité allemands confisquèrent les lettres, qui ne furent jamais livrées à leurs destinataires. À la fin de la guerre, on découvrit des paquets de ces lettres dans des locaux de la police, et une sélection d'entre elles fut publiée en Allemagne sans noms d'auteurs. Ces lettres, écrites à l'intention d'êtres chers par des hommes qui, après avoir connu des victoires spectaculaires, enduraient l'épreuve amère de la défaite, possèdent une qualité de dépouillement que l'on trouve rarement dans la littérature de guerre. Le texte suivant, traduction de la première lettre de ce petit volume, a manifestement été écrit par un météorologue de l'armée allemande :

> Ma vie n'a pas du tout changé. Tout comme elle l'était il y a dix ans, ma vie est bénie par les étoiles et dédaignée par les hommes. Déjà à cette époque je n'avais pas d'amis, et tu sais pourquoi ils m'évitaient. Mon bonheur était de m'asseoir devant le télescope et de regarder le ciel et le monde des étoiles, heureux comme un enfant qu'on autorise à jouer avec les étoiles.

Tu étais ma meilleure amie, Monika. Non, tu as bien lu : tu étais ma meilleure amie. Le moment est trop grave pour plaisanter. Cette lettre mettra quatorze jours pour te parvenir. Entre-temps, tu auras lu dans les journaux ce qui s'est passé ici. N'y pense pas trop. Les faits seront bien différents de ce que tu liras, mais laisse à d'autres le soin de les rétablir dans leur vérité. J'ai toujours pensé en années lumières et réagi en secondes. Ici aussi je m'occupe de recueillir les données météorologiques. Nous sommes quatre à travailler ensemble, et si les choses pouvaient continuer ainsi, nous serions contents. C'est un travail facile. Nous avons pour tâche de relever la température et le degré d'humidité, de décrire les conditions nuageuses et la visibilité. Si quelque bureaucrate venait à lire ce que je t'écris, ses yeux lui sortiraient de la tête – violation des consignes de sécurité !

Monika, que vaut notre vie comparée aux millions d'années des cieux étoilés ? En cette belle nuit, Andromède et Pégase se trouvent juste au-dessus de ma tête. Voilà longtemps que je les regarde ; bientôt je serai auprès d'elles. Je peux remercier les étoiles pour mon bonheur et ma sérénité. Bien sûr, tu es pour moi la plus belle des étoiles ! Les étoiles sont immortelles et la vie d'un homme est comme un grain de poussière dans l'univers.

Tout s'effondre autour de nous, une armée entière est en train de mourir, et le jour et la nuit s'embrasent. Pendant ce temps, quatre personnes s'activent à relever les températures et les conditions nuageuses ! Je ne comprends pas grand-chose à la guerre. Aucun être humain n'a jamais succombé sous ma main. Je n'ai même jamais pointé un pistolet sur une cible. Mais je sais ceci : nos adversaires ne font pas preuve du même manque d'intelligence que nous. J'aurais aimé continuer à compter les étoiles pendant quelques décennies, mais cela ne me sera plus possible désormais.

Cette lettre de soldat allemand montre, je pense, la capacité qu'avait son auteur de s'attacher aux choses de la nature et de ressentir, même au milieu d'un monde qui s'embrasait, leur connexion avec lui. Par moments, il ressent aussi la responsabilité morale qui est la sienne vis-à-vis d'un être humain qui probablement l'aime et le pleurera. « Bien sûr, tu es pour moi la plus belle des étoiles ! » Ce « bien sûr » sonne chez lui comme une pointe de remords, révélant par là où réside son cœur véritable, car aussitôt ses pensées reviennent à ce qui, dans l'univers, est à ses yeux véritablement important et immortel, et qu'il espère pouvoir bientôt rejoindre. Même dans une situation où la sécurité et la vie sont elles-mêmes en jeu, ce soldat se cramponne au sentiment d'une communauté de parenté entre lui et l'univers qui l'entoure, et il se perd dans la contemplation de ses merveilles. À vrai dire, cet homme constitue sans nul doute une exception. Il nous dit lui-même qu'il a l'habitude d'être souvent seul avec ses pensées. Et puis il est astronome. Sans doute la plupart des soldats sont-ils incapables de parvenir à un tel degré d'absorption. Pourtant, bon nombre d'entre eux ont ressenti, dans les situations extrêmes, ce même désir puissant d'infini, et quoiqu'ils ne soient pas en mesure de l'exprimer clairement, il est rare qu'ils n'en sortent pas transformés.

Si la jouissance de voir, tout particulièrement lorsqu'elle atteint ses plus hauts sommets, semble procéder d'une noble qualité qu'ont les hommes, nous ne devrions pas oublier le fait remarquable suivant : elle s'accompagne presque toujours d'une indifférence à l'égard des idéaux moraux et d'une absence d'intérêt pour la pratique. C'est la raison pour laquelle la luxure des yeux est franchement condamnée dans les textes bibliques. La moralité suppose l'action, tandis que le voir, dans toutes les acceptions du terme, est une échappatoire à l'action. La moralité est fondée sur le social ; en revanche, l'état extatique est trans-social. L'esthétique trouve son accomplissement dans la contemplation, et elle dédaigne la patience et le dur labeur que la vraie moralité exige. La détérioration de la ferveur morale, que toute guerre engendre, n'est peut-être pas entièrement le fait du renversement des valeurs que le combat et la tuerie déclenchent. Ne pourrait-elle pas être aussi bien la conséquence de l'extase esthétique, qui nous pousse toujours à outrepasser les limites de ce que la morale autorise ? Cette expérience peut laisser dans nos souvenirs un goût étrange et aucun désir de recommencement. Pourtant, une fois la guerre finie, il nous est difficile de retrouver avec une entière conviction les fins morales qui s'imposaient à nous autrefois.

D'un autre côté, il est un autre attrait de la guerre réputé particulièrement moral, le seul vrai avantage – rarement éprouvé en temps de paix – qu'on puisse trouver dans le combat : l'expérience collective qu'on appelle fraternité. La question de savoir si cela est vrai ou pas mérite d'être étudiée. Le terme de « fraternité » recouvre un grand nombre de relations possibles, de la plus personnelle à la plus anonyme et générale, mais je n'aborderai ici que les traits essentiels de la fraternité militaire. Comment advient-elle dans le combat, par quoi est-elle renforcée ou affaiblie, quel est son attrait principal ?

Le sentiment d'appartenance commune dans lequel les hommes au combat puisent souvent leur force de cohésion doit être tout d'abord éveillé par une raison extérieure qui les poussent à se battre. Toutefois, ce sentiment ne dépend nullement de cette raison-là. La cause à laquelle la fraternité doit son existence peut être la défense de la patrie, la propagation de la seule vraie religion ou quelque idéologie politique que l'on embrasse avec passion ; ce peut être aussi l'honneur que l'on veut préserver ou la restitution d'une Hélène de Troie. Du moment que la cause existe, la fin espérée peut demeurer en elle-même relativement sans importance. Lorsque, à la suite de revers militaires ou d'expériences de combat horribles et épuisantes, l'objectif initial s'obscurcit à nos yeux, souvent il ne reste plus pour soutenir le combattant que sa détermination à ne pas abandonner ses camarades.

D'innombrables soldats sont morts, plus ou moins volontairement, non pour leur patrie, leur honneur ou leur foi religieuse, ou pour tout autre bien abstrait, mais parce qu'ils avaient conscience que, en abandonnant leur poste pour sauver leur vie, ils exposeraient leurs compagnons à de plus grands périls. Le moral du combattant a pour essence cette loyauté envers le groupe. Le commandant capable de le préserver et renforcer sait que tous les autres facteurs psychologiques ou physiques ne comptent guère en comparaison de celui-là. Il est clair que le sentiment de loyauté est le résultat, et non la cause, de la fraternité. Les camarades sont loyaux les uns envers les autres, spontanément et sans qu'il soit besoin d'invoquer des raisons. Les hommes peuvent apprendre à être loyaux par peur ou par conviction raisonnée, loyaux même envers ceux pour qui ils éprouvent de l'antipathie. Mais on peut rarement compter sur une telle loyauté dans les grands rassemblements d'hommes, à moins qu'elle ne soit cimentée par quelque affection spontanée et le sentiment d'appartenance à une communauté.

Quoique la fraternité suppose une proximité physique dans le temps et dans l'espace, elle n'est pas l'instinct grégaire et animal. On a peu à apprendre, j'en suis convaincu, d'une tentative de comparaison entre les formes animales et les formes humaines d'association. Dans le danger et le besoin extrêmes, on trouve indéniablement une satisfaction minimale dans le fait d'avoir à proximité de soi d'autres individus de son espèce. Le proverbe qui dit que « la misère aime la compagnie » n'est pas dénué de fondement, particulièrement dans les situations où la défense et l'agression sont impliquées. Mais il est également vrai que les hommes peuvent vivre dans une même pièce et partager les mêmes souffrances sans avoir aucunement le sentiment d'une appartenance commune. Ils peuvent vivre côte à côte et ne pas se sentir responsables les uns des autres, même lorsque leur bien-être dépend clairement de leur coopération.

Des soldats allemands qui, au cours de la décennie consécutive à la fin de la Seconde Guerre mondiale, endurèrent la captivité dans les camps soviétiques ont décrit de façon convaincante comment le système communiste a réussi à détruire tout sentiment de fraternité entre les prisonniers, simplement en faisant dépendre la distribution des rations alimentaires de la quantité de travail fourni par chacun. Dans un système comme celui-là, les hommes peuvent non seulement manger à satiété, mais aussi jouir du superflu sans se soucier du camarade qui, peut-être, est en train de mourir de faim à petit feu. Cet aspect lamentable de la nature humaine a trop souvent été observé pour qu'il soit besoin de lui apporter plus ample confirmation. La proximité physique entre les hommes ne peut que créer les conditions minimales de la fraternité. Mais elle n'explique pas plus l'attrait que la guerre peut collectivement exercer qu'elle n'explique l'amour des hommes pour les villes.

Mais si la présence physique n'est qu'une condition minimale de la fraternité, quelles sont donc ses composantes importantes ? Celle qui vient immédiatement à l'esprit est l'organisation en vue d'un but commun. Même un type d'organisation très souple peut favoriser la modération chez un grand nombre d'individus aux ego trop affirmés et les inciter à se placer sous la direction d'une volonté suprapersonnelle. Personne n'ignore la très grande différence qui sépare une collection d'individus réunis au hasard et le même nombre d'individus organisés en un groupe ou une communauté. Toute communauté est dotée d'une finalité ou d'un projet, et nous reconnaissons quasiment instinctivement le lien qui existe entre l'union et la force.

Ceux qui affrontent en masses désorganisées des groupes plus petits mais organisés ont toujours conscience du peu de chances qu'ils ont de vaincre. Il est pathétique de voir d'immenses foules de prisonniers de guerre acheminés comme des troupeaux vers leurs centres de rétention par une poignée de gardes portant des fusils en bandoulière. Ce n'est pas le fait d'être privés d'armes qui rend ces prisonniers impuissants face à leurs gardiens. C'est l'absence de volonté commune, la certitude que les autres n'agiront pas de concert avec eux contre les forces conquérantes.

Cependant, il y a plusieurs formes d'organisation, et la forme militaire a ceci de particulier que ses objectifs sont à la fois collectifs et concrets. L'organisation d'une communauté civile, par exemple une ville, ne va pas sans objectifs, mais ils sont rarement concrets, et beaucoup de ses membres sont à peine conscients de leur existence. Si, comme je le crois, une communauté civile est dotée d'objectifs plus réels et qui ont davantage la puissance de durer que des objectifs simplement militaires, il n'en demeure pas moins qu'elle est incapable de susciter un aussi haut degré de loyauté que ne le peut une organisation militaire.

En temps de guerre, c'est un lieu commun du commandement militaire que les forces combattantes doivent être dotées d'objectifs clairement identifiés et connus. Bien entendu, l'objectif global est de gagner la guerre et de rentrer chez soi. Mais, dans toute action menée, il y a l'objectif de surpasser l'ennemi qui attaque, ou bien, si vous êtes l'attaquant, de gagner la position qui a été désignée à l'avance. Toute unité combattante doit se voir attribuer un objectif limité ou spécifique, et de façon générale, plus celui-ci est clairement défini et circonscrit, plus les soldats auront à cœur de renoncer à leur désir naturel d'autopréservation. Les officiers apprennent vite à redouter les ordres flous et mal définis qui leur viennent d'en haut. Mais si l'objectif est matériel – un bout de territoire à prendre ou à défendre, un nid de mitrailleuses à détruire, un bastion à anéantir –, les officiers sauront bien mieux provoquer le sentiment de fraternité. Ils se rendent compte que ce sentiment est d'abord suscité par la conscience que l'obstacle à franchir ne pourra l'être sans un effort mené en commun. Le moral d'une unité combattante vient de ce que la plupart de ses membres ont un même état d'esprit et une même détermination, et de ce qu'ils s'accordent inconsciemment sur la nécessité de supprimer, dans l'intérêt d'une fin commune, tous leurs désirs individuels.

En temps de paix, l'organisation en vue d'un objectif concret et collectif est loin de pouvoir inspirer le degré de fraternité qu'on rencontre communément à la guerre. Manifestement, cette fraternité a pour trait distinctif et essentiel la présence du danger. C'est que les hommes s'organisent alors en vue d'un objectif dont l'accomplissement implique la possibilité de trouver la mort ou d'être blessé. Mais comment le danger peut-il détruire les barrières du moi et offrir à l'homme de quoi faire l'expérience de la communauté ? La réponse à cette question donnerait la clé pour comprendre l'une des plus anciennes et plus persistantes incitations au combat.

Le danger donne un certain piment à l'expérience ; c'est un fait bien connu. Avec lui notre pouls s'accélère, et comme il dirige notre attention sur notre moi physique, la conscience que nous avons d'être en vie s'en trouve accrue. Le frisson que l'on ressent à la chasse, en galopant à cheval ou en conduisant une automobile au mépris de toute prudence est de cette sorte. Mais l'excitation que ces activités créent en nous n'a guère de signification collective. Son origine paraît être sexuelle, si nous donnons au sexe le sens élargi que lui donne Freud. La vitalité accrue que nous ressentons là où le danger est contingent provient de la conscience que nous avons de maîtriser notre environnement. C'est une pulsion individuelle, non collective.

En revanche, l'excitation et le frisson de la bataille sont d'une autre sorte, car le danger y est essentiel et non contingent. L'élément du jeu n'est guère présent au combat, même s'il peut l'avoir été fortement à l'entraînement. En lieu et place du jeu, il y a chez la plupart des soldats un sentiment diffus d'irréversibilité. « C'est pour de bon », dira familièrement le soldat. Ce côté profondément sérieux n'empêche nullement d'avoir le cœur léger, ainsi qu'on peut l'observer dans maintes taquineries et autres farces ; mais les hommes sont conscients d'être, pour ainsi dire, engagés dans une voie à sens unique, et que ce qu'ils font ou échouent à faire peut être porteur de graves conséquences. À la différence de ceux qui se tiennent simplement aux marges de la bataille, ceux qui y entrent ne se battent pas comme des duellistes. Presque automatiquement, ils se battent en tant que groupe, en tant qu'ils forment une unité. Pour obtenir ce résultat plus rapidement et plus aisément, l'entraînement effectué en amont peut s'avérer d'une grande aide. Mais il peut seulement aider à actualiser ce qui n'était que potentiel. Comme tout commandant le sait, une heure ou deux de combat font plus pour souder une troupe que des mois d'entraînement intensif.

Bien des anciens combattants auront, je pense, l'honnêteté d'admettre que leur expérience de l'effort mené en commun au combat, y compris dans les conditions nouvelles imposées par la guerre moderne, représente un sommet de leur existence. Malgré l'horreur, l'épuisement, la crasse et la haine, il y a dans le fait de se soumettre avec d'autres aux hasards de la bataille quelque chose d'inoubliable qu'ils n'auraient certainement pas voulu manquer. Quiconque n'en a pas fait l'expérience pour lui-même aura du mal à comprendre ce sentiment, tout comme ceux qui sont passés par là auront du mal à l'expliquer aux autres. C'est bien ce sentiment qui explique l'étrange combinaison de sérieux et d'insouciance qu'on observe si souvent chez les hommes au combat.

Nous sommes nombreux à pouvoir éprouver notre liberté comme une réalité exaltante, à la fois sérieuse et joyeuse, uniquement lorsque nous agissons de concert avec d'autres, en vue d'un objectif concret que nous ne pourrons atteindre qu'au prix d'un engagement absolu. La liberté individuelle qui nous permet de faire ce que nous voulons de nos vies et de nos talents, la liberté d'autodétermination, nous apparaît la plupart du temps comme une chose frivole et pesante. Une telle liberté nous laisse un sentiment de vide et de solitude, le sentiment que notre vie n'a pas de sens, qu'elle est insignifiante. Nous sommes relativement peu nombreux à savoir comment rendre productive et joyeuse cette liberté individuelle. En revanche, la liberté collective peut toucher presque tout le monde et tout emporter sur son passage. Les adversaires de la démocratie ont bien compris cet aspect essentiel de la liberté, et cela constitue pour eux un avantage initial considérable.

L'insouciance qu'apporte la participation à une action collective ne comporte guère d'aspect sensuel ou même simplement agréable, tout comme le sérieux qu'on y observe a peu à voir avec le calcul ou la raison. Tous deux proviennent bien plutôt de la conscience d'une puissance qui surpasse l'individu. Si nous éprouvons le sérieux et la gaieté de ces moments-là, c'est que nous nous trouvons alors délivrés de notre impuissance individuelle et enivrés du pouvoir que nous offre l'union avec nos semblables. En de pareils moments, nous sommes nombreux à sentir vaguement à quel point nous avons vécu jusqu'alors de façon isolée et séparée, et tout ce que nous avons pu rater en limitant notre existence au cercle étroit de la famille et de nos quelques amis. Avec l'expansion des limites de notre moi, nous ressentons une appartenance qui nous était inconnue jusqu'ici. Le « Je » se change insensiblement en « Nous », le « mien » devient « notre » et le destin individuel perd l'importance centrale qui était la sienne.

À son acmé, le sentiment de fraternité prend la forme d'une extase, guère différente de l'extase esthétique que nous avons décrite précédemment, bien qu'elle soit produite par des forces différentes. Dans la plupart des cas, il y a chez l'homme une authentique aspiration à vivre en communauté avec ceux de son espèce ; en même temps, il y a aussi chez lui une maladresse et une impuissance qui l'empêchent de trouver les moyens d'y parvenir. Il nous faut quelque expérience extrême – un danger mortel ou une menace de destruction – pour nous unir complètement à nos camarades ou à la nature. Ceci est bien regrettable, car il existe certainement des moyens plus créatifs et moins effroyables d'y parvenir ; il suffirait que les hommes s'avisent de les découvrir. Jusqu'à présent, si la guerre a conservé son attrait, c'est que l'on peut découvrir dans ses abîmes interdits certains des mystères de la joie collective. L'apogée de la fraternité se gagne au combat.

Toutefois, le secret de la fraternité ne s'épuise pas dans ce sentiment de liberté et de puissance qu'insuffle en nous l'effort mené en commun dans la bataille. Il y a encore autre chose, et qui n'est pas moins important. Le sentiment de puissance et de délivrance qui envahit les hommes en de pareils moments prend sa source au-delà de leur seule union. À mon sens, ce qui rend alors relativement aisé le sacrifice de soi n'est rien de moins que la certitude de l'immortalité. Les hommes ne sont vraiment fraternels les uns envers les autres que lorsque chacun est prêt à donner sa vie pour autrui, sans même y réfléchir et sans songer à ce qu'il pourrait y perdre personnellement. Qui peut douter qu'une véritable fraternité de cette sorte ait pu se produire en chaque guerre, les deux guerres mondiales pas moins que les précédentes ?

Un tel sacrifice paraîtra difficile et héroïque à ceux qui n'ont jamais éprouvé d'extase collective. En fait, il est à peine plus difficile à comprendre que de nombreux actes, beaucoup moins absolus, qui ont lieu en temps de paix et dans la vie civile. En effet, pour celui qui partage son existence avec ses camarades, la mort devient dans une certaine mesure irréelle et inconcevable. L'immortalité perd alors son caractère lointain, elle ne relève plus seulement d'un arrière-monde, elle n'est plus quelque chose de seulement possible, une réalité ou une vérité probables : au contraire, elle devient un fait présent et évident par soi-même.

Rien n'est plus éloigné de la vérité que l'insistance de certains philosophes existentialistes à soutenir que chaque individu doit mourir de sa propre mort et faire l'expérience de ce qu'on ne saurait la partager avec autrui. S'il en allait ainsi, combien de vies auraient été épargnées sur le champ de bataille ! En réalité, la mort peut être partagée par des hommes unis entre eux comme peu d'autres grands moments de l'existence peuvent l'être. À vrai dire, il ne s'agit pas de la mort à laquelle nous avons affaire dans la vie civile. Dans la langue allemande, les hommes ne meurent jamais au combat. Ils *tombent*. Le terme est exact en ce qu'il exprime un sacrifice de soi motivé par le sentiment de fraternité. Je peux bien tomber, je ne meurs pas, car ce qui est réel en moi se perpétue et continue de vivre en ceux pour qui j'ai donné mon existence physique.

Comprenez-moi bien. Il est incontestablement vrai que des milliers de soldats meurent au combat, misérables, seuls et remplis d'amertume, sans aucune idée de sacrifice à l'esprit et en l'absence de toute autre satisfaction. Je soupçonne le pourcentage de soldats concernés de s'être sensiblement accru au cours des guerres récentes. Mais pour ceux que la passion du sacrifice de soi saisit à chaque fois qu'ils s'engagent dans la bataille, la mort n'est plus effroyable parce que sa réalité a disparu.

Il doit y avoir une similitude entre ce consentement au sacrifice de soi chez des soldats unis par le sentiment de fraternité, et le consentement des saints et des martyrs à mourir pour leur foi. Il n'est sans doute pas fortuit que les religions occidentales se soient abstenues d'abolir leur vocabulaire militaire ou même leur caractère militant – *Onward, Christian soldiers ! Marching as to war*[1]... –, pas plus qu'il n'est fortuit que nos guerres soient justifiées en termes de dévotion et de salut. Le véritable fidèle doit être prêt à donner sa vie pour sa foi. Et s'il est un authentique saint, il ne regardera pas ce sacrifice comme une perte, car en s'unissant à une réalité suprême, le moi devient indestructible. Il y a, bien sûr, des différences importantes. La réalité pour laquelle le martyr se sacrifie n'est pas visible et intime comme celle du soldat. Généralement, le martyr meurt seul, méprisé par la multitude. En ce sens, son sort est infiniment plus difficile. Il n'est pas vraiment étonnant qu'un petit nombre d'hommes soient capables de mourir allégrement en martyrs, alors que des milliers sont capables de se sacrifier à la guerre. Toutefois, un point de ressemblance fondamental demeure : la mort ne perd pas seulement son aiguillon, elle perd aussi de sa réalité, car le moi qui meurt est peu de chose comparé au moi qui survit et triomphe.

C'est là l'élément mystique de la guerre, évoqué par presque tous les auteurs sérieux qui ont écrit sur le sujet. William James en a parlé comme d'un sacrement, et il a déclaré un jour que « la société pourrirait sans le tribut mystique du sang ». Et, dans son livre *The Biology of War*, Georg Friedrich Nicolaï se montre persuadé que « la capacité sans limite au sacrifice de soi » est l'élément grandiose et enivrant de la guerre. C'est ce qui pousse souvent ceux qui chérissent la paix à douter que les hommes puissent jamais renoncer à la guerre, et parfois même à se poser la question déconcertante de savoir s'il est vraiment souhaitable qu'ils y renoncent. Cette capacité au sacrifice de soi est l'argument ultime dont se servent les partisans de la guerre (de nos jours de plus en plus rares) pour défendre la nécessité et la finalité morale de la guerre. Puisque les hommes ne peuvent gagner la reconnaissance de leur véritable nature, et des

1. « En avant, soldats du Christ ! Marchant comme à la guerre... » Il s'agit d'un hymne protestant bien connu écrit en 1864 par Sabine Baring-Gould, écrivain anglais (1834-1924). L'hymne commence ainsi : *Onward, Christian soldiers, marching as to war, / With the cross of Jesus going on before. Christ, the royal Master, leads against the foe ; /Forward into battle see His banners go!* [NdT.]

rapports essentiels qu'ils entretiennent entre eux, que par ces moyens extrêmes, nous disent les tenants de la guerre, ce serait folie que de vouloir l'abolir, car cela reviendrait à vouloir abolir la mort elle-même.

En revanche, bien des humanistes et des humanitaires dénoncent la pulsion du sacrifice de soi, en laquelle ils voient le cœur même du mal moral. Pour eux, elle constitue une offense à l'idée intégralement rationnelle qu'ils se font de ce qui est proprement humain. Les moins amènes n'hésitent pas à exprimer l'horreur que leur inspire la foi chrétienne, précisément en ce qu'elle est fondée sur le thème du sacrifice de soi. Les lecteurs du livre de Rebecca West, *Black Lamb and Grey Falcon*[1], n'oublieront pas facilement l'amertume avec laquelle elle traite de la notion de sacrifice, ni son rejet de saint Paul, saint Augustin et Luther pour avoir accablé la foi chrétienne du fardeau de ce « thème affreux ».

Après avoir assisté à une cérémonie assez terrifiante dans l'arrière-pays yougoslave, au cours de laquelle des agneaux noirs sont sacrifiés, dans la croyance que cela guérira les paysans locaux de diverses maladies, l'auteur achève ainsi ses réflexions :

> Je connaissais bien ce rocher. J'avais vécu toute ma vie dans son ombre. Toute notre pensée occidentale est fondée sur cette idée repoussante que la douleur est le prix à payer pour tout ce qui est bon. Ici on pouvait voir comment le sens de la crucifixion nous avait été caché, bien qu'il fût écrit en toute clarté. Un homme suprêmement bon était né sur terre, un homme dépourvu de cruauté, qui aurait pu apprendre aux hommes à vivre dans un bonheur perpétuel ; et parce que nous nous sommes entichés de cette idée du sacrifice, nous n'avons rien trouvé de mieux à faire de ce passeport pour la délivrance que de le détruire.

Il est bien vrai que nous autres Occidentaux nous sommes souvent entichés de cette idée du sacrifice, tout particulière-

1. *Agneau noir et faucon gris,* éd. L'Âge d'Homme, 2000. [NdT.]

ment du sacrifice de soi. Pourquoi la pulsion du sacrifice suscite-t-elle une répugnance si forte chez certains, tandis que d'autres sont toujours et encore attirés par elle ? Ou encore, comment cet attrait et cette répulsion peuvent-ils prendre place à différents moments dans le cœur d'un même individu ? Je suppose que, comme moralistes, nous y répugnons parce que la pulsion du sacrifice n'est pas soumise au jugement et à la maîtrise de la raison. Elle s'empare de nous et force notre volonté, et ce n'est qu'après qu'elle trouve sa justification en se réclamant d'une autorité supérieure à celle de l'humain. Une fois sur deux, elle se met au service d'une mauvaise cause, et peut-être même plus souvent qu'au service d'une bonne cause. Le pouvoir mystérieux qui émanait de chefs comme Napoléon, Hitler et Staline, et qui leur permit de susciter autour d'eux l'amour du sacrifice de soi, nous laissera toujours perplexes. Nous ne pouvons le condamner avec une entière conviction, car il est probable que dirigeants et dirigés se trouvaient dans une large mesure sous l'emprise de pulsions qui les dominaient.

Pourtant, un tel pouvoir inspire l'horreur au-delà de toute mesure ; du point de vue de la raison, il mérite la condamnation la plus absolue. Quand les limites du libre arbitre et de la moralité sont transgressées, l'homme se trouve contraint de chercher une justification religieuse et métaphysique au sacrifice de soi, quand bien même serait-il commis pour une mauvaise cause. Qu'il s'agisse de l'attrait esthétique de la guerre, quand il suscite en nous la pulsion vers le sublime, ou de l'attrait du groupe pour le sentiment de fraternité, quand il suscite en nous la pulsion du sacrifice de soi, nous avons affaire dans les deux cas à des contradictions profondément enracinées dans notre culture, si ce n'est dans la nature humaine elle-même. En effet, ce que notre moi moral déclare odieux, notre moi religieux et notre moi esthétique y aspirent comme au bien ultime. C'est là une des énigmes de la guerre.

Toutefois, si nous faisons preuve de sagesse véritable, alors nous devons renoncer au désir de modifier ces caractéristiques de notre nature humaine, quand bien même aurions-nous à en souffrir infiniment ou à succomber au danger qu'elles nous font courir. Car la disposition au sacrifice de soi, tout comme l'attrait pour le sublime, est ce qui permet à l'esprit d'atteindre les plus hauts sommets dans les domaines de la poésie, de la philosophie et de la vraie religion. Tous deux empêchent que nos meilleurs éléments se désintéressent ou désespèrent de l'espèce humaine. Ils font obstacle au découragement et au cynisme. Comme moralistes, nous pouvons fort bien condamner saint Paul et saint Augustin pour leur conviction mystique qu'aucune purgation du péché n'est possible sans le secours du sacrifice. Mais, dans ce cas, nous devrions faire preuve de prudence, car ils étaient tous deux convaincus que, sans l'acte supramoral, nous autres humains serions incapables de mener ne serait-ce qu'une existence morale normale. S'ils n'étaient pas prêts à croire que Dieu pût être dépourvu de qualités morales, ils tenaient pour certain qu'il y a dans Son univers autre chose que les seules manifestations du bien et du mal. Pour eux, le « je suis » précède logiquement et temporellement le « je dois ». Et nombreux sont ceux qui ont pensé comme eux que l'ordre du religieux est supérieur à celui de la morale, quand bien même continueraient-ils à se faire une idée confuse de la manière dont ces deux ordres sont reliés entre eux.

N'avons-nous pas raison de louer chez le combattant cette pulsion qui le pousse à se sacrifier pour un camarade, même si cela doit être fait, comme c'est si souvent le cas, pour une mauvaise cause ? Je le crois. C'est une sorte de fatalité mondiale et historique que la quête de l'union et de l'immortalité se poursuive toujours et encore au moment même où les hommes se mettent au service des forces de la destruction. Je ne doute pas un seul instant que cette quête et cette pulsion aient à maintes reprises rendu les guerres plus meurtrières. Pourtant, je ne voudrais pas renoncer à l'assurance, qui m'est délivrée par leur existence même, que notre espèce a un destin différent de celui qui échoit aux autres animaux. Quoique nous tombions souvent au-dessous d'eux, nous sommes aussi par moments capables de nous élever au-dessus d'eux.

Si la luxure des yeux et le désir de fraterniser avec nos compagnons étaient les seuls attraits du combat, nous pourrions raisonnablement espérer les satisfaire par d'autres moyens. Toutefois, ce que j'ai pu observer par moi-même et l'histoire de la guerre m'ont convaincu qu'il existe une troisième pulsion de guerre, bien plus sinistre encore que les deux premières. Quiconque a observé des artilleurs sur le champ de bataille, ou regardé dans les yeux de combattants aguerris au sortir du carnage, ou encore étudié les descriptions que des bombardiers ont pu donner des sentiments qui étaient les leurs au moment de frapper leurs cibles, trouvera qu'il est difficile d'échapper à la conclusion qu'il existe une jouissance de la destruction. Il suffit de marcher sur un champ de bataille peu après que les armes se sont tues pour en être convaincu. Une personne sensible se sentira à coup sûr oppressée par l'esprit du mal qui y règne, un mal radical qui transforme subitement les images médiévales de l'enfer et les milliers de démons de l'imaginaire médiéval en des réalités tout à fait plausibles. Ce mal semble surpasser la simple méchanceté humaine et exiger une explication en termes cosmologiques et religieux.

Les hommes qui ont vécu dans la zone de combat assez longtemps pour qu'on puisse les appeler des vétérans sont parfois possédés par une furie qui les rend capables de tout. Aveuglés par la rage de détruire et suprêmement indifférents aux conséquences, ils se lancent à l'assaut de l'ennemi jusqu'à ce qu'ils soient victorieux, morts ou complètement épuisés. On dirait alors qu'un démon s'est emparé d'eux et qu'ils ont perdu la maîtrise d'eux-mêmes. Du récit homérique du sac de Troie à la prise de Dien Bien Phu, la littérature occidentale regorge de descriptions de soldats pris de folie et de destructeurs maniaques.

Peut-être le texte suivant, extrait du journal qu'Ernst Jünger tint pendant la Première Guerre mondiale, pourra-t-il, grâce à sa concision et à sa précision, représenter ici tous les autres récits de cette sorte. Il décrit le début de la dernière offensive allemande à l'Ouest.

> Le grand moment était venu. Le rouleau de feu avait dépassé les tranchées de première ligne. Nous nous mîmes en marche.
>
> Dans un mélange de sentiments engendrés par la soif du sang, la fureur et l'absorption d'alcool, nous montâmes au pas à l'assaut des lignes ennemies. J'étais loin en avant de ma compagnie, suivi de mon ordonnance et d'un volontaire pour un an. Ma main droite étreignait la crosse de mon pistolet et ma main gauche une badine de bambou. Je bouillais d'une fureur qui m'est aujourd'hui incompréhensible. Le désir irrésistible de tuer me mettait des ailes aux pieds. La rage m'arrachait des larmes amères.
>
> L'immense volonté de destruction qui pesait sur ce champ de mort se concentrait dans les cerveaux, les plongeait dans une brume rouge. Sanglotant, balbutiant, nous nous lancions des phrases sans suite, et un spectateur non prévenu aurait peut-être imaginé que nous succombions sous l'excès du bonheur[1].

Le bonheur n'est certainement pas le bon terme pour décrire la satisfaction que les hommes éprouvent quand ils sont possédés par le désir de détruire et de tuer leurs semblables. La plupart des hommes n'admettraient jamais prendre du plaisir à tuer, et il y en a beaucoup qui effectivement n'en prennent aucun. D'un autre côté, des milliers de jeunes gens, qui n'auraient jamais soupçonné la présence en eux d'une telle pulsion, ont appris de la vie militaire l'excitation folle de la destruction. C'est une soif qui ne peut prospérer que dans cet environnement de désordre et de privation que l'on connaît habituellement au front. Elle marque généralement la grande différence qui existe entre les jeunes recrues et les vétérans. Les

---

1. Ernst Jünger, *Orages d'acier*, trad. Henri Plard revue par Julien Hervier, éd. Gallimard, Bibliothèque de la Pléiade, 2008. Page 209 et variante p. 744-745. [NdT.]

généraux la nomment souvent « la volonté d'en découdre avec l'ennemi ». Cette phrase à l'allure innocente recèle l'essence même de cette jouissance de la destruction qui somnole chez la plupart d'entre nous. Quand des soldats franchissent la ligne qui sépare l'autodéfense du combat pour le combat, chose qui leur est très aisée, ce qu'ils éprouvent alors les fait vibrer jusqu'au plus profond de leur être. Le soldat-tueur apprend à servir une divinité différente, il se préoccupe de la mort et non de la vie, il a le souci de détruire et non de construire.

Parmi les nombreux écrivains qui, de nos jours, s'inquiètent de voir chez l'homme cette soif de destruction, Ernest Hemingway se distingue comme celui qui a réussi à intégrer l'esprit de violence dans ses personnages féminins et masculins. Dans *Pour qui sonne le glas*, il fait dire à son héros : « Arrête de faire de la mauvaise littérature sur les Berbères et les anciens Ibères et avoue que tu as pris du plaisir à tuer, comme tous ceux qui ont choisi d'être soldats ont parfois pris plaisir à le faire, qu'ils mentent ou pas à ce sujet. » Et dans un livre plus récent, *Sur l'autre rive et dans les arbres*, le personnage du vieux colonel constitue le portrait le plus profond que nous ayons vu dans la littérature récente. Cet homme est si conscient de cette pulsion de la destruction qui l'habite qu'il s'efforce de la contrebalancer en cédant à l'attrait contraire, à savoir Éros, personnifié par une jeune et belle comtesse. Ce livre a été sévèrement critiqué du point de vue artistique, mais peu ont vu, je crois, à quel point Hemingway a bien saisi les deux forces primordiales qui s'affrontent dans le personnage du colonel, comme chez de nombreux soldats professionnels, en un conflit que, d'une certaine façon, seule la mort peut résoudre.

Sigmund Freud a nommé ces forces de la nature humaine la pulsion ou l'instinct d'Éros, désignant par là ce qui nous pousse à nous rapprocher d'autrui et cherche à nous préserver et conserver, et la pulsion ou instinct de Thanatos (la mort), soit ce qui en nous travaille à la dissolution de tout ce qui est vivant ou uni. Freud avait le sentiment que ces deux instincts se combattent éternellement en l'homme, d'où son pessimisme quant à la possibilité de jamais pouvoir éradiquer la guerre en tant qu'institution. Pour une part de leur être, les hommes sont amoureux de la guerre, et les époques où les sociétés humaines s'y adonnent relèvent de la domination de cette pulsion.

Bien sûr, cette idée qu'il y a dans la vie une force destructrice indépendante est ancestrale. Empédocle, un des premiers philosophes grecs, a donné une forme imagée à une cosmologie dans laquelle deux principes expliquent l'univers. Il enseignait que l'univers se trouve dans un état de changement incessant, que ce soit dans le sens de la génération ou dans le sens de la corruption, parce que l'Amour et la Discorde sont toujours à l'œuvre dans l'animé comme dans l'inanimé. L'Amour unit toutes les formes de la vie et l'emporte sur l'autre principe pendant une période de temps, puis la Discorde les arrache les unes aux autres et décompose ce qui auparavant formait un tout. Les composants initiaux ne sont pas anéantis, mais simplement dispersés sous différentes formes par la Discorde. Ils peuvent alors former de nouvelles unités et le processus de composition et de décomposition se poursuit ainsi sans fin. Pour Empédocle, ces deux forces sont de puissance égale, elles sont toutes deux éternelles et présentes en toutes choses en proportion égale. Dans cette vision imagée du monde en devenir, il aperçoit également le rapport nécessaire qui lie entre elles ces deux puissances cosmologiques, et c'est là une intuition mieux fondée et plus féconde que la plupart des conceptions modernes.

Influencés par la pensée darwinienne, nous sommes tentés de déprécier cette jouissance de la destruction que l'on observe chez l'homme en y voyant une pulsion régressive, un retour à l'état primitif et à la condition animale. Nous nous figurons parfois, avec l'aide des freudiens, que toutes nos institutions culturelles sont comme des sortes de masques dissimulant des instincts animaux agissant à l'arrière-plan de tous nos comportements. Une telle vision tend à expliquer tous les phénomènes humains de destruction – du plaisir que prend un gamin au son du verre brisé aux orgies sadiques des camps de concentration – comme une réaffirmation de la nature animale de l'homme, laquelle subsiste sous le vernis de la culture. Quand il détruit, l'homme est un animal ; quand il conserve, il est spécifiquement humain.

Je ne peux m'empêcher de penser que c'est là une illusion, et une illusion dangereuse. Quand l'homme est tout à son œuvre de destruction, il se trouve alors sur un plan complètement différent de celui de l'animal. Par ailleurs, on trouvera autant d'élans destructeurs dans les natures hautement cultivées que dans les natures plus simples, si ce n'est plus. La satisfaction que l'on peut éprouver en détruisant me paraît être particulièrement humaine, ou, plus exactement, démoniaque en un sens que les animaux ne pourront jamais connaître. Nous y discernons toujours le cri de Méphistophélès : que toutes les choses créées méritent d'être détruites. Parfois, il n'y a dans l'élan destructeur aucun autre motif concret que celui-là, de même qu'il n'y en a aucun qui puisse exprimer d'où vient l'élan créateur. J'ai décrit ce type de comportement gratuit un soir dans mon journal :

Ce fut un spectacle inoubliable. Ils nous ont fait honte en tant qu'Américains, en tant que collègues et officiers subalternes. Notre président gisait dans son cercueil à Washington, des jeunes gens de notre division gisaient, blessés ou mourants, sur les champs de bataille qui nous entouraient, et ces fiers colonels buvaient jusqu'à en perdre connaissance et détruisaient gratuitement des biens avec leurs pistolets. C'était un commentaire sur la guerre, sur l'inutilité de se battre pour des idéaux, sur la dépravation de la vie militaire.

À vrai dire, j'ai le sentiment qu'il y a chez la plupart d'entre nous de nombreuses similitudes entre l'élan créateur et l'élan destructeur. Assurément, le sentiment immédiat de détente qui accompagne la satisfaction d'avoir accompli et maîtrisé quelque chose n'est pas très différent dans les deux cas. On peut devenir un maître dans un domaine comme dans l'autre, et il y a peut-être aussi de nombreux degrés d'accomplissement. Peu d'hommes atteignent jamais l'excellence dans la destruction ; la plupart d'entre eux restent, dans ce domaine comme dans celui de la création, modérément capables.

Mais être un artiste de la destruction a des effets qualitativement différents sur l'individu, si bien que les similitudes s'en trouvent atténuées. Les liens qui nous unissent aux autres se relâchent les uns après les autres, et, à la fin, nous nous retrouvons isolés et seuls avec nous-mêmes. Détruire est un art qui ne vise pas la perfection et l'épanouissement, mais le chaos et l'anarchie morale. Les jouissances qu'on y prend peuvent être profondes et à la portée d'hommes plus nombreux que les joies de la création, mais les possibilités de les reproduire et de les endurer sont bien moindres. Là où la création nous élève au-dessus de la condition animale, détruire nous repousse sous elle en supprimant toute communication. Si la création est à même de nous unir à notre environnement naturel et humain, la destruction nous isole de l'un comme de l'autre. C'est pourquoi, rétrospectivement, détruire nous apparaît généralement, dans sa nature la plus intime, comme une activité si repoussante.

Si nous demandons quels sont les points de ressemblance entre l'attrait pour la destruction et les deux attraits pour la guerre que j'ai déjà examinés, je crois que l'on reconnaîtra sans difficulté que la jouissance que l'on prend au premier, comme celle que l'on prend aux deux autres, a un caractère extatique. Mais cela n'est vrai qu'en un sens seulement, car les hommes se sentent écrasés par l'attrait pour la destruction, dominés par lui de l'extérieur et relativement incapables de le modifier ou contrôler. Toutefois, il s'agit d'une extase sans union, car la fraternité entre ceux qui donnent la mort est une chose terriblement difficile. On y est aussi privé du sentiment d'affinité avec la nature qu'offre souvent la vision esthétique. L'effondrement des barrières du moi n'est pas non plus une caractéristique de l'attrait pour la destruction. Au contraire, je pense que la destruction est, en définitive, une affaire individuelle, une activité de la personne et non du groupe. Ce qui ne revient pas à nier, bien sûr, que des hommes puissent, en groupe, être pris de folie et se mettre à tuer plus aisément que s'ils étaient seuls. Pourtant, la satisfaction qu'ils trouvent dans l'acte de destruction ne semble pas tenir à ce qu'ils s'oublient et perdent leur ego, mais précisément à ce qu'ils gagnent une conscience accrue d'eux-mêmes. S'ils maintiennent leur cohésion en tant qu'associés dans la destruction, ce n'est pas tant parce qu'ils ont le sentiment de s'appartenir les uns aux autres, que par crainte des représailles qu'il leur faudrait endurer s'ils étaient seuls.

Être prêt à se sacrifier pour ses camarades n'est alors plus seulement typique de soldats qui en sont venus à tuer par plaisir. La guerre s'apparente de plus en plus pour eux à ce que le philosophe Hobbes tenait pour la condition fondamentale de toute vie humaine : la guerre de tous contre tous. Que le soldat-tueur ne parvienne que très rarement à ce stade doit être attribué à la présence en lui d'autres pulsions de sa nature, et aussi au caractère épisodique de toute bataille et de tout combat. Mais je ne peux douter que la jouissance de la destruction aille dans ce sens.

Ceci n'est pas la seule triste conséquence de cette pulsion, car sa véritable nature est d'être totalitaire et exclusive. À la différence d'autres jouissances, elle devient assez vite chez la plupart des hommes une passion dévorante qui engloutit tous les autres plaisirs. Elle tend à replier les hommes sur eux-mêmes et à leur interdire l'accès aux satisfactions plus ordinaires. Comme ils sont rarement en mesure d'éprouver du remords, ils ne font l'expérience d'aucune catharsis et ne peuvent progresser. L'absence totale d'amour qui règne dans cette sorte de création inversée rend essentiellement stérile la jouissance qu'on y prend. Bien qu'ils puissent éprouver une fierté sauvage dans le nombre de personnes supprimées et dans la réputation d'efficacité qu'ils y gagnent, les soldats-tueurs souffrent généralement de l'indicible monotonie et routine de leur vie. L'état d'agitation dans lequel se trouvent ces hommes lorsqu'ils sont au repos à l'arrière du front est bien connue.

À quel point cette pulsion de la destruction s'enracine-t-elle et persévère-t-elle dans la nature humaine ? Les conceptions imagées d'Empédocle et de Freud sont-elles justes dans leur manière de comprendre que l'élément destructeur en l'homme et dans la nature est aussi puissant et récurrent que l'élément conservateur, l'élément érotique ? Ou bien la jouissance de la destruction peut-elle être canalisée dans d'autres activités que dans l'activité traditionnelle de la guerre ? Nous ne sommes pas très avancés pour répondre à ces questions. Nous ignorons si l'on peut rendre une société pacifique assez attrayante pour détourner les hommes de la guerre et de ces attraits. Aujourd'hui, nous cherchons à rendre la guerre si effroyable que les hommes s'en détourneront. Mais probablement nous n'y parviendrons pas plus à l'avenir que par le passé. Nos efforts pour éliminer les injustices sociales, économiques et politiques, qui sont toujours la cause immédiate des conflits, seront certainement plus efficaces à l'avenir. Même alors, nous aurons affaire au vide spirituel et à la soif intérieure qui poussent tant d'hommes à s'engager dans le combat. Notre société n'a pas encore commencé à se démener avec le problème de savoir comment nous pourrions apporter de la plénitude à l'existence humaine, plénitude en vue de laquelle la guerre a si souvent constitué un chemin illusoire.

Le temps a été indiciblement mauvais, pour ne pas parler de la prise de conscience déprimante que la guerre pourrait se poursuivre tout l'hiver. Cela a suffi à miner le bon moral que j'avais jusque-là. Peut-être le terme « moral » ne convient-il pas pour désigner l'état d'excitation nerveuse et de tension qui règne sur le front. Tout se passe comme si j'étais sur scène ou dans un rêve ; par moments, je fais un pas de côté comme on peut le faire en rêve, et je me dis : est-ce vraiment moi ? « Tristes, risibles et étranges », c'est la meilleure combinaison d'adjectifs possible pour décrire les jours crépusculaires de notre vieux monde – les mots même dont se sert Platon pour décrire son grand mythe à la fin de La République. *Je dirais d'abord étrange, puis triste et enfin risible – mais alors ce rire n'est pas celui de l'amant que l'aimé a gratifié de quelque amour idiosyncrasique. C'est le rire des anges déchus, qui ont renoncé au ciel mais qui trouvent que l'enfer est difficile à endurer.*

(Journal de guerre, 2 octobre 1944.)

Chapitre III

L'AMOUR : ALLIÉ ET ADVERSAIRE DE LA GUERRE

[...] les Grecs furent bien avisés d'accoupler le dieu de la guerre à la déesse Aphrodite. Le soldat ne doit pas seulement tuer, il doit aussi engendrer de nouveaux guerriers.

(Lettre à un ami, adressée du sud de la France le 28 août 1944)

Dans mon journal, je ne trouve aucune description de cette cave, que je vis dans une des villes d'Italie les plus dévastées, où la population entière avait été contrainte de se réfugier plusieurs jours durant, pendant que le front se déplaçait. J'ignore pourquoi je n'ai pas pris note d'un incident qui s'y déroula, peut-être parce que je le jugeai incompréhensible. Comme il était possible que des déserteurs allemands ou des partisans du fascisme s'y fussent dissimulés parmi la population civile, je décidai de l'inspecter. Cette exploration est ce que j'ai connu pendant la guerre de plus proche d'un séjour dans l'*Enfer* de Dante. Dans ces oubliettes froides, humides et sombres, où il fallait constamment se baisser pour éviter de se heurter au plafond crasseux, chaque famille s'était regroupée en essayant de s'aménager un minuscule espace de vie. La seule lumière qui brillait dans ces lieux venait de divers petits feux et de quelques bougies appartenant aux familles qui avaient eu la prudence d'apporter avec elles quelques provisions. Comme il n'y avait ni ventilation, ni eau, ni toilettes, la puanteur qui s'en dégageait était presque insupportable.

Je trébuchai, j'avançai à tâtons en essayant d'éviter de marcher sur les gens, craignant que le manque d'oxygène ne me fît perdre connaissance. Une fumée âcre me brûlait les yeux, et il n'en était que plus difficile d'éviter de buter contre les centaines de personnes qui, partout, étaient allongées, assises ou accroupies. Des enfants criaient, des vieillards toussaient ou gémissaient, tandis que d'autres essayaient de faire cuire leur bouillie sur du charbon fumant. Tout au fond de la cave, qui semblait ne pas avoir de fin, je me cognai la tête contre le plafond et tombai à genoux. Ma main, qui s'était jetée en avant pour essayer de rétablir mon équilibre, ne toucha pas le sol crasseux, mais les doigts et la paume de la main d'une femme, qu'elle avait vite levée pour m'empêcher de tomber sur elle. Dans la pénombre, je ne pouvais distinguer qu'une forme à moitié allongée sous moi. Marmonnant des excuses, je retirai vivement ma main, mais pas si vite que je n'eusse eu le temps de sentir qu'elle la serrait d'une façon indiscutablement amoureuse.

Dans l'entrée, après avoir enfin retrouvé l'air frais, je pris ma tête prête à exploser dans mes mains et je pus me remettre doucement de toute cette puanteur. Mais que quelqu'un pût éprouver du désir dans une telle situation, cela dépassait complètement mon entendement. Or, rétrospectivement, cet incident peut être pris comme symbole des affinités étranges qui existent entre l'amour et la guerre.

Un mythe grec bien connu raconte que la déesse de l'amour, Aphrodite, devint la maîtresse d'Arès, le dieu de la guerre, dont la jeunesse et la passion avaient conquis son cœur, bien qu'elle fût l'épouse d'Héphaistos, le dieu qui forge les armes et les armures des dieux. Les deux amants partagent bien des heures douces et illicites, et de leur union naît la belle Harmonie ainsi que l'éternellement jeune Éros. Cette liaison entre l'amour et la guerre, très tôt répandue dans l'histoire occidentale, devrait peut-être susciter plus d'étonnement et de réflexion qu'elle n'en suscite habituellement. Comment se peut-il que ces deux-là, en apparence si dissemblables, en viennent à être attirés l'un par l'autre ? Quelle est la source de cette affinité ? Cet attrait mutuel est-il vraiment adultère, comme le dit le mythe, ou bien est-il plus légitime que les anciens Grecs voulaient bien le croire ? Et dans quelle mesure cette liaison entre l'amour et la guerre s'avère-t-elle durable ? Des questions comme celles-ci me viennent spontanément à l'esprit quand je me mets à réfléchir aux reprises modernes, en pleine Seconde Guerre mondiale, de l'histoire d'Aphrodite et d'Arès.

Quiconque s'engage dans l'armée pour la première fois ne peut qu'être étonné de voir à quel point les soldats ont l'esprit accaparé par les femmes et plus particulièrement par l'acte sexuel. Le mot le plus courant dans la bouche des soldats américains est l'expression vulgaire qui sert à désigner le rapport sexuel. Il sert d'adjectif, d'adverbe, de verbe, de nom et de toutes les autres façons possibles, pour inappropriées ou ridicules qu'elles puissent être dans leur application. Bien des soldats semblent à peine capables de dire une phrase sans l'utiliser au moins une fois. Apparemment, la simple évocation de ce mot suffit à leur procurer une vague satisfaction, même si son emploi finit par n'être plus qu'habituel et irréfléchi. Sans doute sert-il à évoquer des souvenirs fugaces ou des désirs intimes. En tout cas, le fait qu'on en abuse montre clairement quel intérêt primordial occupe l'esprit de presque tous les militaires en temps de guerre.

Si nous sommes honnêtes, alors nous devrions confesser que la plupart d'entre nous, civils engagés dans l'armée au cours des récentes guerres, ont passé un temps incomparablement plus grand au service d'Éros pendant nos carrières militaires que jamais auparavant ou depuis lors. Lorsque nous portions l'uniforme, presque toutes les femmes, pourvu qu'elles fussent vaguement séduisantes, exerçaient sur nous un attrait érotique. Pour leur part, des millions de femmes éprouvent une forte attirance sexuelle pour l'uniforme militaire, particulièrement en temps de guerre. Ce fait est aussi inexplicable que bien connu. Beaucoup de jeunes femmes, alors qu'elles menaient jusque-là une existence ordinaire et superficielle au sein d'un foyer familial protecteur, se sont trouvées submergées par une passion intense pour quelque soldat rencontré par hasard dans la rue ou à un bal militaire. Tout se passe comme si l'atmosphère même des grandes villes en temps de guerre respirait les charmes de l'amour physique. Non seulement les inhibitions qui pèsent sur l'expression du désir sexuel se trouvent affaiblies, mais les deux sexes manifestent l'un pour l'autre un intérêt bien plus passionné qu'en temps de paix. Des hommes et des femmes normalement accaparés par d'autres préoccupations se trouvent pris dans un tourbillon d'amour érotique, qui devient leur affaire du moment. Ainsi, en temps de guerre, les mariages se multiplient et le taux de natalité s'accroît. Nous pouvons supposer sans crainte que, si nous pouvions établir des statistiques sur le nombre des liaisons amoureuses, on observerait un taux d'accroissement encore plus important.

J'ai du mal à accepter les explications sociologiques et psychologiques habituelles que l'on donne de ce phénomène, bien qu'elles puissent être partiellement vraies. Les sociologues se concentrent sur le déracinement qu'implique l'expérience de la guerre. Car la guerre suppose toujours une séparation artificielle entre les sexes, ou, au mieux, une mauvaise répartition entre eux. Le soldat est arraché à son foyer et à son ancrage communautaire, exposé à l'inquiétude, au danger, à l'isolement et à la solitude. Dans un environnement mâle et inamical, il regrette l'existence protégée et ordonnée que symbolisent les femmes et le foyer. L'attrait pour le sexe vient en quelque sorte compenser ce qu'il a perdu ; il est l'expression de son inadaptation à la situation. Mais cet attrait ne saurait être sain si l'individu évolue en dehors de la sphère sociale à laquelle il appartient. Indubitablement, si les amours en temps de guerre se multiplient, c'est en grande partie parce que nous sommes privés de notre environnement familier. Toutefois, ce qui demeure inexpliqué, c'est le problème de savoir comment des femmes dont l'existence matérielle n'a pas été considérablement modifiée par la guerre peuvent également être gagnées par la fièvre de l'amour. À l'évidence, d'autres forces, plus profondes, sont également à l'œuvre.

Les biopsychologues aiment à nous rappeler que la maîtrise civilisée de nos pulsions sexuelles exerce sur notre psyché une contrainte violente. La guerre nous offre la possibilité de revenir à l'état de nature et de regarder tout individu du sexe opposé comme une conquête potentielle, qu'il faille à cette fin le courtiser ou le forcer. Dans cette perspective, Arès et Aphrodite sont des dieux apparentés qui se comprennent l'un l'autre et ont besoin l'un de l'autre. Toutefois, leur union relève d'un principe plus vaste de l'évolution, qu'on nomme habituellement lutte pour l'existence ou volonté de vivre. Comme la guerre menace particulièrement la survie de l'espèce humaine, ce principe fait surgir chez les individus des forces contraires, inconscientes mais puissantes. Si nous nous reproduisons alors plus rapidement, c'est aussi pour la raison que nous sommes engagés dans une entreprise de destruction d'autres membres de notre espèce. Comme individus, nous n'avons pas la liberté d'agir autrement, car les besoins de l'espèce sont impérieux. Comme rejetons de la nature parmi tant d'autres, nous sommes soumis aux mêmes lois que les autres.

L'amour en temps de guerre manifeste des aspects compulsifs que l'on observe rarement en temps de paix. Il s'abat sur nous « comme le vent de la montagne sur le chêne, ployant feuilles et branches », pour reprendre l'image saisissante de la poétesse Sappho. Il enjambe les frontières nationales et franchit des obstacles qui, en d'autres temps, paraîtraient peut-être insurmontables. Néanmoins, comme la base biologique de l'amour est modifiée par ses déterminations humaines, il se transforme en autre chose que le simple besoin de se reproduire. Le déterminisme dont nous faisons l'expérience dans l'amour ne vient pas seulement de la nature ; c'est un déterminisme intime qui trouve sa source dans la liberté qui nous a été donnée. Nul doute qu'il n'y ait du vrai dans la conception naturaliste d'après laquelle des forces seraient à l'œuvre dans l'amour et dans la guerre, dont nous prenons rarement conscience et que nous ne comprenons jamais complètement.

Mais ces forces ne sont pas purement biologiques ; au contraire, elles sont aussi typiquement humaines.

Il existe de nombreux degrés de l'amour, et nous nous servons du même mot pour désigner une multitude de rapports entre êtres humains, des rapports qui diffèrent les uns des autres sans que l'on puisse les séparer les uns des autres. Mais, comme chacun le sait, même l'amour érotique entre homme et femme, où le besoin sexuel semble être au fondement de la relation, se pare de milliers de nuances. Méditer sur l'expérience de la guerre dans son rapport à l'amour m'a convaincu au moins de la chose suivante : la liaison entre les dieux de l'amour et de la guerre repose à certains niveaux sur l'attraction des contraires, à certains autres sur leurs affinités essentielles. Ni Arès ni Aphrodite ne sont des dieux simples ou naïfs et leur union n'est pas facile à comprendre. Parmi les différentes sortes d'amour que connaissent les hommes à la guerre, lesquelles sont suscitées par la guerre ou lui sont apparentées, et lesquelles, en s'opposant à la destruction et à la mort, sont en mesure de servir la paix ?

J'ai observé trois sortes d'amour différentes à l'œuvre pendant la guerre. Il y a l'amour érotique entre les sexes, l'amour préservateur, qui est indépendant de la différence sexuelle, et l'amour qu'on appelle amitié. Bien sûr, ces amours ne sont pas inconnues en temps de paix. Mais, au moment des conflits, elles apparaissent parfois de manière plus clairement définie, et les ornements dont l'amour est si prodigue ont alors tendance à disparaître. À vrai dire, la guerre a ses propres conventions, et elle réussit assez vite à dissimuler les vraies relations entre les créatures humaines et les pulsions intimes qui les animent. Pourtant, on y observe aussi des moments de lucidité, et même des moments d'une clarté terrible, qui, quand notre mémoire parvient à les recréer sans déformation, peuvent s'avérer très instructifs.

Pour bien des soldats de la Seconde Guerre mondiale, l'amour entre les deux sexes semble n'avoir été qu'une détente, au sens purement physique du mot, que les physiologues de l'amour aiment à décrire. Il était impossible de ne pas remarquer la similitude qui existait alors entre l'acte de manger et de boire et celui de consommer la femme en tant qu'objet. Cet appétit semblait même revenir avec la même régularité que la faim et la soif. Pour ces soldats, il importait peu de savoir qui était la femme qu'ils utilisaient pour leur satisfaction. Ce qu'ils voulaient obtenir d'elle se limitait à ses attributs extérieurs, si bien qu'une prostituée était en mesure de les satisfaire autant que n'importe quelle autre femme et était même généralement beaucoup mieux adaptée aux besoins des militaires. Il n'est pas du tout surprenant qu'au cours des siècles bien des chefs militaires aient cherché à organiser l'amour en fournissant des bordels légaux à leurs soldats. D'un point de vue strictement militaire, ces établissements ont toujours paru limiter les dangers de l'amour physique et garantir l'efficacité des soldats.

Il n'est pas facile d'appréhender toute la vulgarité de cet amour purement physique. Ceux qui répugnent aux descriptions que certains soldats aiment à en donner ont pour habitude de le qualifier de bestial et d'animal, sans y réfléchir davantage. Dans le souvenir et l'imaginaire de ces soldats, les femmes ne sont pas seulement réduites à l'état d'objet, mais à l'état d'organes sexuels librement manipulables au service de leur entière satisfaction. Ils vivent leur passion sans tendresse ou presque, et il ne leur vient pas à l'idée de l'exprimer avec douceur. Le besoin sexuel de ces soldats paraît être si superficiel qu'il ne peut être associé qu'à une partie de leur corps. Pour le dire avec plus de précision encore, on dirait que pour eux ce besoin est vécu comme une passion à part, qui les ébranle de l'extérieur et par moments seulement. On ne peut pas dire de ces soldats qu'ils sont des voluptueux, car ils ne connaissent pas grand-chose aux plaisirs véritables de l'amour physique. Leur passion est trop extérieure et superficielle pour cela.

Au cours de la guerre en France, j'ai été pendant un temps étroitement associé à un officier pour qui l'amour était purement et simplement un appétit extérieur. Son expression favorite consistait à dire qu'il était un homme qui ne pouvait dormir seul. De fait, il trouvait généralement une femme pour partager son lit, et fréquemment plusieurs filles différentes en une seule semaine. Pourtant, pour ceux d'entre nous qui le connaissaient bien, il paraissait évident que ces relations ne lui apportaient qu'une satisfaction momentanée. Malgré ses grandes aptitudes à l'amour physique, il savait extrêmement peu de choses sur ce qui pouvait rendre l'acte plus agréable pour lui-même. Il ne lui serait jamais venu à l'esprit, pour accroître son plaisir, de cultiver de l'affection pour l'une de ses nombreuses conquêtes. Pour autant que je pouvais en juger, la satisfaction la plus grande qu'il y trouvait était de raconter ses exploits à quiconque voulait bien l'écouter. Ses conquêtes renforçaient son ego et le persuadaient qu'il était un amant plus que satisfaisant.

Je n'ai pas besoin de décrire plus avant cet aspect de l'amour érotique. Tout vétéran qui lira ces lignes y puisera des milliers de souvenirs, qu'ils soient personnels ou qu'ils concernent d'autres que lui. Même ceux qui ont eu peu d'accointance avec ce type d'amour connaissent bien l'attrait qu'il exerce et savent qu'aucune barrière infranchissable ne nous en sépare. La délicatesse, la réserve morale ou l'habitude de traiter les individus du sexe opposé comme des êtres humains peuvent interdire toute sympathie à l'égard de ce type de soldats. Mais il y a en tout homme assez du violeur pour que chacun puisse appréhender les manifestations les plus grossières de la passion sexuelle. Il serait donc présomptueux de notre part de mépriser, comme des êtres qui ne nous ressemblent en rien, ceux qui s'adonnent à cette forme très inférieure de la passion.

Cette sorte d'amour est assurément intimement liée à la violence impersonnelle de la guerre. Ici, Arès et Aphrodite s'attirent l'un l'autre comme un vrai couple. En de telles circonstances, l'acte sexuel est un acte d'agression ; la femme est la victime, et la conquérir fait le triomphe du vainqueur. La résistance qu'elle peut opposer au départ accroît toujours la satisfaction de celui-ci, car la victoire est d'autant plus enivrante qu'elle a été dure à emporter. Il est significatif que le langage de l'amour physique et le langage de la guerre se correspondent en grande partie, et l'expression de « guerre des sexes » est à cet égard riche de sens. Cette sorte d'amour peut s'avérer aussi cruelle qu'une bataille, car elle ne procède que d'une seule partie de l'être humain, une partie qui s'est dissociée du tout.

Que nous puissions réagir avec seulement une partie de ce qui forme la totalité de notre moi est une possibilité effrayante de l'existence humaine. Loin qu'elle soit faible, cette manière abstraite de réagir est généralement plus virulente et violente que celle qui engage la totalité de la personne. Il semble à peine nécessaire de faire remarquer qu'une telle déchéance est impossible chez les autres espèces. L'animal ne peut transformer sa partenaire en objet pour la raison qu'il ne se regarde pas lui-même comme un sujet. Par conséquent, un être humain qui déserte ainsi son humanité ne devient pas semblable à l'animal, mais, ainsi que l'allemand le dit avec éloquence, il devient un *Untier* (un non-animal), c'est-à-dire très exactement une créature qui n'a pas d'équivalent dans la nature. La conquête du partenaire sexuel s'apparente donc fortement à la conquête sur l'ennemi, ce dernier perdant tout droit au statut d'être humain ou à l'égalité. J'ai décrit un jour cette expérience dans mon journal :

On ne cesse de nous rapporter des histoires de soldats marocains qui violent des femmes et des enfants, volent et pillent, et, d'une façon générale, terrorisent les Italiens. Il y a tout juste une heure, un groupe d'Italiens est venu nous voir au quartier des prisonniers de guerre, où je travaille, et ils nous ont raconté des histoires effrayantes sur ces soldats franco-marocains qui emmènent leurs petites filles dans les bois et les violent. J'en ai parlé à l'officier responsable. Il m'a dit : « Nous n'y pouvons rien. On a fait remonter ces plaintes au général français qui les commande, et celui-ci s'est contenté de rire en disant : "Nous sommes en guerre." Nous ne pouvons pas contrôler ces soldats ou les convaincre que les Italiens ne sont pas leurs ennemis, alors qu'il y a un ou deux ans les Italiens faisaient la même chose en Afrique [...]. » Cet incident m'a fait réfléchir à l'idée de bonté dans la culture, et je me suis souvenu à quel point les Grecs athéniens hautement culti-

vés, tout en préservant leur propre humanité, pouvaient se montrer d'une cruauté impitoyable envers leurs ennemis [...]. Peut-être l'humanitarisme doit-il être reconsidéré et réévalué. Il y a une étude intéressante à mener sur le développement de l'idée humanitaire et son rapport à l'idée de sadisme. Comme le sadisme est l'antithèse de tout ce que l'humanitarisme représente, il faudrait établir une corrélation entre les deux.

Je crois que ce serait folie de minimiser les similitudes entre la guerre et cette forme grossière de l'amour. L'observation des autres et un regard honnête sur nos propres sensations doivent nous convaincre que la passion sexuelle et la jouissance de la bataille sont étroitement apparentées. Les noces de la guerre et de cette passion sexuelle remontent aux premiers temps, et il n'y a aucune raison d'y voir une liaison illégitime. À vrai dire, le partenaire sexuel n'est pas réellement détruit au moment du rapport ; il est seulement défait. Quant aux effets psychologiques ultérieurs du désir sexuel, ils diffèrent de ceux qui résultent de la soif de se battre. Toutefois, ces différences ne changent rien au fait que ces passions ont une origine commune et affectent de la même manière leurs victimes quand elles sont sous leur emprise. Mais nous ne devrions pas oublier pour autant que parfois ces conséquences ne sont pas, malgré tout, si différentes. En effet, le désir sexuel conduit souvent au meurtre, et il arrive souvent aussi, particulièrement en temps de guerre, que la même personne soit victime d'un viol et d'un meurtre. Ces deux désirs révèlent la folie de l'homme qui est sorti de son humanité, qui n'est plus qu'un prédateur bestial et dangereux.

Il existe un autre niveau de l'amour où Arès et Aphrodite sont en harmonie, mais ici l'élément spécifiquement humain est présent. Je veux parler du voluptueux absolu. Bien des soldats ont pu découvrir tous les plaisirs physiologiques et psychologiques de l'amour érotique, tout en demeurant aveugles aux satisfactions supérieures qu'on y peut trouver. Pour le soldat voluptueux, l'amour est en fait un appétit associé de près au manger et au boire, mais largement supérieur à eux puisqu'il procure un type de plaisir plus omniprésent et plus intense. Manger et boire sont alors pour lui des étapes intermédiaires au service de son bonheur terrestre suprême. Il rêve de conquêtes romantiques dans lesquelles l'acte de délivrance physique est précédé par un long jeu de séduction.

Bien qu'essentiellement égoïste, le voluptueux fait preuve d'une vraie tendresse dans l'acte d'amour, et les efforts qu'il entreprend pour satisfaire sa partenaire lui procurent en même temps la part la plus intense de sa propre jouissance. À la différence du soldat plus grossier, qu'il méprise, il est sélectif. Ses partenaires doivent être assez raffinées pour occulter et même l'aider à dissimuler les aspects moins attrayants de la passion physique. Son errance sexuelle est alors tempérée par le fait qu'il reconnaît qu'on ne peut jouir convenablement de sa partenaire qu'à la condition de se donner le temps de développer de la tendresse et de l'affection de part et d'autre. Il n'est pas enclin à négliger l'humanité de sa partenaire, bien qu'elle ne soit pas pour lui une fin mais un moyen. Un voluptueux voit en toute femme attrayante une conquête potentielle. Elle ne l'intéresse que par son sexe. Et il se voit lui-même comme un mâle avant de se considérer comme un être humain. C'est en les comparant les unes aux autres qu'il se souvient avec délice de ses amantes et qu'il songe aux raffinements propres aux différentes amours qu'il a connues. Pour lui, les femmes sont de sublimes créatures, des instruments dont il s'efforce de jouer avec infiniment d'adresse et de patience.

Pour le voluptueux qui s'est fait soldat, la guerre ne représente pas seulement une bonne occasion de renouveler et d'élargir son champ de conquête érotique ; la violence qui lui est associée correspond à quelque chose de profondément ancré dans sa nature. Il peut être, et il est souvent, le plus raffiné des sadiques dans sa manière de se comporter avec les soldats ennemis réduits à l'impuissance. Il est capable de colères féroces et enclin à se faire l'avocat le plus implacable de la force brute comme solution à tous les problèmes de la guerre. Ce qu'il y a de surprenant chez le soldat voluptueux, c'est le fait que ses expériences érotiques n'adoucissent en rien sa personnalité. Et si elles ont un quelconque effet, ce serait plutôt de l'endurcir. La tendresse qu'il prodigue à son amante du moment se retourne en dureté et cruauté à l'endroit des hommes qui tombent sous son emprise ou des ennemis qui ont été faits prisonniers. Je ne peux qu'en conclure que, pour le voluptueux, tout comme pour son parent plus grossier, l'amour consiste à dévorer l'objet et non à s'unir avec le sujet. Pour lui, les beautés de l'amour ne sont qu'une couverture extérieure ; intérieurement, l'amour est soit vide soit vorace. De plus, il est essentiel à sa nature que la raison ne puisse pas le contrôler ; elle est exclusivement au service de sa passion.

Les divinités de l'amour et de la guerre n'ont jamais donné vie à rejetons plus dangereux que ces voluptueux absolus. Du point de vue mythologique, ils sont les enfants d'Antéros (la Passion), né lui aussi de l'union d'Arès et d'Aphrodite. Ces soldats font la guerre comme ils font l'amour, avec le même engagement de tout leur être. L'absence chez eux de grossièreté et d'obscénité apparentes est une maigre compensation pour la dépravation et la vraie cruauté dont ils font preuve et dont ils accroissent les possibilités d'expression. Les voluptueux ont généralement des natures complexes, et souvent intelligentes aussi. Comme ils s'adonnent à des passions d'amour et de violence, ils vivent dans l'élément de la guerre tout en se sentant intérieurement plus à l'abri que les autres. Tout se passe comme s'ils trouvaient dans l'union de l'amour et de la guerre le seul accomplissement dont ils sont capables. À la différence du soldat plus simple, que j'ai décrit précédemment, dont les besoins sexuels semblent relativement extérieurs et séparables du reste de sa personne, les voluptueux sont tout d'un bloc ; ce sont des hommes entiers dans l'expression de leurs passions. Si bien que, plus que tout autre type de soldat, ils peuvent franchir plus aisément la ligne au-delà de laquelle ils se font meurtriers, et jouir de la destruction pour le seul plaisir de la destruction. Moins d'inhibitions les contraignent, et comme ils sont concentrés sur la conquête, qu'elle soit érotique ou martiale, le champ de leurs intérêts est généralement étroit.

Mais, demandera peut-être le lecteur sceptique, existe-t-il vraiment de tels soldats ou n'est-ce pas plutôt une abstraction que vous décrivez là ? J'avoue n'avoir jamais rencontré de voluptueux absolu, avant ou depuis mon temps de service, et je peux donc comprendre l'incrédulité du lecteur. Peut-être est-ce dû au fait que j'ai évolué dans des cercles plus restreints, comme cela arrive à la plupart d'entre nous dans la vie civile. Nul doute qu'il y ait des voluptueux qui prospèrent en temps de paix, mais les impératifs de leur nature sont alors mieux dissimulés, et leurs désirs camouflés par les intérêts qui touchent à leurs affaires et à leurs activités. Mais qu'il existe des voluptueux évoluant sans camouflage dans chaque unité de combat, presque tous les anciens soldats dotés du moindre sens de l'observation pourront en témoigner.

Pour d'autres soldats, l'attrait érotique forme un contraste évident avec les réalités hideuses du combat. Arès et Aphrodite s'attirent comme des opposés et non comme des âmes sœurs. Ces soldats rêvent de la tendresse et de l'affection que seules les femmes sont capables de prodiguer dans une existence martiale au caractère si masculin. Le besoin physique peut bien se trouver au fondement de ce type d'amour, et l'excitation sensuelle être l'air même qu'on y respire, mais sa douceur et sa beauté le rendent mémorable et digne d'être vécu. Un soldat qui ressent cela peut ignorer ce qui le remue à ce point dans la présence d'une femme, mais il suppose vaguement que c'est bien sa présence qui l'émeut et non pas seulement son corps. Ce qu'il veut inconsciemment, c'est être comblé par l'élément féminin de l'être. Le physique et le spirituel ont si bien fusionné dans son désir qu'on ne peut plus les discerner.

Dans les zones de combat de la Seconde Guerre mondiale, il y avait quelque chose d'indiciblement poignant dans bien des liaisons amoureuses de ce genre. Des femmes que l'on aurait jugées quelconques en des circonstances ordinaires apparaissaient comme des anges de beauté et de tendresse à des soldats qui avaient soif de ces qualités. Le plus souvent, le soldat et sa nouvelle petite amie ne comprenaient que fort peu ou même pas du tout la langue de l'autre. Mais l'incapacité à communiquer et l'étrangeté de coutumes différentes ne faisaient qu'accroître, semblait-il, leur joie de se découvrir mutuellement. La brièveté de leur amour et souvent son caractère dérobé faisaient de chacune de ses péripéties un événement particulièrement mémorable. Parfois, les souvenirs pétillants de tendresse et de beauté que le soldat pouvait abriter dans sa mémoire suffisaient à préserver son courage et à le rendre plus fort au moment de repartir au front. Après avoir passé au combat des jours et des nuits atroces ou sans intérêt, une jeune femme caressante s'abandonnant dans ses bras, pour lui qui était accoutumé à recevoir si peu, cela représentait bien plus qu'il ne croyait possible.

Ici la relation physique, souvent voilée par une tendresse en laquelle les deux amants se sentaient tout entiers enveloppés, paraissait accessoire au regard du besoin qu'ils avaient l'un de l'autre. C'était presque par nécessité qu'il entrait beaucoup d'illusion dans cet amour. Quand, au sortir de la guerre, le soldat revenait épouser son amante d'une nuit ou deux, c'était souvent pour ne trouver que du chagrin et de la désillusion, comme le montrent les statistiques concernant ce type de mariage. À l'évidence, ce qui avait attiré les deux amants était le produit des circonstances immédiates et de la guerre. Placés dans la même situation, un autre soldat ou une autre jeune femme n'eussent sans doute pas moins satisfait leur besoin d'affection et d'amour physique. Quant au soldat qui ne revenait pas, ses souvenirs demeuraient intacts et impérissables.

Pour des natures relativement peu corrompues, un amour comme celui-là avait des effets merveilleusement bénéfiques, car il agissait comme un antidote au massacre impersonnel qui se déchaînait autour d'eux. Pour fugace qu'il puisse être, et bien qu'il soit beaucoup moins individuel que le soldat et son amante ne l'admettraient, leur amour a le pouvoir de conserver les qualités précieuses de leur être. Ces qualités sont les mieux partagées et les plus généralement humaines que connaisse notre espèce. Pour des hommes et des femmes entraînés dans le temps et l'espace par les aléas de la guerre, il ne reste pour toute réponse que les amours occasionnelles où déverser tous leurs désirs de beauté, de douceur et de charme. Les moralistes ne devraient pas réprouver le caractère non spécifique de cet amour, et par là même sa brièveté et les illusions dans lesquelles il se complaît. De toutes les amours qui naissent en temps de guerre, il est probablement, ou peut-être seulement, celui qui est le plus moral dans ses effets. Sans ces amours-là, l'esprit humain serait bien plus lent à se rétablir des blessures psychiques de la guerre. À vrai dire, beaucoup ne s'en remettraient jamais.

[...] et parce que tu es un bon ami, je peux me risquer à te parler d'une merveilleuse « femme fatale[1] » que j'ai rencontrée récemment. Une suite de hasards nous a réunis, et je ne saurais vraiment dire pourquoi et comment et dans quel but. C'est une jeune femme de bonne famille, elle a tout ce qu'on peut désirer au monde, et je peux dire en toute objectivité qu'elle est d'une beauté envoûtante.

Cent fois elle m'a dit dans son anglais pittoresque et hésitant : « I am happy », ou dans son français coulant, « Je suis contente », et j'ai ri à chaque fois comme un homme dont les yeux se seraient ouverts après des années de ténèbres. Après mille rires forcés, sardoniques ou gênés, il y avait enfin le rire de la joie pure, de la jouissance inconsciente et désinhibée de la beauté et de la liberté. « Où les réveils silencieux sont précieux[2]... » Pendant la nuit, un avion allemand nous a survolés, il y a eu des tirs anti-aériens, elle s'est agitée dans mes bras, puis s'est réveillée, elle était un peu effrayée, et elle m'a murmuré des mots doux. J'ai béni cet avion, et même si l'hôtel avait vacillé sous les bombes, je n'aurais pas pu avoir peur.

1. En français dans le texte. [NdT.]

2. *Where hushed awakenings are dear* : citation du célèbre et magnifique poème *I Have a rendez-vous with Death* d'Alan Seeger (1888-1916), poète américain engagé pendant la Première Guerre mondiale aux côtés des Français, au sein de la Légion étrangère, et mort au combat à Belloy-en-Santerre le 4 juillet 1916. [NdT.]

Et comme tu dois rire un peu de moi et de cette histoire, je te dirai que mes lèvres et mes oreilles se sont ouvertes au français depuis que je l'ai rencontrée, et que je peux à présent comprendre cette langue et me faire comprendre en elle ! C'est ahurissant ce que deux nuits peuvent faire à quelqu'un qui doit se faire comprendre. Elle en dirait autant de l'anglais.

Te dirai-je pour quelle raison je pense qu'il m'a été donné de vivre cette expérience à un tel moment ? Tu es prié de ne pas rire. Pour me donner la force et le courage d'endurer le présent et le futur proche, quand nous pénétrerons en Allemagne et qu'il nous faudra subir des choses horribles. Je crois que ces événements sont ordonnés par le ciel et qu'un certain dessein les a inspirés. Dorénavant, j'aurai moins tendance dans les moments difficiles à « maudire Dieu et mourir », et je serai un peu plus assuré d'avoir quelque chose à accomplir en ce monde. Alors qu'ici l'existence devient de plus en plus désordonnée et vaine, et que nous n'avons plus que nos souvenirs pour nous soutenir, comme il est important que ces souvenirs soient purs, forts, doux et éternels !

D'autres soldats encore trouvent à la guerre un amour érotique plus profond que celui qui se limite aux seuls attraits de la tendresse et de la beauté, un amour qui les comble totalement et qui est douloureusement spécifique et individuel. Douloureusement parce qu'un tel amour est exposé au cruel arbitraire des balles et des bombes, douloureusement aussi parce qu'il n'est pas respectueux des personnes et qu'il se choisit souvent des ennemis jurés comme protagonistes malheureux. Combien de fois au cours des guerres récentes a-t-on vu rejouer la tragédie de Roméo et Juliette, sans les avantages du lyrisme musical de Shakespeare pour en atténuer tout le déchirement ! Aux yeux de ces amants, leur amour semble être indépendant de la guerre et n'être en rien lié à toute la folie de la guerre. Leur amour est inscrit dans les étoiles et non dans les ordres de mouvement ou les manœuvres d'un état-major militaire. Ils se seraient rencontrés et trouvés même si la guerre n'avait pas eu lieu. Bien que leur attachement l'un pour l'autre ne soit en réalité pas si distinct des abîmes de la guerre qu'ils peuvent le penser, nos protagonistes sont tout à fait certains que seul importe son devenir. La reconnaissance passionnée qu'ils sont faits l'un pour l'autre les amène à négliger toute obligation de loyauté susceptible d'entrer en conflit avec leur amour. La loyauté envers leur pays et leurs camarades, envers leurs familles et leurs coutumes établies n'est pas en mesure de résister aux exigences et aux prétentions de leur amour.

En 1944, en France, alors que nous reprenions aux Allemands villes après villes, nous fûmes pour beaucoup d'entre nous les spectateurs involontaires de scènes inoubliables. La Résistance exigeait que les femmes qui, sous l'Occupation, avaient eu des Allemands pour amants eussent la tête rasée en public. Cette épouvantable cérémonie avait généralement lieu sur une estrade et réunissait sur la place du village une foule nombreuse et parfois moqueuse. Beaucoup de ces femmes étaient évidemment des prostituées, et on ne les faisait tondre que pour le spectacle. Un spectacle désagréable à soutenir pour des étrangers, mais satisfaisant pour des Français qui, agissant dans l'ombre, avaient souffert de vivre sous la menace d'une dénonciation de la part de ces femmes. Mais s'il se trouvait que l'une d'entre elles avait été sincèrement éprise de quelque soldat étranger, alors la scène prenait un tour inquiétant et suscitait chez la plupart d'entre nous un profond malaise. À mes yeux, les visages des Français qui composaient la foule des spectateurs trahissaient toutes les contradictions implicitement à l'œuvre dans ce drame. On pouvait présumer que, mieux que toute autre nation, les Français comprenaient la nature de l'amour, et qu'ils avaient conscience que les frontières sont impuissantes à le contenir ou restreindre. Ils devaient bien savoir qu'en essayant de leur faire honte publiquement, les jeunes résistants châtiaient des femmes qui de toute façon n'auraient pu agir autrement qu'elles ne l'avaient fait. De ce point de vue, il y avait là une injustice qu'ils ne pouvaient pas prendre à la légère, bien que cela fût assez courant en temps de guerre. Cependant, en tant que partisans et militants politiques passionnés, ils trouvaient invraisemblable aussi qu'une vraie Française eût pu avoir une liaison avec l'un de leurs ennemis honnis. Un amour qui réduit à néant toutes les vertus nationales et familiales, qui défait les droits de la patrie et les loyautés naturelles, un tel amour était forcément monstrueux et méritait donc le châtiment infligé. La jeune femme avait beau paraître droite et fière sur l'estrade devant ses bourreaux, et quelle que pût être sa bonne réputation par ailleurs, il fallait qu'elle recelât en son être quelque tare maléfique. C'est ainsi que je m'avisai d'interpréter l'étrangeté et la perplexité des expressions qu'on pouvait lire sur le visage de certains des spectateurs les moins agités et les plus sensibles.

Il est difficile pour celui qui lit le récit de ces événements, confortablement assis dans son fauteuil et bien éloigné dans le temps comme dans l'espace de leurs réalités, de ressentir la désolation de l'esprit qu'ils suscitaient chez certains d'entre nous. Ce n'était pas que le mal triomphât sur le bien dans le sens habituel de ces mots, puisque les jeunes FFI et leurs familles avaient souffert cruellement du fait de cet ennemi qu'ils voyaient en guerre contre toute l'humanité. Dans la plupart des cas, la jeune femme elle-même n'avait de sympathie ni pour la nation allemande ni pour la politique qu'elle menait en France. Elle se voyait comme un défenseur passionné des idéaux français et de la démocratie française. Mais… son amant était différent. Même s'il portait leur uniforme, parlait leur langue et était obligé d'obéir à leurs ordres, il n'était pas l'un des ennemis honnis. Son âme n'était pas étrangère ; indemne de toute contagion par l'élément étranger ou hostile, elle lui appartenait totalement. Quant à ses concitoyens et ses persécuteurs, elle pouvait les regarder avec une certaine pitié non exempte de mépris, car elle seule savait quel gouffre les séparait d'elle. Le frisson qui me saisissait devant de tels spectacles venait du pressentiment que le châtiment n'était pas seulement injuste, mais aussi impie. Non seulement l'amour qu'elle éprouvait échappait à son contrôle, mais c'était une bénédiction, et châtier l'un des protagonistes de cet amour revenait à jouer, que ce fût involontaire ou non, un rôle satanique.

Bien sûr, il n'y avait rien de spécifiquement français dans ces manifestations publiques. Plus tard, nous fûmes nombreux à voir en Allemagne des jeunes femmes s'éprendre de soldats alliés qui, au même moment, combattaient et tuaient leurs frères ou leurs pères. Et ces soldats pouvaient fort bien les aimer en retour tout en éprouvant une vraie haine pour leur peuple. Isolés et rejetés de tous sauf d'eux-mêmes, les amants se sentaient en sécurité et moralement invincibles, bien que leur destin menaçât de prendre demain un tour effroyablement difficile. Des scènes semblables ont dû se dérouler aussi dans d'autres contrées au cours des guerres récentes. En fait, si on en croit la littérature de guerre, elles ont dû se produire dans la plupart des conflits de l'histoire occidentale. Bien des mariages heureux se concluaient entre anciens ennemis, quand bien même le mari se fût adonné peu avant au meurtre des plus proches parents de sa femme. Ce thème pourra paraître assez primitif et archaïque, comme un écho des épopées de l'Antiquité, mais nul doute qu'il ne soit tout aussi contemporain que la moindre guerre qui sévit aujourd'hui quelque part dans le monde.

Peu d'entre nous sont en mesure de comprendre le mystère de cet amour. Nous assistons aux noces d'Arès et d'Aphrodite et les voyons si bien unis que leur rejeton peut fort bien mériter le nom d'Harmonie. Mais en même temps, le monde gît en ruines autour d'eux, non seulement physiquement, mais aussi moralement, car leur union consacre la destruction de nos croyances les plus solides, celles qui touchent à la dignité de la famille, de la nation et de tout le système des traditions qui forment notre héritage.

Nous pouvons cependant nous poser la question de savoir si cet amour entre un homme et une femme, dans lequel les deux amants engagent tout leur être, constitue véritablement une union entre l'amour et la guerre. La guerre n'est-elle pas ici rien d'autre qu'un ornement absurde ? Que peuvent apporter la guerre et la tragédie à cet amour qu'il ne pourrait avoir en temps de paix ? Assurément, il advient dans la paix et entre compatriotes plus communément qu'entre des personnes appartenant à des nations adverses. Il n'a donc pas besoin de circonstances défavorables pour s'épanouir. Toutefois, il n'en demeure pas moins que la présence du danger et la menace d'une séparation lui confèrent un supplément de perfection ou de plénitude, qui tient peut-être à la conscience qu'ont les amants d'avoir eu la chance de trouver l'amour vrai.

Nous sommes trop nombreux à être ainsi faits que nous sommes incapables, sous des cieux pacifiques, de prendre conscience de notre propre nature et de la possibilité de son union avec une autre. C'est quand la mort et la privation rôdent tout autour, et seulement alors, que nous sommes en mesure, pour beaucoup d'entre nous, de mobiliser le sérieux, la sagesse et la joie dont nous avons nécessairement besoin pour reconnaître la véritable forme de l'amour. L'amour véritable ne peut guère advenir en Utopie, et ce n'est certainement pas en pareille contrée qu'il pourrait susciter une prise de conscience de ce qu'il est. Il faut, je le crains, l'infinie incertitude d'un destin extérieur pour que des amants plus profonds accèdent à une conscience totale de la certitude intérieure qui les anime. C'est ce que nous exprimons souvent par cette idée bien connue : avant qu'il soit assuré, les amants doivent souffrir que leur amour leur brise le cœur.

Cependant, l'aperçu le plus essentiel que cet amour tragique apporte à ceux qui l'éprouvent comme à ceux qui l'observent est que, puisqu'il déploie son être au-delà du psychologique et du physiologique, il est véritablement une force cosmique. Lorsque nous voyons les amants aux prises avec la destruction et la dévastation déclarer que leur être ne fait qu'un, qu'il se tient au milieu, mais aussi au-dessus du conflit, alors nous sommes forcés de reconnaître le caractère transcendant de l'amour. Mais les amants illustrent cet amour ; ils ne le créent pas. Ils sont pris en lui plutôt qu'ils ne le possèdent. La véritable nature de l'amour est d'être extatique, de faire sortir d'elle-même des entités singulières pour les porter à une unité supérieure. Ses racines plongent dans les régions les plus vastes de l'être même, unissant ainsi l'entité humaine au reste de la création. Lorsque nous sommes confrontés à ce genre d'amour, nous sommes quasiment forcés de dire, sottement sages : ainsi va le monde. Quoique nous puissions oublier demain ce qu'il nous a enseigné aujourd'hui, nous reconnaissons vaguement qu'il existe d'autres dimensions de la réalité auxquelles nos sentiments de tous les jours ne nous donnent pas accès.

Qu'un tel amour soit inexorablement lié à la guerre, c'est ce dont nous pouvons légitimement douter, mais il n'est pas moins indiscutable que la guerre a souvent permis aux amants de découvrir la vraie source et l'origine de leur amour. De toutes les formes de l'amour érotique, c'est celle qui est la moins liée à la violence. À l'évidence, c'est parce qu'elle en est la forme la plus totale, qu'elle ne se contente pas d'unir deux individus l'un à l'autre, mais deux individus aux réalités plus vastes de l'être. Que même cette forme-là ne leur apporte pas toujours la paix montre que la substance même du monde, quelle qu'elle soit, n'est ni harmonieuse, ni achevée, ni une. Les vrais amants honnissent la guerre de tout leur cœur, car elle ne manifeste que trop clairement que les autres n'ont pas découvert le secret de la vie qu'eux connaissent. Mais peut-être qu'ils devraient parfois, eux aussi, admettre qu'ils n'ont pu découvrir ce secret qu'alors qu'ils étaient suspendus au-dessus de l'abîme de la mort. Nous autres, êtres humains, sommes peu créatifs, sinon nous aurions découvert d'autres situations extrêmes susceptibles de nous enseigner mieux que la guerre, en évitant les pertes qu'elle occasionne et ses manifestations incompréhensibles, ce que nous avons besoin de savoir.

Ma conviction est qu'il n'y a pas de forme plus élevée de l'amour que cet engagement total d'un homme et d'une femme l'un pour l'autre. Aucune autre n'est en mesure de nous offrir de plus profonds aperçus de la nature de l'homme ou du monde qu'il habite. L'amour chrétien ou l'amitié grecque, que l'on a si souvent déclarés supérieurs, sont seulement différents, mais on ne saurait dire qu'ils sont moins limités ou plus gratifiants. J'admets volontiers être incapable de prouver que ma conviction est juste. La raison qui fait que je m'y tiens est tout simplement la croyance qu'aucun autre amour n'a dans la nature de base plus profonde, ou, peut-être, dans l'esprit de portée plus grande. Le fait qu'un tel amour soit aveugle aux valeurs que d'autres que lui savent chérir relève d'une limitation à laquelle toutes les puissances de la nature humaine sont soumises. Les Grecs furent assurément bien avisés de faire d'Aphrodite une déesse et d'Éros le rejeton issu de son union avec Arès.

En temps de guerre, la menace qui pèse sur notre existence et sur toutes choses créées de la main de l'homme suscite chez certains individus un sentiment d'amour, qui n'est pas lié à l'élément érotique, mais qui s'étend au-delà de la sphère humaine. On le décrirait le mieux comme la passion impersonnelle de préserver et secourir ce qui est menacé, ou de sauver de la destruction autant de vie et de matériel que possible. Cet amour est par nature protecteur et maternel. On exprimera peut-être au plus juste ce qu'il est à l'aide du vieux mot anglais *concern*. Comme le montrent clairement ses équivalents français, les hommes sont concernés par ce à quoi ils sont liés, par ce dont ils se *soucient*. Le désir impérieux de préserver de la destruction revêt parfois des aspects comiques et même absurdes. Mais sa présence est profondément rassurante, car elle contribue à humaniser quelque peu les plus féroces des batailles, et aussi à secourir bien des esprits en vue de la paix qui toujours suit le conflit. Si nous ne le trouvons pas chez beaucoup d'hommes comme trait dominant de leur caractère, je pense que l'amour comme souci est très largement répandu et qu'on peut souvent l'observer dans les circonstances les plus inattendues. Oui, on a vu des soldats-tueurs, eux que leur créativité inversée précipite pourtant dans une œuvre de destruction, montrer par moments et en certaines occasions des traces d'un tel amour.

Par quoi les hommes se sentent-ils donc concernés au combat, que veulent-ils préserver et de quoi se soucient-ils ? La réponse la plus évidente est l'autopréservation, le souci de leur propre existence. Ceci est vrai dans un autre sens que celui que la biologie enseigne habituellement, c'est-à-dire l'autopréservation comprise comme instinct élémentaire commun aux hommes et aux animaux. Mais c'est vrai également dans un sens différent de celui qu'enseigne la psychologie, centrée sur l'ego et pour qui le motif de l'action repose à chaque fois sur l'intérêt particulier. Quiconque a vu des hommes jeter leur vie dans la bataille sous l'emprise d'une passion collective, ou bien s'exposer avec témérité et au mépris de toute prudence à un danger mortel, sera à jamais guéri de ce genre d'interprétations faciles que l'on donne pour expliquer les mobiles de l'action humaine. Rien ne saurait être plus clair que ceci : les hommes peuvent agir en contradiction avec le supposé instinct élémentaire d'autopréservation et contre tous les mobiles de l'intérêt particulier et de l'égoïsme. S'il en allait autrement, l'histoire de la guerre aurait pris dans notre civilisation un tour tout à fait différent.

Néanmoins, l'autopréservation est un trait constant et omniprésent de l'existence humaine, mais dans un sens plus profond que ne le croient les théories centrées sur l'ego. Spinoza l'appelait l'effort pour persévérer dans notre être, et cette proposition est juste. Quoique l'effort pour persévérer dans notre être ne soit pas absolu (car il est des hommes qui choisissent délibérément de se suicider) et ne relève pas purement et simplement d'un égoïsme biologique (car les hommes sont capables de mourir pour autrui), c'est une force qui se déploie à la fois dans et au-delà de la vie consciente et rationnelle. Quand un effort surhumain et une grande tension mentale lui ont ôté toute volonté consciente et que la foi religieuse qui autrefois l'animait a cessé d'avoir pour lui du sens, plus d'un soldat est surpris de découvrir dans le désir de se maintenir dans l'existence un appui et un soutien ultimes. La littérature de guerre est pleine de ces récits qui nous racontent comment des armées vaincues et saignées, affamées et affaiblies, se cramponnèrent pourtant avec ténacité à la vie, sauvegardant une partie de leurs forces et de leurs effectifs. Le récit du Grec Xénophon dans *L'Anabase* peut être pris comme exemple classique de ce pouvoir de survie chez les soldats. Il n'est pas de grande guerre, depuis l'époque de Xénophon, qui n'ait connu de semblables exploits d'endurance, bien que peu d'entre elles aient connu des chroniqueurs tels que lui.

Quel rapport existe-t-il entre nos biens et cet amour autopréservateur ? Les hommes sont-ils capables, lorsqu'un grand péril les menace, de faire la différence entre la sauvegarde de leur seule vie et la préservation de leurs biens les plus immédiats ? Pour le soldat combattant, ce qu'il possède représente l'unique assurance qui puisse le garantir contre un monde menaçant. Il s'en préoccupe, et souvent avec plus d'attention qu'il n'en réserve à son propre corps. Ses armes comptent au nombre de ses biens, de même que certains vêtements et quelques précieux souvenirs. La relation intime que le soldat entretient avec ses armes va bien au-delà d'un quelconque amour de posséder. Souvent les véhicules et les engins de guerre finissent par remplacer le foyer. C'est là que paraît se nouer le lien crucial entre l'instinct de préservation et les possessions. Ces dernières ne constituent pas seulement une extension de la puissance même du soldat, mais aussi ce qui le lie au passé et au futur. Dans *Letzte Briefe aus Stalingrad*, nous lisons qu'un tankiste allemand, pourtant endurci, se mit à sangloter sans pouvoir s'en empêcher parce que son engin avait été détruit. Cette perte le touchait plus que celle de ses camarades. Pourquoi cela ? Je pense que son tank était devenu l'équivalent imaginaire du foyer qu'il avait quitté. Il était pour lui une seconde peau, une couche protectrice contre les rigueurs du monde extérieur.

Les uniformes modernes sont si minces et perméables. À la différence des lourdes armures du passé, elles offrent peu de protection pour le corps et pour l'esprit. C'est pourquoi les soldats ont tendance, en guise de protection symbolique et aussi de lien avec les sécurités passées et les espérances futures, à se couvrir de plusieurs couches formées par leurs possessions. Une bonne part de la passion que le soldat américain a pu nourrir, au cours des guerres récentes, pour l'accumulation des souvenirs, ne relève peut-être pas tant que cela du désir primitif de piller ou même d'installer dans la mémoire d'après-guerre le fait « qu'il y était », bien que ces deux motifs aient assurément, jusqu'à un certain point, joué leur rôle. Ces souvenirs paraissaient principalement donner au soldat, par-delà l'environnement dévasté du moment, quelque garantie d'avenir. Ils représentaient la promesse que sa survie était possible. Ils le protégeaient contre le sentiment d'être insupportablement exposé au danger et vulnérable, et ce faisant ils lui évitaient d'être réduit à son existence toute nue. Peut-être nous servons-nous, nous aussi, dans la paix comme dans la guerre, de nos possessions dans un but semblable, comme d'un rempart contre le monde.

Toutefois, dans les cas d'exposition extrême au danger, la plupart des soldats semblent capables de saisir la différence entre leur vie et leurs biens, et ils sacrifient d'ordinaire tout ce qu'ils possèdent pour préserver leur existence. Comme prisonniers de guerre, ou lors de longues marches forcées, ou encore au cours de campagnes au sort très incertain, les soldats apprennent, mieux que ne le peuvent les civils, que tout ce qui est extérieur est remplaçable, tandis que la vie, elle, ne l'est point. Lorsque les soldats ont dû affronter la mort suffisamment souvent, une sorte de hiérarchie sommaire des valeurs se développe même chez les esprits les plus simples, où la vie occupe presque toujours une position supérieure à tous les biens qu'ils peuvent posséder. Dans ces situations, cet amour authentique qu'est l'amour d'autopréservation est moins bien représenté par les natures individualistes et égoïstes que par d'autres qui, en apparence, ne sont pas si entichées de la vie. Je suppose que les natures superficielles ne sont pas facilement en mesure de considérer leur existence toute nue, puisque posséder fait partie de leur être. C'est pourquoi des soldats de cette sorte perdent fréquemment la vie en essayant de se cramponner à quelque possession précieuse à leurs yeux.

On pourrait penser que, pour un soldat, le fait d'apprendre à se passer de ce qu'il possède, ou d'endurer la perte des biens matériels, constitue un bienfait pour sa vie civile future. Mais en réalité, une fois qu'ils ont pu recommencer à jouir de la sécurité qu'apporte la paix, la plupart des soldats oublient rapidement l'échelle des valeurs adoptée en temps de guerre, tout comme la majorité d'entre nous oublient les bienfaits de la santé lorsque nous ne sommes plus malades. La propriété devient à nouveau partie intégrante de l'effort pour persévérer dans notre être. La pure conscience du combat que nous menons pour préserver notre existence ne nous est pas souvent accordée, tout comme l'imminence de la mort à tout moment de la vie nous est généralement dissimulée par un acte d'élimination inconscient.

L'amour ou le souci de la préservation se manifeste clairement au combat dans le soin que certains soldats prennent de la vie des autres. Il y a quelque chose d'infiniment instructif dans le spectacle qu'offrent des médecins et des infirmières qui luttent obstinément pour préserver la vie et un minimum de santé au milieu du chaos. Et l'infirmier militaire qui a pour mission d'aller récupérer les blessés en première ligne surmonte sa peur de la mort et son épouvantable lassitude en exécutant ce qu'il a à faire. On ne voit guère d'empathie et de tendresse chez ces gens ; ils deviennent rapidement insensibles à la souffrance. Pour moi, ce qui fait qu'ils ont plus de motivation que les autres, c'est cette passion impersonnelle qui les anime et dont l'objet est la préservation et la conservation de la vie elle-même.

Cette pulsion n'est pas réservée à ceux dont la fonction officielle est de préserver ; il arrive parfois qu'elle se transforme en passion collective et gagne la majorité des soldats. Enfants abandonnés, orphelins et animaux errants sont les objets privilégiés de l'affection des soldats en campagne ; ils leur prodiguent des trésors inhabituels de tendresse et d'attention. Dans la plupart des cas, il n'existe que peu d'affinités entre le protecteur et son protégé. Car ce qui émeut le soldat, c'est une compassion impersonnelle que la fragilité et l'impuissance de créatures mortelles peuvent susciter chez la plupart d'entre nous. D'ailleurs, elle s'étend fréquemment aux ennemis qui ont été blessés. Il arrive en effet que le personnel médical risque sa vie pour secourir des blessés qui appartiennent aux forces ennemies, et les médecins qui œuvrent dans des hôpitaux de campagne luttent pour les uns et pour les autres avec une obstination égale. La distinction entre l'ami et l'ennemi est ici supprimée par le spectacle d'impuissance qu'offre un être dont la vie menace de finir.

Si l'on s'en tient à la surface des choses, un gouffre paraît séparer l'instinct d'autopréservation du souci de préserver l'existence d'autrui. Bien des gens diront que le second ne commence que lorsque le premier a été assuré. Et pourtant, il n'en va pas ainsi. Sur le champ de bataille, il arrive souvent que le désir de persévérer dans notre être et la préservation de la vie d'autrui soient, à un niveau préconscient, étroitement liés. Les milliers d'actes de sollicitude anonyme pour des vies que l'on a vues exposées aux tirs et aux bombes témoigne de l'unité qui, en dernier ressort, lie ces deux pulsions l'une à l'autre.

Dans la littérature de guerre, parmi les nombreux exemples illustrant ce souci de préserver la vie d'autrui, il en est deux surtout qui hantent ma mémoire. Dans *The Red Badge of Courage*[1] de Stephen Crane, pris de panique, le jeune soldat qui est le principal protagoniste de l'histoire a fui le champ de bataille et erre perdu et quasi fou quelque part non loin de la mêlée confuse. C'est alors qu'un soldat plus âgé, un homme simple qui est un oasis de douceur, l'aide à regagner à travers la nuit tombante son régiment et sa compagnie, où il retrouve ses marques et son courage. L'acte décrit est totalement gratuit. Le jeune soldat ne peut même pas voir le visage de son sauveur anonyme, et il n'a même pas la présence d'esprit de le remercier. De son côté, le vieux soldat ne pense pas avoir accompli quoi que ce soit qui mérite louange. Son acte n'est pas tant un acte délibéré qu'un acte inconscient de préservation, dépourvu de sentiment particulier pour le jeune homme. Bien que Crane ait fait œuvre de fiction dans ce récit remarquable, des milliers de soldats pourront témoigner de l'authenticité de semblables scènes de guerre.

1. Traduction française sous le titre *La Conquête du courage*, Paris, Gallimard, coll. « Folio », 1982. [NdT.]

Dans *Guerre et Paix* de Tolstoï, alors qu'ils sont tous deux prisonniers des Français à Moscou, et plus tard au milieu de la cauchemardesque débandade de l'armée de Napoléon, c'est grâce au puéril paysan Karatiev que le riche et cultivé Pierre parvient à conserver ses capacités physiques et morales. Bien que le contraste entre ces deux hommes ne puisse guère être plus grand, Pierre voit bien à quel point le souci de cet homme simple pour la vie et le bien-être d'autrui peut s'avérer infiniment protecteur et même salvateur. Pour Karatiev, prendre soin de Pierre ou des animaux de sa ferme, ou même prendre soin de plantes ou d'une bonne terre, n'est pas franchement différent. Ses instincts ont pour seul but de contrer la menace d'annihilation qui partout pèse sur la vie.

Si nous nous interrogeons sur la nature de l'amour en tant que souci, je pense que nous pourrons découvrir certains des traits caractéristiques qui le différencient des autres formes de l'amour. Contrairement à la forme la plus élevée de l'amour érotique, les objectifs qu'il vise sont moins généraux, et il est de nature plus collective qu'individuelle. Que le souci ait pour objet notre propre vie et nos chances de survie ou qu'il tende à la préservation de la vie d'autrui, je doute que sa nature en soit altérée. Ce qui fait l'objet de nos soins est moins essentiel que la présence en nous du besoin de les prodiguer ou de préserver. Le sentiment typique qui accompagne l'amour comme souci n'est ni la joie profonde ni la tristesse irrépressible, si souvent présentes dans l'amour érotique. Il connaît le soulagement, de même que les profondeurs de l'anxiété, mais il est rare qu'il mette tout en jeu pour préserver telle chose ou telle vie ou tel trésor. Il se soucie du tout, et non de la partie.

À l'évidence, cet amour se manifeste chez les hommes de manière omniprésente et immanente plutôt qu'extatique. Il ne nous saisit pas de l'extérieur, mais surgit de notre propre nature. C'est pourquoi il peut être moins irrégulier et plus fiable que l'amour érotique, quoique moins susceptible de dominer de nombreux hommes dans les moments de crise.

Lorsque la guerre a fait rage des années durant, il nous faut toujours faire la paix à nouveau. C'est alors qu'il nous faut aussi compter sur ce désir, que la guerre a longtemps réprimé en nous, de cultiver et reconstruire. Si cette pulsion était moins omniprésente en nous et si nous ne pouvions compter sur elle, la race des hommes n'aurait guère de chance de survivre et d'atteindre un tel degré de puissance sur la terre, environnés que nous sommes par les multiples dangers de la nature et tourmentés par une soif meurtrière dont notre propre espèce fait les frais.

Je pense que c'est l'amour comme souci qui, plus que toute autre chose, nous aide à retrouver le chemin de la paix et guérit la haine que nourrissent entre eux les belligérants. Lorsque les soldats perdent ce besoin de préserver et se transforment en tueurs impersonnels, ils sont alors de véritables figures de la terreur. Heureusement, peu d'hommes en viennent à éradiquer totalement cette forme de l'amour, bien qu'ils puissent devenir indifférents à leur propre sort et se remplir d'une haine qui vise la moitié de l'humanité. Peu d'entre nous méditent assez sur la chance que nous avons, en tant qu'êtres humains, d'éprouver cet amour préservateur. Si nos guerres devaient transformer tous les combattants en tueurs, la vie civile serait menacée pour plusieurs générations, ou bien elle deviendrait tout simplement impossible.

Dans sa plus grande portée, le souci s'étend, au-delà de la sphère de la vie humaine, aux productions humaines et aux choses de la nature. Il est présent dans la construction de l'habitat et dans le travail de la terre, mais aussi dans les milliers de modifications qui affectent ces occupations fondamentales. Pour peu que nous regardions avec attention, nous le voyons partout à l'œuvre, et le moindre incident à la guerre peut nous en dire plus à ce sujet que la plus longue des campagnes militaires. Je me rappelle avoir traversé l'Allemagne au cours des derniers jours de la Seconde Guerre mondiale à la poursuite de l'ennemi en déroute. Aux abords d'une ville dévastée, quelque part dans le Wurtemberg, il y avait un charmant petit terrain en terrasse où s'élevait autrefois une maison. Elle avait été rasée par les bombes et le feu, et même la clôture qui l'entourait était détruite. Seule la grille principale demeurait, mais elle reposait de travers sur ses gonds et était partiellement défoncée. Tandis que je passais devant en jeep, j'aperçus le propriétaire qui la réparait soigneusement. Je fus tout d'abord frappé par le côté excessivement absurde et comique de ce spectacle, puisque cette entrée n'ouvrait plus sur rien. Mais y songer était profondément réconfortant, et c'est bien plus tard que je compris pourquoi. La réparation de la grille symbolisait parfaitement la pulsion civilisatrice qui anime les créatures humaines, notre désir de préserver et conserver, de prendre soin et de cultiver.

Par exemple, bien des gens s'étonnent aujourd'hui de la façon qu'ont les Allemands de reconstruire leurs villes dévastées en y bâtissant des édifices faits pour durer un siècle, alors qu'ils ne peuvent guère être sûrs que la paix fragile durera plus de cinq ans. Ces observateurs pourraient en conclure que les Allemands sont d'incurables optimistes. Bien entendu, ce n'est pas le cas. Eux-mêmes savent à peine pourquoi ils travaillent si dur et construisent des bâtiments à ce point faits pour durer, alors qu'ils vivent à l'ombre du rideau de fer. D'un point de vue réaliste, ils sont probablement idiots. Cependant, après avoir vécu une période de soif destructrice, ces bâtiments durables sont à même de satisfaire la pulsion profonde qui les incline à laisser libre cours aux forces de conservation et de construction. On pourrait penser qu'après trois décennies ou plus de désordres et de conflits considérables, ces forces seraient paralysées ou à tout le moins émoussées. Pourtant, quoi que la nation allemande ait pu perdre, et elle a en effet beaucoup perdu, la résistance aux forces de la destruction et du chaos est toujours solide. Aucune guerre moderne n'a jusqu'ici duré assez longtemps pour réduire l'amour préservateur à une simple volonté de survivre chez des individus livrés à eux-mêmes, ou pour transformer un grand nombre d'hommes en tueurs impénitents. Il se pourrait bien que de telles guerres se produisent dans l'avenir. Mais la pulsion civilisatrice demeure puissante, et elle continue de nous entraîner après que la raison et la volonté ont été temporairement défaites.

Pour omniprésent que soit cet amour, et pour lié qu'il soit à la structure même de la civilisation, son attrait est toujours d'autant plus grand que la destruction sévit à proximité et menace de nous écraser. Je ne peux croire que les guerres soient nécessaires à l'accomplissement de cette forme d'amour, mais il n'en est pas moins vrai qu'il entre en scène surtout lorsque les calamités et la guerre font rage. La jouissance de la destruction est son parfait antagoniste ; c'est pourquoi nous ne devrions pas être surpris de constater que l'amour comme souci s'impose davantage dans les périodes de conflit. Il était très important pour moi.

Peut-être est-ce l'inactivité de ces derniers jours qui me fait souffrir. Mais le désespoir me saisit souvent tard le soir, surtout la nuit quand je suis dans mon lit. J'ai besoin de croire davantage. J'ai besoin d'avoir foi en l'amour et en Dieu. Je suppose que j'ai besoin d'aimer davantage [...]. Je voudrais tant sortir d'ici purifié et plus sage qu'avant, afin de pouvoir être quelque chose pour les autres dans le monde de l'après-guerre. J'ai besoin de surmonter mon humeur lugubre et mes appréhensions.

Là encore, comme dans la forme d'amour érotique la plus élevée, cette sorte d'amour suscite une prise de conscience qui fait défaut dans la vie de tous les jours. À moins que nous soyons poussés vers l'abîme, celles de nos forces qui sont les plus enracinées en nous restent comme en sommeil et à l'état latent. Ils ont peut-être raison, ces philosophes de l'histoire qui interprètent la civilisation en termes de cycles, où des périodes de conservation alternent avec des périodes de destruction, soutenant que cette alternance est nécessaire à tout progrès réel. Pour eux, la jouissance de la destruction et l'amour préservateur sont dans l'histoire humaine des puissances nécessaires et d'une certaine façon complémentaires. Un intérêt exclusif pour la conservation de ce qui existe déjà serait cause de stagnation s'il n'était compensé par ces forces destructrices qui, périodiquement et à des fins de renouvellement, liquident les formes sclérosées. Le type d'amour qui nous incite à préserver l'existant n'a de sens, nous diraient ces philosophes, que lorsqu'il s'oppose aux forces révolutionnaires de la destruction. J'ignore ce qu'il en est. Quoi qu'il en soit, je n'ai plus jamais dans ma vie eu autant conscience du caractère bénéfique de l'amour comme souci que durant mes années de guerre.

Il existe une autre sorte d'amour, qui n'est en rien liée à la destruction, et dont les hommes font l'expérience à la guerre de la manière la plus décisive qui soit. C'est l'amour que nous nommons amitié. Assez souvent dans notre tradition, l'amitié a été définie comme cette relation entre êtres humains où chacun cherche de façon dépassionnée le bien-être de l'autre. C'est pourquoi l'amitié est regardée comme la forme la moins égoïste de l'amour, puisque, dans son acception la plus pure, elle se voue sans réserve aux intérêts d'autrui. Conformément à cette conception, de nombreuses sociétés ont exalté l'amitié comme étant la plus noble de toutes les relations humaines, et même le fondateur du christianisme, aux yeux de qui une autre forme de l'amour avait pris le pas sur toutes les autres, aurait dit : « Pour un homme il n'est pas de plus grand amour que de donner sa vie pour ses amis. »

Quelle est la signification de l'amitié pour des combattants ? Comment un jeune homme peut-il endurer la bataille quand la peur de la mort se trouve redoublée par le fait que ce n'est pas seulement sa vie qui est en jeu, mais aussi celle de son ami ? Avant de tenter de répondre à ces questions, il me faut tout d'abord mettre en évidence la différence fondamentale qui existe entre l'amitié et la fraternité. À mon sens, seuls peuvent être amis des hommes et des femmes qui jouissent d'affinités intellectuelles ou affectives. Ils doivent en quelque sorte être prédestinés l'un à l'autre, puis se découvrir l'un l'autre, mais c'est là quelque chose qui, en temps de paix comme en temps de guerre, arrive assez rarement.

Quoique bien des hommes n'aient jamais d'amis, et que même les plus chanceux d'entre nous n'en aient que quelques-uns, la fraternité entre camarades est heureusement à la portée d'une vaste majorité d'individus. La souffrance et le danger ne peuvent créer l'amitié, mais elles font toute la différence en ce qui concerne la fraternité. Il arrive fréquemment que des hommes qui ont survécu ensemble à des expériences difficiles et dangereuses s'illusionnent sur la relation qu'ils entretiennent. Des camarades s'aiment comme des frères, et c'est sous l'influence de leurs expériences communes qu'ils font le serment de rester de vrais amis pour le restant de leurs jours. Mais lorsque surviennent de nouvelles expériences et que leurs souvenirs communs s'estompent, ils deviennent peu à peu des étrangers. À des rassemblements d'anciens combattants, ils peuvent généralement recouvrer leurs sentiments anciens, mais alors seulement grâce à l'effet stimulant de l'alcool. La fausse cordialité et sentimentalité qui caractérise ce type de rencontres est oppressante et pathétique. Ces hommes qui autrefois, alors qu'ils traversaient des expériences périlleuses, jouissaient d'une proximité véritable, sont à jamais perdus les uns pour les autres. Or, comme la plupart des hommes accèdent rarement à un type de rapport qui se rapproche autant de l'amitié que celui-là, la perte du sentiment de fraternité ne peut pas être prise à la légère. Lorsque des vétérans s'efforcent de ressentir pour leurs anciens compagnons d'armes ce qu'ils ressentaient pour eux sur le champ de bataille et échouent, il se mettent alors souvent à chérir en secret, quelque part dans le secret de leur mémoire, cette passion non sentimentale qu'ils éprouvaient à l'origine.

À mes yeux, la différence essentielle entre la fraternité et l'amitié tient au fait que la conscience de soi est à l'œuvre dans le sentiment d'amitié, alors qu'elle est supprimée dans le sentiment de fraternité. Les amis ne cherchent pas à perdre leur identité, et c'est ce qui les différencient de ceux que l'amour érotique ou le sentiment de fraternité animent. Au contraire, les amis se retrouvent l'un dans l'autre et ils y gagnent une connaissance de soi et une maîtrise de soi accrues. Grâce à l'amitié, ils se découvrent des aptitudes à la joie et une capacité de compréhension jusqu'alors inconnues d'eux. Ceci ne fait pas de l'amitié une forme supérieure de l'égoïsme, comme l'ont cru certaines personnes malavisées, car nous ne cherchons pas dans l'amitié ces avantages pour nous-mêmes. En effet, dans l'amitié, pour autant que nous soyons de véritables amis, ce qui fait l'objet de notre souci, c'est l'ami lui-même. Que, de surcroît, cela nous profite aussi beaucoup, c'est là ce qui révèle à nos yeux l'une de ces lois cachées qui régissent les affinités humaines. Tandis que la fraternité vise à détruire les murs du moi, l'amitié cherche à les étendre tout en les conservant intacts. Là où la relation de fraternité est extatique, la relation d'amitié est totalement individuelle. Nous sommes, pour la plupart d'entre nous, incapables de répondre aux exigences de l'amitié, alors que la fraternité constitue à bien des égards un relâchement de ces mêmes exigences. Dans la fraternité, nous nous contentons d'être ce que nous sommes et de jouir du bonheur que nous apporte ce sentiment. Mais les amis doivent toujours s'étudier et s'explorer l'un l'autre, car chacun doit tenter d'accéder à la plénitude en s'évertuant à déceler les secrets de l'être dont il est l'ami. Pourtant, chacun reconnaît que la source intérieure de l'autre est intarissable. Les amis sont insatiables, alors que souvent les camarades sont rassasiés de fraternité une fois le danger passé.

« Qu'un homme donne sa vie pour ses amis » : voilà assurément une parole forte, qui en appelle à un acte de courage suprême. Les amis vivent l'un pour l'autre et ne sont animés par aucun désir de se sacrifier. Lorsqu'un homme meurt pour son ami, il le fait délibérément et non sous l'emprise d'une extase affective. D'un autre côté, mourir pour ses camarades, c'est là un phénomène qui se produit dans toutes les guerres, et on ne saurait guère y voir un acte de courage surhumain. La pulsion qui incite au sacrifice de soi est un élément intrinsèque de toute association permettant aux hommes de poursuivre un objectif dangereux et difficile.

Toutefois, pour des amis, mourir, même l'un pour l'autre, est une chose terriblement difficile ; tous deux ont tant à perdre. Ce n'est pas que la peur naturelle de mourir soit pour eux si difficile à surmonter. Ce qui est difficile, c'est la perte ou la diminution du commerce amical qu'ils entretenaient jusqu'alors et dont la mort les prive. Les amis savent – et je suis tenté de dire, seuls les amis savent – ce à quoi ils renoncent en se sacrifiant. Bien sûr, on dit qu'ils peuvent communiquer entre eux par-delà la mort, mais la perte n'en est pas moins cruelle et définitive. Trop souvent, dans des moments de grande détresse, lorsque l'ami est mort, la communication est rompue et ce qui était un dialogue devient un monologue. Les amis ne peuvent guère échapper à l'identification de la mort comme mal absolu et comme l'adversaire le plus redoutable de ce qui a le plus de prix à leurs yeux.

La guerre et le combat créent pour cet amour un sentiment de sécurité et un type d'exposition au danger que peu d'autres formes d'amour connaissent. Le sentiment de sécurité procède du type d'isolement que l'amitié offre contre les haines et le désespoir qui souvent accompagnent l'homme au combat. En effet, même si l'un des amis jouit quelque part de la sécurité de son foyer, celui qui est à la guerre sait que l'autre participe de son existence. Dans ses lettres, il peut lui communiquer ses sentiments les plus intimes et son regard sur les expériences néfastes qu'il endure. Même lorsque la correspondance se trouve interrompue, il est possible aux amis de communiquer au moyen des souvenirs qu'ils ont en commun, chacun pouvant se figurer qu'il s'adresse à l'autre tout en ayant l'assurance d'être compris. C'est une source de joie que d'avoir quelqu'un qui vous comprend parfaitement et que vous comprenez. Cela isole le cœur du soldat sans fermer son esprit aux expériences qu'il endure. Le poète allemand Goethe exprime presque à la perfection ce que vivent les amis même à la guerre.

Selig, wer sich vor der Welt
Ohne Hass verschliesst,
Einen Freund am Busen hält
Und mit dem geniesst

Was, von Menschen nicht gewusst
Oder nicht bedacht,
Durch das Labyrinth der Brust
Wandelt in der Nacht

Heureux celui qui sans haine
Se ferme au monde
Tient un ami sur son sein
Et jouit avec lui de tout

Ce qui à l'insu des hommes,
Ou même d'eux négligé
À travers le labyrinthe du cœur
Passe dans la nuit[35].

Il est vrai que les amis peuvent se fermer sans haine au monde et puiser dans le labyrinthe de chacun une richesse inépuisable. C'est ainsi qu'ils parviennent à endurer presque toute l'horreur de la guerre sans pour autant perdre leur engouement pour la vie. Mieux encore, ils peuvent découvrir dans les expériences les plus terrifiantes un sens que les autres ne voient pas. L'amitié nous ouvre au monde en nous maintenant à l'écart des passions qui réduisent le champ de nos sympathies. Elle nous donne l'assurance que nous appartenons au monde et nous aide à combattre le sentiment d'étrangeté et d'égarement qui, dans un environnement de haine et de destruction, affecte les personnes sensibles. Lorsque nous avons un ami, nous avons moins le sentiment d'être des accidents de la création, d'être

1. Traduction Jean-Pierre Lefebvre modifiée, *Anthologie bilingue de la poésie allemande,* p. 390 *sq.*, Gallimard, 1995. [NdT.]

impuissants et condamnés. La certitude de l'amitié suffit à aider des soldats à traverser bien des horreurs sans que leur intégrité ait à en souffrir.

Mais l'amitié rend la vie doublement précieuse, et la guerre est toujours une moisson de morts. C'est pourquoi les amis s'exposent à une anxiété plus grande encore que celle que l'on ressent dans les autres formes d'amour. Il n'y a aucune dynamique de destruction dans l'amitié, et aucun amour de la mort ou du sacrifice. Parce que les amis se complètent, ils ne peuvent envisager la mort de l'autre sans trembler. Ils peuvent aisément renoncer au confort et supporter le danger pour autant que la mort ne soit pas en cause. La peur insupportable qui étreint les amis sur le champ de bataille est à l'opposé de la témérité qui caractérise le soldat-tueur. Entre amis, l'horreur ultime de la guerre est endurée sans qu'il soit guère possible de lui opposer quelque compensation. Comme dans l'amour en tant que souci, c'est la préservation de l'être qui est visée.

En chaque homme tué sur le champ de bataille, on peut reconnaître l'ami potentiel d'un autre homme. Son sort ne manifeste que trop bien l'arbitraire épouvantable de la violence à laquelle l'ami est exposé. C'est pourquoi l'amour en tant qu'amitié constitue l'adversaire le plus sûr de la guerre. Les possibles pics d'intensité et la maturation précipitée que la guerre peut apporter à l'amitié ne sont en rien comparables aux menaces d'endeuillement qu'elle fait courir aux amis. Les sentiments et les affinités, qui sont au cœur de l'amitié, représentent les véritables opposants aux dispositions hostiles qui sous-tendent toute pratique de la guerre. Que ces dispositions puissent détruire une vie si aisément incline au découragement et au désespoir tout homme qui sait ce qu'est l'amitié.

Quand la mort emporte un ami de façon naturelle, cette perte est déjà cruelle, au point de restreindre notre capacité à appréhender les événements. Mais, avec le temps, les amis finissent par accepter la finitude de l'existence, et la vieillesse, avec son lot d'infirmités, aide à réconcilier la plupart d'entre nous avec la mort. En revanche, l'amitié fauchée à la fleur de l'âge par l'arbitraire de la guerre, voilà ce qui nous paraît constituer le sommet de la déraison et de la folie. Ce qui était jadis lumineux, bien ordonné et significatif dans notre existence nous apparaît soudain vide de sens. Contrairement aux autres formes d'amour, ce qui fait la grande valeur de l'amitié n'est en rien lié à sa précarité. Ainsi, il n'existe aucune consolation ultime à la mort d'un ami. L'amour comme souci peut toujours se reporter sur d'autres êtres à protéger ou de qui prendre soin ; l'affection qu'il dispense n'est pas individuelle. Avec le temps, l'amour érotique peut généralement, mais pas toujours, se renouveler. Mais la compagnie d'un ami que nous avons perdu est irremplaçable.

Je ne veux pas dire que l'amour érotique, dans lequel la personne s'engage tout entière, et l'amour qui a pour souci la préservation soient moins hostiles à la guerre que l'amour en tant qu'amitié. Une analyse des différentes formes d'amour ne devrait pas nous faire oublier la relation de consanguinité qu'elles entretiennent entre elles. Les trois formes d'amour risquent autant l'une que l'autre de perdre au combat ce qui fait que, pour elles, la vie a du prix. Dans ses trois formes, l'amour se tient clairement en opposition à Arès et porte l'espoir d'une ultime délivrance qui le soustrairait à son règne. Nous ferions bien de nous souvenir que l'amour est un genre composé de nombreuses espèces, et que nous ne risquons guère d'épuiser les multiples relations qu'elles entretiennent entre elles. Ils n'ont pas tort, ces psychologues qui mettent au jour des éléments érotiques dans l'amitié et dans l'amour maternel. Et j'ai déjà indiqué qu'il existe une étroite affinité entre l'amour comme souci et l'amour comme amitié.

Cependant, ce qui m'est apparu clairement pendant que je méditais sur l'amour et la guerre, c'est le fait que le combat offre à ces différentes formes d'amour un terrain d'exercice tout à fait différent. Dans la mesure où Éros est une passion physique et une pulsion sensuelle, la guerre est depuis toujours son vrai partenaire et son compagnon de lit, ainsi que le montre clairement l'ancien mythe. Que l'amour érotique dans sa plénitude puisse trouver sa place dans la violence de la guerre, c'est ce qui nous étonnera toujours et demeurera à jamais inexplicable. Ici, Arès et Aphrodite se retrouvent comme des contraires puissamment attirés l'un par l'autre. Il arrive parfois que l'amour comme souci atteigne sa plus grande satisfaction et triomphe en luttant pour préserver ce qu'Arès veut détruire. Quoique profondément opposé au conflit, cet amour n'est pas aussi exposé et impuissant que l'amitié. En exerçant ses droits anciens, l'amour préservateur sanctifie de sa présence même le champ de bataille, et il empêche les hommes de se livrer totalement aux puissances lascives de la destruction. Mais l'amour en tant qu'amitié, malgré tout ce qui en lui isole, doit s'efforcer, au hasard des circonstances et au mieux de ses possibilités, de subsister en pleine guerre. Son véritable domaine est la paix, seulement la paix.

Chapitre IV

Le soldat et la mort

À la limite de la zone de notre division, nous avons découvert un cimetière américain récent. Cent quatre-vingt-dix soldats américains et quelques douzaines d'Allemands y étaient inhumés dans de modestes tombes provisoires, signalées par de simples croix de bois sur lesquelles étaient clouées une de leurs plaques d'identité et une plaque de bronze portant inscription de leur nom, numéro de matricule militaire, grade, unité et date de décès […]. Officiers et soldats reposaient côte à côte, les distinctions de rang ayant ici été abolies. Le terrain était soigné et clos par un grillage […]. C'était une journée nuageuse, détrempée par la pluie, avec une brise glacée […]. D'une certaine façon, je n'avais jamais cru, jusqu'à ce jour, à la réalité du pouvoir destructeur de la guerre.

(Journal de guerre, 11 février 1944.)

Lorsque j'étais en France pendant la guerre, j'ai rencontré et côtoyé un jeune Parisien, chirurgien du cerveau, un homme rare, merveilleux et généreux, dont l'expression favorite était : « Tout ce que j'ai, je le donne. » Je n'ai jamais parlé dans mon journal – je n'avais pas le cœur d'en parler – de la dernière visite que je lui fis. À cette occasion, il me reçut avec cette chaleur que seuls connaissent ceux qui ont dû longtemps côtoyer des individus qui jamais n'accèdent aux zones les plus intimes du moi. Mais c'est alors qu'il se lança dans le récit d'une scène à laquelle il venait d'assister : l'exécution par les FFI locaux d'un soldat mongol qu'ils avaient fait prisonnier et qui faisait partie de l'appareil de répression allemand dans la région. Tout à son envie de me raconter les impressions qui furent les siennes après qu'on eut bandé les yeux du captif, puis au moment de la fusillade et devant le comportement des participants et des spectateurs, il ne remarqua pas ma consternation. M'eût-il donné un coup de poing, au lieu de m'embrasser comme il l'avait fait un instant auparavant, que je n'aurais pas été à ce point abasourdi et subitement écœuré.

Comment cet homme sensible, aux principes si nobles, pour qui j'avais ressenti les plus profondes affinités, pouvait-il avoir assisté de son plein gré et sans aucune aversion à la mise à mort d'un autre être humain ? Bien souvent, il m'avait confié le dégoût que lui inspirait la cruauté et son refus de prendre part aux haines qui dévoraient les jeunes gens qu'il côtoyait dans la Résistance. Même à cet instant, je savais qu'il était incapable de détruire une vie. Alors pourquoi avait-il assisté à un tel spectacle, et pourquoi voulait-il en parler maintenant ?

Pendant un moment, sous l'effet de la froideur qui m'avait saisi, je n'osais le lui demander. Puis, comme son amitié m'était chère, je résistai à l'impulsion qui m'incitait à rejoindre ma jeep pour déguerpir, et je sus lui dire toute l'horreur que m'inspirait sa conduite. Nous causâmes longuement de la mort et de ce que signifie pour nous le fait de mourir. Il était convaincu que le Mongol n'avait aucune idée de ce qui lui arrivait. Il était mort comme un animal. C'est pour cette raison qu'il avait pu assister à cette scène avec un tel détachement. Je n'en étais pas si sûr. Quoique l'incident eût dressé entre nous un obstacle que je ne fus pas en mesure de surmonter, cette conversation nocturne me fit méditer, comme je ne l'avais jamais fait jusqu'alors, sur les faits élémentaires qui regardent notre rapport à la mort. Le jour suivant, tandis que je regagnais mon unité, je commençai à me demander comment les hommes à la guerre envisageaient la possibilité imminente de leur propre mort. Quel rapport les combattants peuvent-ils entretenir avec la mort ? Parviennent-ils seulement à en former un ?

Cependant, dans les mois qui suivirent, je fus influencé davantage que je n'aurais voulu l'admettre par l'atmosphère d'indifférence dans laquelle était tenue la vie humaine. Les hommes sont remplaçables, disait-on couramment. La vie était comme un matériau qu'une volonté suprapersonnelle employait et distribuait à son gré. Il est probable que peu d'entre nous se soient alors avisés de réorganiser nos valeurs en fonction de ce phénomène, et pourtant même l'esprit le plus simple pouvait pressentir que la question de sa survie avait relativement peu d'importance pour le corps collectif. Si nous ne pouvions comprendre pourquoi la mort frappait les autres et pas nous, nous apprenions à l'accepter comme un fait brut. Du moment qu'elle ne frappait pas l'un de nos amis, notre tentation était grande de réagir à ses manifestations de la même manière que nous réagissions à d'autres événements. Les morts commençaient à nous paraître à la fois irréels et ordinaires.

Nous nous trouvons maintenant à Artena, très près du front, et les tirs d'artillerie nous mettent quelque peu en danger. Ce matin, alors que nous montions par une route effroyablement poussiéreuse, nous nous sommes avancés assez loin dans Artena pour pouvoir apercevoir un officier américain mort, au-dessus duquel des mouches grouillaient. Des obus continuent à tomber sur la ville, et il y a une douzaine de morts dans les rues. Nous nous sommes retirés dans une maison à la lisière de la ville, d'où j'écris ces lignes [...]. De petits cimetières, construits à la hâte, longent la route, et il y en a partout. Les routes forment un amas confus de véhicules et de poussière – c'est dangereux, désagréable, nécessaire, la substance même de la guerre.

L'air morne d'octobre est déchiré par le rugissement des canons. Ils ne sont pas effrayants, une fois passé le premier réveil en sursaut. Mais ensuite, on entend le sifflement et l'explosion déchirante [...]. Je suis moins effrayé que la plupart des autres, je ne sais pourquoi. À la longue, on finit plus ou moins par être habitué à tout ça, si ce n'est indifférent.

Le choc que m'avait infligé mon ami avait fini par me tirer de cette torpeur collective. À partir de ce moment, je fus extrêmement curieux de découvrir comment les soldats réagissaient à cet absolu de l'existence humaine qu'est la mort, particulièrement lorsqu'ils sont seuls dans leurs trous de combat, privés du soutien de leurs camarades. Comme je l'ai fait observer, il n'est pas difficile de comprendre que l'extase collective peut conduire les hommes à oublier la mort et à rechercher l'immortalité dans la poursuite d'objectifs communs. Mais toute extase est essentiellement périodique et transitoire ; elle ne peut durer longtemps. Comment se pouvait-il alors que des jeunes gens qui avaient à peine commencé à vivre fussent capables d'envisager leur mort probable ? Le fait que des milliers d'entre eux y parvenaient était assez évident ; mais comment y parvenaient-ils, voilà qui demeurait mystérieux.

On pourrait avancer l'idée qu'à la guerre la mort n'est qu'une question de probabilité accrue, et qu'elle ne diffère pas dans son principe de la mort en temps de paix. Mais ce serait là une manière superficielle d'envisager les choses, car ce n'est pas la fréquence des morts mais la manière de mourir qui fait toute la différence. À la guerre, la mort m'est généralement infligée par des membres de ma propre espèce qui cherchent activement à me faire périr, bien qu'il ne m'aient probablement jamais rencontré et qu'ils n'aient aucune raison de me vouer une haine mortelle. C'est la mort frappant avec une intention hostile, plutôt que par accident ou sous l'effet de causes naturelles, qui sépare de façon si radicale la guerre et la paix. Et le fait que la majorité des victimes à la guerre soient des individus jeunes ou très jeunes, tout juste en train de devenir des hommes, compte pour beaucoup dans le sentiment général. Pour la plupart, ces jeunes gens doivent renoncer à la vie en s'exposant au péril loin de leurs foyers, privés de la dignité et du rituel qui contribuent à modérer les aspects choquants de la mort. Il ne s'agit pas seulement de la différence entre mourir et être tué. C'est bien plutôt ce qui sépare le fait de mourir de maladie ou par accident, au milieu de gens qui nous connaissent et nous chérissent, du fait d'être supprimé, sans que nous y soyons préparé, par quelqu'un qui n'a cure de la souffrance qu'il cause. Voilà ce qui crée une haine féroce de la guerre, en particulier parmi les populations civiles.

Dans les guerres modernes, la majorité des soldats, j'en suis convaincu, ne sont capables de nouer avec la mort qu'une relation négative. La mort représente un état et une condition si étrangers et irréels à leurs yeux qu'elle en est incompréhensible. Ils la rejettent avec aversion, sans en faire remonter la réalité au niveau de la conscience. Ainsi, au cours de l'été 1944, tandis que j'attendais que débutât, dans le sud de la France, le débarquement auquel je devais participer, j'écrivais :

Ce que je pense de cette nouvelle aventure qui se profile devant moi ? Aujourd'hui, j'y ai pensé pour la première fois. Elle sera dangereuse, c'est certain. Elle sera difficile aussi. Mais je suis incapable d'anticiper les événements. Je me contente d'attendre – et de rêver à la fin de la guerre. Plus qu'à mon habitude, je rêve éveillé.

En temps de paix, les jeunes gens ont tendance à chasser de leur esprit le fait de la mort, comme s'il s'agissait d'une chose qui n'arrive qu'aux autres. Il est rare qu'ils prennent au sérieux la certitude qu'eux aussi auront à l'affronter. Mais, à la guerre, les soldats ne peuvent ignorer la mort ; elle est bien trop présente pour cela. Toutefois, imaginer ce que c'est que d'être mort est infiniment difficile. L'imagination et l'intellect doivent être mis à contribution si nous voulons franchir le fossé qui sépare la vie de la mort, et il est compréhensible que bien des soldats préfèrent éviter d'exercer l'une ou l'autre. Il faut dire que les morts sur le champ de bataille sont bien passifs, et que la vie, à tout le moins pour notre jeunesse occidentale, est totalement liée à l'activité et à l'action. Les soldats tombent et meurent en adoptant généralement des postures si tordues et contre nature que même leurs camarades ont peine à croire qu'ils étaient vivants l'instant d'avant. Ceci fait partie du mystère de la mort : ceux qui pénètrent dans son domaine sont vite exclus du nombre des vivants. Au combat, où les exigences de l'action sont pressantes, ce processus est encore accéléré.

Ce matin, on nous a informés que notre groupe avait été choisi pour entrer dans Rome [...]. On voyait partout le spectacle d'une armée qui en poursuivait une autre, des chars et toutes sortes de véhicules détruits, des maisons brûlées, le tout exécuté à la hâte. Voir des soldats morts ne me troubla pas autant que je l'aurais cru. Ils paraissaient presque faire partie du naufrage général, et on avait peine à croire qu'ils avaient pu être un jour vivants, encore moins quelques heures auparavant.

Quand ils affrontent un danger mortel, bien des soldats se trouvent plongés dans un état d'hébétude qui leur fait perdre toute acuité de conscience. Dans cet état, ils peuvent être saisis par le feu de l'extase collective et oublier la mort en se dépouillant de leur individualité, ou bien ils peuvent se comporter comme des cellules au sein d'un organisme militaire, exécutant ce qu'on attend d'eux parce que c'est devenu pour eux un automatisme. Il est étonnant de voir à quel point la pratique de la guerre peut encore être portée par des hommes qui agissent comme des automates, se comportant de façon presque aussi mécanique que les machines qu'ils manipulent.

La plupart d'entre nous se souviennent en frémissant d'avoir vu, avant la Seconde Guerre mondiale, d'innombrables images montrant les troupes de Hitler avançant à grands pas dans un pays conquis après l'autre. Ce qu'il y avait d'effrayant, ce n'était pas seulement qu'on y vît le défilé de soldats aux uniformes et aux équipements identiques, mais aussi que l'expression figée qu'on pouvait lire sur leur visage paraissait comme vide et sans objet. On eût dit que toute humanité avait été gommée de ces visages ; nous étions confrontés à des robots mortellement efficaces qu'une volonté puissante et inhumaine contrôlait. Mais il en va souvent ainsi dans le combat lui-même. La mort s'abat sur des milliers d'individus à peine conscients de ce qui leur arrive, elle les arrache à la vie sans même qu'ils aient idée de cet instant ou de sa signification.

Deux choses favorisent l'apparition de cet état d'abrutissement si fréquent au combat : l'entraînement et l'épuisement. La routine de la vie militaire, sa monotonie, les exercices et l'uniformité des réactions attendues sont à l'œuvre pour amortir et émousser tout degré de conscience individuelle. Même le civil enrôlé, qui se sent étranger aux pratiques militaires et qui les trouve bizarres, pourra vite apprendre à s'en tenir aux quelques règles simples qui y prévalent, à être un rouage convenable dans la vaste machine, à suspendre les pensées qui pourraient le rendre inapte à la poursuite de la mission qu'on lui a assignée. Il apprend à attendre les ordres de ses supérieurs et à les transmettre aux hommes qu'il commande. Penser tend à devenir non seulement pénible, mais de moins en moins nécessaire.

À vrai dire, le combat offre souvent de la nouveauté au soldat et exige de lui de l'initiative, bien qu'il n'y soit pas préparé. Mais cela aussi le distrait de la pensée de la mort. Il est bien trop occupé à essayer de conformer telle situation nouvelle aux schémas éculés au sein desquels il s'est exercé pendant de nombreux mois ou de nombreuses années. Qu'attend de lui son supérieur dans cette situation sans précédent ? Doit-il avancer, rester là où il est, battre en retraite ? Son esprit est à ce point accaparé par le mécanisme de l'action qu'aucune considération plus générale n'y entre jamais, et sa conscience de soi s'affaiblit au point de disparaître. Ceci est vrai aussi bien du général que du simple soldat, et peut-être même plus vrai du premier, lui pour qui la bataille doit se conformer à l'un des schémas qu'il a appris lors de son long apprentissage de la stratégie et de la tactique. Un psychologue affirmerait probablement que cette absorption dans la routine et le détail constitue pour l'esprit un moyen d'échapper à sa peur de l'extinction. Si cela est vrai, cette fuite est généralement efficace.

Le second obstacle à la prise de conscience de l'imminence de la mort est l'épuisement physique qui précède ordinairement l'engagement dans la bataille. Perte de sommeil, longues marches, repas froids et tension nerveuse suscitée par la destruction communément à l'œuvre dans les zones de front concourent à l'épuisement du combattant. Cet épuisement peut franchir des limites que la plupart d'entre nous ne connaîtrons jamais à d'autres périodes de l'existence. Il peut à lui seul abrutir les sens au point que les soldats agissent en somnambules. Si cet épuisement perdure, il peut pousser les hommes à accueillir la mort comme un repos et un changement les délivrant de ce qu'ils faisaient. J'ai décrit dans mon journal les sentiments qui étaient les miens après des mois durs et amers :

Les jours se suivent et mon esprit est de plus en plus maussade et las de la guerre. La route est longue, et parfois je m'interroge sur ce qu'il peut bien y avoir de sage dans tout ça, dans le fait de continuer à vivre. Mais il y a peut-être une vraie finalité à tout ça, qu'on ne pourra discerner qu'à la fin du voyage. J'ignore pourquoi, je sens que c'est vrai.

C'est là un aspect de la réponse si peu romantique à la question de savoir comment des jeunes gens peuvent affronter, à la guerre, une mort quasi certaine. Elle survient comme un soulagement qui les délivre de ce qu'ils font. La mort semble être un repos ; c'est le silence, le sommeil, et même les esprits les plus hébétés peuvent apprécier ce que cela signifie.

J'ai vu des soldats épuisés dormir alors qu'ils étaient en grand danger de mort. On pourrait dire que ces soldats gagnaient quelque rapport positif à la mort en y voyant un sommeil et un repos. Mais, dans la plupart des cas, je pense que ce serait aller trop loin. Les hommes que l'épuisement submerge ne lient pas réellement la mort au repos ou au sommeil ; ils sont seulement envahis par le sentiment que le changement est nécessaire et que la mort est un changement. Leur aversion pour cet état incompréhensible qu'est la mort n'a pas été modifiée, et quelques heures de repos suffisent à le mettre en évidence. Elle a seulement été supplantée par un besoin physique des plus impérieux.

Pourtant, ces explications ne rendent pas totalement compte du pourcentage important de soldats qui meurent à la guerre sans être capables de regarder la mort en face ou d'établir avec elle autre chose qu'un rapport d'aversion ou d'épouvante. L'hébétude de la conscience doit avoir d'autres causes encore. Elle est en partie due aussi, je le crois, à la crainte de la douleur et des mutilations que les balles et les éclats d'obus peuvent causer. La douleur est une chose très réelle dans les souvenirs de chacun, alors que la mort ne l'est pas, et la plupart des combattants ont vu tant de blessures béantes et entendu tant de gémissements d'agonie des blessés qu'ils sont incapables d'endurer consciemment la pensée que ces mêmes choses pourraient aussi leur arriver. Quoique la peur de la mort puisse constituer le fond de nos processus de conscience dans ces moments-là, c'est la crainte d'être douloureusement blessé qui, surtout, se trouve au premier plan. Cette peur émousse la conscience de soi aussi efficacement que la fatigue et la routine, mais avec un effet plus durable. La peur peut tourmenter l'esprit du soldat au point de le rendre inapte au combat. Généralement, elle s'impose juste assez pour empêcher la raison – et avec elle le détachement propre à la conscience de soi – de gouverner.

Mais surtout, cette stupeur de la conscience procède sans aucun doute de l'environnement total de la guerre. Dans une certaine mesure, il affecte tout le monde la plupart du temps. Pour ma part du moins, après plusieurs mois passés en zone de combat, j'avais vraiment du mal à croire à toute autre réalité que celle de la guerre ou à lui opposer tout autre état.

Parfois, je suis submergé par le désir de partir seul et d'aller vivre dans un ermitage. Je ne peux affronter l'idée de revenir hanter, après la guerre, les lieux que je fréquentais autrefois. Je n'aurai pas envie de parler de mes années de guerre, et je ne peux plus être tel que j'étais autrefois. Que me reste-t-il ?

On ne veut pas mourir et on ne peut pas vivre comme on voudrait.

Le passé était devenu si lointain et irréel qu'on avait peine à imaginer une autre façon de vivre. En temps de guerre, c'est avec une intensité aiguë et une clarté inoubliable que peuvent survenir la prise de conscience de soi-même et nous apparaître les conditions objectives de notre vie. Mais un environnement de violence et de haine empêchera généralement toute révélation de ce que nous sommes, en rendant doublement difficile toute avancée vers une prise de conscience de nous-mêmes.

Si la majorité des soldats n'arrivent à établir aucun rapport positif à la mort, il en est tout de même qui y parviennent, et les rapports qu'ils établissent alors sont de multiples sortes, allant du rapport le plus abstrait et conventionnel au plus concret et personnel. Il existe un type de soldat qui considère la mort comme quelque chose de très réel pour les autres, mais qui n'a aucun pouvoir sur lui-même. Ces soldats se complaisent dans la croyance qu'ils seraient mystérieusement imperméables à la mitraille et aux explosions d'obus. Le petit bout de terre sur lequel ils se tiennent est rendu sûr du fait même qu'ils s'y tiennent. Si la mort est une force impersonnelle qui peut dépouiller les autres hommes de leur mobilité et de leurs pouvoirs, elle n'a pour eux absolument aucune consistance ou substance. Certains soldats se débrouillent même pour traverser toute la guerre en conservant intacte cette croyance. Elle est d'ailleurs responsable de bien des actes inconsidérés au combat, que l'on qualifie à tort de courageux. Comme ces soldats sont libérés de toute anxiété, il arrive fréquemment qu'ils soient en mesure de discerner les aspects ridicules et amusants de la vie au combat, et ainsi d'offrir à leurs camarades d'inestimables marques de réconfort et d'humour.

Elle est heureuse, l'unité qui compte dans ses rangs un ou plusieurs de ces soldats ; mais la plupart des unités en sont pourvues, à ce qu'il semble. Ces hommes sont un phénomène perpétuel de la guerre, un sujet d'étonnement et d'admiration qui revient à chaque fois, comme si on n'en avait jamais connu de semblables. Parfois, des contes militaires se forment autour de leur figure et prennent rapidement des proportions mythologiques. Si de tels soldats en viennent à commander des hommes, comme cela arrive fréquemment, ils ont la capacité d'inspirer à leurs troupes des actes de témérité et de sacrifice.

Chez la plupart de ces soldats, la source de leur rapport à la mort – en tant que réalité concernant les autres seulement – n'est pas trop difficile à découvrir. Ils ont simplement préservé leur illusion d'enfant, l'illusion qu'ils sont le centre du monde et qu'ils sont donc immortels. Leur ego est incroyablement naïf et leur confiance en eux-mêmes paraîtra absurde à quiconque les observera froidement. La vie civile compte beaucoup de ces égoïstes naïfs, j'en suis convaincu, mais la présence du danger et les aléas arbitraires de la guerre affaiblissent l'illusion d'indestructibilité que nourrissent bien des adolescents attardés. Pour d'autres, il faut des commotions plus puissantes. En attendant qu'un événement grave les touche de près, ils conservent leur invraisemblable foi. L'air de consternation et d'indignation qu'on peut lire sur le visage d'un de ces soldats lorsqu'un tel événement survient est inoubliable. Il a suffi d'un seul et cruel coup du sort pour qu'il perde à jamais la foi qu'il avait en son immortalité. L'ajustement psychologique à ce nouveau monde qu'il lui faut désormais habiter est à coup sûr plus difficile à opérer que le rétablissement physique auquel il doit tendre après avoir été blessé. La majorité d'entre nous apprend jeune, en famille et progressivement, à accepter cette triste vérité que la Terre ne tourne pas autour de notre personne. Mais même alors, cette découverte n'est ni facile, ni simple. Au front, ou dans un hôpital de campagne, cette vérité constitue une désillusion des plus extrêmes. Le soldat qui la subit en ces lieux ne sera plus jamais le même. Parfois, il devient cynique, tant l'humour et la légèreté de cœur qui le caractérisaient autrefois ont été abîmés par une perte de confiance dans le monde qu'il habite. Il peut aussi devenir lâche, nourrir désormais une peur bleue de tout danger et n'être plus utile à son unité militaire.

Lorsque la croyance en sa propre indestructibilité est due à un défaut d'imagination, d'autres expériences que le fait d'être blessé peuvent suffire à éveiller le soldat à sa propre situation. Ce peut être la mort d'une connaissance dans ses bras qui lui permettra de se figurer pour la première fois le passage de la vie à la mort, ou bien ce peut être le spectacle rare de la mort prenant l'apparence de la vie. Parfois, sur le champ de bataille, des animaux illustrent cette dernière possibilité de la façon la plus mémorable qui soit.

Les soldats américains qui gagnèrent Rome en remontant la route n° 6, le 4 ou le 5 avril 1944, n'auront sans doute pas oublié les magnifiques chevaux abattus, apparemment par nos aviateurs, alors qu'ils fuyaient follement vers le nord. À court d'essence pour alimenter leurs véhicules, les Allemands qui battaient ainsi en retraite les avaient sans doute réquisitionnés chez un riche amateur de ces créatures. Elles étaient mortes attelées, la tête tendue vers le haut et les yeux ouverts et dilatés par la terreur. Leurs pattes étaient repliées sous elles, comme paralysées, et elles gisaient sur le ventre en ayant l'air de vouloir continuer à fuir tout en étant privées de moyen de locomotion. Il y en avait beaucoup, disposées en colonne, et les blessures par balles qu'on leur avait infligées étaient à peine visibles. Même les soldats morts qui gisaient tout autour, Allemands et Américains, dans les postures disloquées habituelles, ne suffisaient pas à nous faire croire que ces chevaux avaient été vivants quelques heures auparavant. Mais presque personne ne pouvait les regarder sans tressaillir. Il fallait peu d'imagination pour voir à quoi ressemblait la mort, tant les yeux de ces pur-sang en abritaient l'image avec une netteté douloureuse. De telles scènes, qui se répètent sur différents champs de bataille et à chaque guerre, suffisent à graver dans l'esprit de certains soldats cette vérité ineffaçable que la mort n'a pas de favoris. J'ai moi-même appris cette vérité.

Ce matin, nous sommes allés à Laiatico, ville que l'artillerie allemande avait mise en pièces au cours des deux derniers jours et qui présentait un aspect aussi sinistre que toutes celles que nous avons vues jusqu'ici. Un énorme cheval mort gisait à l'intérieur d'une maison en ruines, et l'odeur de la mort était partout. Au début, on ne voyait aucun civil, mais nous les avons trouvés plus tard, massés dans des abris, blessés pour beaucoup d'entre eux, tous en détresse et apeurés parce qu'un obus tombait encore de temps en temps sur la ville […]. À bien des égards, cette ville n'était pas différente des autres, mais elle m'a laissé une impression plus sinistre encore. Elle m'a permis de prendre conscience à nouveau de ce qu'est la guerre […]. Les citoyens étaient amers. Pendant que la population se massait dans des abris anti-aériens, des civils, mais aussi des soldats, se sont livrés à pas mal de pillage et de vols. Quelle brute que l'homme ! Il prospère sur la misère de ses semblables.

Nous sommes à Laiatico […]. L'odeur de la mort est partout. Cinq civils ont été tués et pendant une semaine leurs dépouilles sont restées dans l'église dévastée par les bombes, jusqu'à ce que l'odeur devienne insupportable. Hier, j'ai marché jusqu'à la lisière du village, et je suis tombé sur un soldat américain de notre division qui gisait mort dans un champ de pommes de terre. Il n'était pas mort depuis longtemps. Je ne lui ai pas vu de blessure par balle, mais il était tombé en arrière, la tête en bas, et du sang avait coulé sur son visage et rempli sa bouche et sa gorge [...]. En regardant de plus près, je constatai qu'il était très jeune, un gars de Louisiane comme le révélait sa plaque d'identité. J'ai oublié son nom. Les mouches étaient déjà là et se régalaient du sang qui s'était accumulé dans sa bouche ouverte [...]. Un peu plus loin, il y avait les carcasses de quatre énormes bœufs, tués par des obus. Eux aussi étaient horribles à voir, avec leurs énormes corps raidis et leurs pattes en l'air. Une ferme se trouvait à proximité, criblée de balles et d'éclats d'obus. Ses occupants avaient fui. À l'intérieur de la maison, une porte battait au vent. Des poulets et quelques lapins blancs traînaient dans la cour, un bœuf vivant se tenait à proximité, stoïque et indifférent...

Mais, pour quelques hommes rares, l'illusion d'indestructibilité provient de causes plus profondes qu'une imagination déficiente ou une adolescence prolongée. Elle est le résultat d'une volonté de puissance indomptable, qui refuse d'accepter la mortalité ordinaire. De tels hommes sont habités par une foi fanatique en leur destinée, qui n'est d'ailleurs que renforcée lorsqu'ils se sauvent de justesse ou quand la mort leur apparaît sous ses multiples formes. Ce sont souvent des meneurs d'hommes, leur réputation leur vient de ce qu'ils sont des combattants qui ignorent la peur et dont les nerfs d'acier et la volonté de victoire surpassent de beaucoup ceux des autres hommes. Nous connaissons ces individus d'exception grâce à l'histoire militaire, et peut-être sommes-nous nombreux à avoir vu évoluer dans nos propres rangs leurs semblables, même de moindre envergure. Il n'y a que la mort qui puisse les dépouiller de leur illusion, et c'est un des mystères du combat qu'ils y soient si rarement tués. En général, ils sont vaniteux et vides, et ils méprisent tous ceux qui ne sont pas comme eux. Le combat semble être leur élément, et les hommes n'hésitent pas à leur rendre hommage dès lors qu'eux-mêmes évoluent dans cet élément. Cependant, ce n'est pas de courage qu'ils font preuve, ni d'une volonté humaine triomphant du destin. Si leur vitalité et leur volonté sont en soi admirables, il n'y a pas grand-chose de spécifiquement humain dans leur mentalité. C'est à peine s'ils reconnaissent les autres hommes pour tels, capables qu'ils sont de les piétiner sans aucun scrupule, qu'ils soient vivants ou morts. Au fond de leur cœur, ces égoïstes suprêmes méprisent aussi bien leurs amis que leurs ennemis. Si la nature engendrait beaucoup de ces individus, le monde serait encore plus dévasté au sortir de la guerre qu'il ne l'est d'habitude.

Pour ceux qui n'ont jamais partagé cette illusion que la mort est une chose qui n'arrive qu'aux autres, c'est probablement une folie que d'essayer d'expliciter le rapport à la mort que ce type de soldat entretient. Au moins *est-ce* un rapport, ce qu'on ne peut guère dire au sujet de ceux qui appartiennent au type beaucoup plus courant évoqué précédemment. Pour un tel soldat, la mort est regardée comme une puissance extérieure qui asservit les autres à son règne et les rend craintifs. L'égoïste naïf n'aspire donc aucunement à abolir cette puissance. Comme il est sans crainte devant elle, il y gagne ce qui le distingue des autres. Il peut la maîtriser et en user, mais il n'aspire aucunement à en pénétrer les mystères. Peut-être se demande-t-il parfois pourquoi les autres semblent en savoir plus long sur la mort que lui-même, quoiqu'il soit normalement dépourvu de toute curiosité. Sa vitalité et son égoïsme, qu'il considère aussi comme allant de soi, évoluent dans une sphère totalement séparée de la mort. Il ne peut y avoir aucune intimité entre ces sphères ; au mieux la reconnaissance empirique que la mort est bien réelle, vu qu'elle a englouti quelques-uns des « autres ». L'esprit d'un tel soldat est suffisamment lucide quand il pense à la mort, et ses yeux ne lui sortent pas de la tête lorsqu'ils se posent sur des corps morts, mais ça ne va pas très loin. Sans communication entre elles, la vie et la mort demeurent des puissances subsistant côte à côte, insondables et dépourvues de mystère.

Un rapport à la mort qui soit à l'opposé de celui-là, même s'il est méprisé, est peut-être plus courant chez les soldats engagés dans les guerres modernes, et, de façon générale, plus compréhensible aux yeux des Américains. Ici, la mort est un ennemi intime et répugnant, qui ne nous laisse d'autre choix que de fuir d'épouvante lorsqu'elle nous menace de sa présence. Il existe dans presque chaque unité des soldats qui peuvent endurer sans broncher toutes les rigueurs et les humiliations de la vie militaire, et qui pourtant seront incapables de faire face avec calme au moindre danger menaçant leur personne. Ces soldats ont le sentiment que chaque balle tirée les vise personnellement, et que chaque obus tend à tomber juste à l'endroit qu'ils se sont choisi comme abri temporaire. La mort insatiable rôde partout, prête à bondir sur eux, et chacune des victimes qu'elle fait les persuade qu'ils seront la prochaine. Ces soldats sont bien vite repérés au combat, et leurs camarades en font la cible de leurs moqueries et de leur mépris. L'épithète « lâche » a une connotation particulièrement péjorative en temps de guerre, car bien sûr la guerre glorifie le courage plus que toute autre vertu. Dès lors, les hommes qui sont incapables d'envisager la possibilité de la mort sans épouvante sont à ce point estampillés qu'il leur faut endurer, au moins le temps de leur service militaire, des insultes et des brimades de toutes sortes. Peu de gens se demandent pourquoi le lâche craint si excessivement la mort ou essayent de comprendre les mobiles complexes qui sous-tendent son rapport au monde ou à la mort. En m'interrogeant sur ce rapport à la mort qui, chez le soldat lâche, se caractérise par une terreur irraisonnée, je voudrais souligner que le terme « lâche » est à prendre de façon plus restrictive qu'à l'ordinaire.

Il faut distinguer le lâche inné de celui qui, confronté à la mort, ne se montre tel qu'occasionnellement. En chacun de nous, ou presque, rôde un lâche. La littérature de guerre regorge d'exemples de troupes d'élite prises de panique, ou de soldats, pourtant parmi les plus braves, qui à un moment de leur carrière sont amenés à fuir d'épouvante. En ce sens, la lâcheté est, tout comme la témérité, un phénomène de groupe et très contagieux. Lorsque l'individu est ainsi pris de court, il devient la victime de la volonté des masses, qui le submerge et l'entraîne. Ceux qui étudient la psychologie des masses pensent qu'ils savent où et dans quelles conditions l'individu est susceptible de répondre à ces émotions collectives. Mais les chefs militaires ne peuvent jamais être sûrs de la manière dont leurs unités vont réagir à l'effet de surprise ou au combat corps à corps. En revanche, le lâche inné ne pourra guère surprendre : il ne peut tout simplement pas endurer le combat quand le danger qu'il court personnellement devient trop aigu.

En temps de paix, cette peur excessive de la mort peut passer inaperçue, même aux yeux du lâche lui-même ; et au sortir de la guerre, il est tout à fait capable de la dissimuler ou de l'oublier pour le restant de ses jours. La lâcheté, comme le courage, est une qualité complexe, et la peur excessive de la mort ne déteindra pas nécessairement sur tous les autres rapports que le lâche entretient avec l'existence. En fait, le lâche peut même être un bon citoyen, un mari et un père très estimé, un légionnaire couronné de succès. À bien des égards, il sera probablement un compagnon plus agréable en temps de paix que celui qui se croit indestructible.

De même que le courage moral se distingue du courage physique, un homme pouvant posséder l'un sans posséder l'autre, de même la lâcheté physique se distingue de la lâcheté morale. La vie civile donne rarement aux hommes l'occasion de mettre à l'épreuve leur capacité à affronter la mort. Il y a certainement des milliers d'individus qui ignorent complètement s'ils sont des lâches au sens militaire. C'est seulement sur leur lit de mort que leur force d'âme ou son absence leur sera révélée, et même alors elle peut être dissimulée, car nous avons parfaitement appris à contourner le problème grâce à l'art et à la science du médecin.

Toutefois, au combat, le lâche meurt de mille morts, comme le dit le proverbe, et chacune d'entre elles lui inflige une douleur mentale incommensurable. En réalité, bien sûr, sa mort physique est plus probable que celle du soldat courageux, puisqu'il ne peut rester en place. En effet, il souffre continuellement de l'illusion qu'un autre bout de terre que celui qu'il occupe l'abritera plus sûrement. Même son sommeil est perturbé, puisqu'il suit dans son inconscient le bruit de départ et d'arrivée des obus. Le moindre changement de direction ou de portée des tirs suffit à le réveiller et le pousse à chercher ailleurs un abri plus sûr. La plupart des vétérans ont leurs propres souvenirs de ce genre de soldats, mais aucun ne pouvait être plus typique qu'un de mes compagnons pendant les campagnes d'Italie et de France. Ce beau jeune homme, d'ascendance irlandaise, commença d'abord par déclencher notre hilarité, car il était si attaché à son casque qu'il le portait même pour dormir et malgré l'inconfort évident que cela devait lui causer. Lorsque des obus adverses explosaient dans un rayon de quelques kilomètres autour de notre position, il tirait une table pour la placer au-dessus de son sac de couchage, ou plus souvent encore, il se levait et se mettait à proférer d'épouvantables jurons, puis descendait dans la cave du bâtiment que nous occupions, si humide fût-elle, et s'y terrait pour le restant de la nuit. Son triste destin l'avait fait débarquer dans le sud de la France au jour J, et notre impatience était mêlée de pitié à l'idée de tout ce que Tom devait endurer par anticipation. Heureusement, on ne tira pas sur sa péniche de débarquement, et lorsque notre unité se fut regroupée dans un chalet à quelques centaines de mètres du rivage, Tom était pâle mais raisonnablement calme. Cependant, juste à ce moment-là, un avion allemand survint et largua une bombe qui tomba, avec une explosion terrible, sur une autre péniche qui approchait du rivage. Les dégâts furent importants, car l'embarcation transportait, en plus de soldats, beaucoup de munitions qui explosèrent en plusieurs fois jusqu'à ce que le bateau coule bien des heures après. Nous avions beau nous trouver à bonne distance, Tom perdit immédiatement la voix. Pendant deux ou trois jours, il fut incapable de parler autrement qu'avec un chuchotement rauque. Malgré toute l'horreur que nous inspirait ce carnage sur la plage, nous ne pouvions nous empêcher de rire de notre camarade, et lui-même ne put faire autrement que de bavarder le restant de la soirée avec sa voix rauque à peine perceptible. Comme le chalet ne lui paraissait pas assez sûr pour dormir, il emporta son sac de couchage dans un ravin, où il fut à moitié dévoré par des fourmis rouges. Inutile de dire qu'elles ne suffirent pas à le faire revenir parmi nous pour jouir du luxe d'un lit confortable avec le reste de notre unité.

Qu'y avait-il chez cet homme ou que lui manquait-il qui le distinguât si nettement du soldat qui, à côté de lui, pouvait demeurer raisonnablement calme face à un danger qui le menaçait dans sa vie ? Je pense que la seule réponse possible est qu'il lui manquait par-dessus tout le sens de l'union avec ses compagnons. Le lâche peut avoir des camarades, mais ils ne sont pas en mesure de le soutenir émotionnellement. Dans le rapport qu'il entretient avec eux, il n'y a ni profondeur ni sens de la communauté. Ils font seulement partie du mobilier extérieur de son existence. Il est incapable de comprendre ceux que la témérité ou la joie du sacrifice poussent à bazarder leur vie. En fait, il lui est impossible de comprendre comment d'autres valeurs peuvent égaler ou surpasser celle de sa propre vie. À tout ce qu'on pourrait lui opposer concernant le devoir, l'honneur ou le respect des amis, il répondrait sûrement : « Quelle importance peuvent avoir ces choses si je ne suis plus vivant pour le savoir ? » On ne peut répondre à cette question car, pour le lâche, ce n'est pas une question mais une certitude dogmatique. La sagesse de Salomon, qui dit qu'il « vaut mieux être un chien vivant qu'un lion mort », s'accorde parfaitement à la conviction qui est la sienne.

Si le lâche n'a pas le sens de l'effort commun et du destin commun, il n'y gagne malheureusement ni une forte personnalité ni la pleine conscience de soi. C'est un fait assez souvent remarqué que les gens dont la capacité d'amour est déficiente se cramponnent à la vie avec la plus grande ténacité. La peur de la mort qu'éprouve le lâche provient en grande partie de son incapacité à aimer avec passion autre chose que son propre corps. Il est égotiste parce qu'il ne possède pas assez d'assurance pour être égoïste. Le fait qu'il ne soit pas capable de participer à la vie d'autrui l'empêche de cultiver les richesses intérieures qui pourraient suffire à surmonter sa terreur de la mort. Au combat, il fait vraiment piètre figure, car la peur et le danger le confinent à chaque fois davantage dans les limites de sa propre peau et font progressivement de lui un corps écervelé.

Le rapport de ce soldat à la mort est tout à fait authentique, et il n'est en rien négatif. Devant la réalité monstrueuse et terrifiante, le lâche sent toute la fragilité et le caractère exposé de son existence, et il pressent que la lutte est inégale. Même pour assurer sa survie momentanée, il lui faut déployer de minutieux stratagèmes et renoncer ici et là à sa dignité. La mort est pour lui un ennemi personnel, un ennemi implacable, absolu et omniprésent. Mais la vie intérieure et l'amour intérieur du lâche se caractérisent par une pauvreté qui le rend inapte à affronter son adversaire. Je pense qu'il nous faut dire que sa peur ne peut être séparée de la reconnaissance vague qu'en fait il appartient à cet adversaire. Car, malgré lui, la mort n'est pas éloignée de son moi intime et de toutes ses pulsions. N'ayant pas noué de liens avec ses compagnons, le lâche n'a pas une prise suffisante sur la vie et il n'a la charge ni de lui-même ni de son destin. L'homme brave peut avoir peur de la mort comme d'un adversaire possédant toutes les qualités opposées aux siennes. La discipline qu'il oppose à un tel ennemi est gouvernée par la reconnaissance que la mort est implacable et qu'elle finira par triompher extérieurement. Mais pour le lâche, la mort est intérieure. Car il est en fait apparenté à cet ennemi si épouvantable, et plus il lutte pour lui échapper, plus grande est sa captivité. Lorsque le corps du lâche se rend finalement à la mort, il n'y a rien d'instructif dans ce spectacle, rien de solennel. Peu de spectacles sont plus profondément déplaisants que celui-là.

Si la majorité des soldats américains trouve impossible d'accéder à un rapport à la mort qui ne soit pas de rejet ou de négation, nous ne devrions pas nous hâter d'en conclure qu'une relation positive et résignée est la preuve d'une mentalité non naturelle ou déviante. Il existe des soldats, dans le monde anglo-saxon – et peut-être bien plus dans les contrées slaves et germaniques, pour ne rien dire de l'Orient –, pour qui la mort est un accomplissement. Si nous n'essayons pas de comprendre ce qui motive ce genre de soldats, nous ne pourrons prétendre saisir la pleine nature de l'*homo furens*.

Néanmoins, là encore, il est impossible de s'occuper du genre en en négligeant les nombreuses espèces. Les soldats qui cherchent un accomplissement dans la mort ne cherchent pas tous le même type d'accomplissement, et leurs motivations sont souvent très variées. Pour certains, la mort est un *moyen* de s'accomplir. Il en va ainsi, par exemple, du soldat qui sacrifie délibérément sa vie par amour pour son pays, un glorieux dirigeant ou un idéal comme le fascisme ou le communisme. Un tel soldat peut aller au-devant de la mort jusque dans l'oubli de soi ; il la considère alors comme un simple incident comparé à cette réalité qui le remplit dans son être. Il se sert de la mort comme d'un moyen pour prouver son amour et son dévouement à une chose qui le dépasse. Ce n'est pas en elle-même que la mort est bienvenue, mais comme signe d'une fidélité absolue. Certains chefs peuvent susciter chez leurs hommes une ardeur sans mesure à mourir pour eux. Le simple soldat qui obéit à une telle pulsion du sacrifice de soi sent d'une façon irrationnelle que son chef sera extrêmement content de lui s'il agit ainsi. Son acte de dévouement désintéressé apaisera toute colère que le chef pourrait nourrir si le cours des événements lui était contraire. Un tel soldat va à la mort les yeux fixés ailleurs, pourrait-on dire. Il n'a pas beaucoup, ou pas du tout, songé à ce que c'est que d'être mort ou à ce que mourir signifie ; la raison en est qu'il est submergé par son enthousiasme pour quelque idéal vivant ou quelque individu, un enthousiasme qui suffit à le faire renoncer à sa propre vie indépendante, réputée à ses yeux de moindre valeur.

D'un autre côté, pour le soldat profondément religieux, la mort peut représenter un accomplissement en un sens très différent de celui du sacrifice de soi. S'il se trouve être un adepte de l'une de ces religions qui enseignent la vie éternelle, alors la mort physique sera pour lui un portail au-delà duquel la vie est plus vaste et infiniment plus heureuse. Quoique le nombre de ces soldats ait fortement diminué au cours de notre siècle, nous ne devrions pas oublier que des milliers d'entre eux continuent de prendre part à toutes les grandes guerres. En fait, j'ai même été étonné de constater, parmi les lettres d'adieu écrites par ceux que leur attentat raté contre Hitler en 1944 avait condamnés, qu'un si grand nombre était imprégné par la foi en une vie future. Parfois, ce n'est qu'une foi minimale, un vague espoir, mais on ne peut vraiment douter que de nombreux soldats y soient quand même attachés. La véritable conscience d'un autre monde, tant méprisée à notre époque, qui y voit une fuite, est de moins en moins comprise par des gens qui accordent peu de temps à la réflexion. L'accusation qu'ils portent habituellement contre l'espoir d'une vie après la mort, coupable à leurs yeux d'être un égoïsme et une vanité camouflés, ne s'applique qu'à ceux qui tentent de se servir de la foi religieuse plutôt que de la servir.

Pour le soldat qui n'est pas un converti des tranchées, la mort est autre chose qu'une barrière placée entre lui et la vie sans souffrance de l'au-delà. Au contraire, le rapport véritable à l'autre monde considère la mort comme un ennemi seulement aussi longtemps que l'individu n'a pas encore découvert le sens qu'il doit donner à sa vie, car atteindre le but ne revient pas simplement à franchir les ténèbres d'un seuil. La mort est bien plutôt une puissance qu'il faut vaincre sur terre. Pour le pèlerin, elle est sur le chemin de son existence le dernier grand obstacle et l'épreuve nécessaire. À la fin, bien sûr, l'homme de foi verra qu'elle n'est qu'un voile d'illusion, mais il lui faut d'abord vaincre le monde pour découvrir ce secret. La juste attitude sera pour lui de rencontrer la mort face à face et de gagner l'assurance que, plus il se rapprochera d'elle, plus son voyage sera paisible et même joyeux. Si quelqu'un venait à douter qu'il existe de tels individus capables d'affronter la mort avec sérénité et joie, qu'il lise les messages de vrais croyants condamnés à mort et attendant leur exécution. En général, leur seule préoccupation va à ceux qu'ils laissent derrière eux et qui ignorent la tranquillité et la paix qu'eux, les condamnés, ont gagnées.

Peut-être pourrais-je expliciter de manière plus concrète ce rapport à la mort axé sur l'au-delà. La mort est un accomplissement, non dans le sens d'un aboutissement, mais comme le triomphe final de l'esprit sur les forces qui voudraient l'empêcher d'accéder à la vie éternelle. À vrai dire, certaines conceptions de l'au-delà envisagent une continuation des épreuves après la mort, quand l'âme se trouve au purgatoire. Mais là, il n'y a plus pour l'âme de secours qu'extérieur, car elle ne saurait rien accomplir par elle-même. Au lieu d'être un obstacle entre moi et le vrai bonheur, la mort est le chemin qui y mène quand on a appris à le suivre. Chrétiens et non-chrétiens se retrouvent dans la défense d'une conception de l'au-delà qui enseigne que la vie est un processus de dépassement de la nature et des instincts. C'est une renaissance qui est requise, un changement de direction à ce point radical qu'on en vient à ne plus considérer la vie comme indépendante ou en soi évidente, mais plutôt comme un don que le donateur peut reprendre à tout moment et en toute circonstance. Ceux qui renaissent dans l'esprit, comme le dit le chrétien, considèrent la mort comme cette partie de la vie qui n'appartient pas à l'essence de chacun.

L'homme religieux meurt constamment à ces aspects du moi et du monde qui lui dissimulent la vraie vie éternelle. La mort physique n'est que la dernière étape d'une longue lutte pour vaincre le « monde ». C'est en ce sens que la pensée de l'au-delà voit dans la mort un accomplissement de la mission qui incombe à la vie en ce bas monde ; la mort est ce que le croyant n'a jamais cessé de surmonter. Lorsque la mort physique approche, elle est pleine de promesses et facile à accueillir. Pour certains, elle constitue l'ultime dépouillement du moi et de ses préoccupations insignifiantes, ce par quoi il est délivré de tout ce qui lui reste d'imperfections et de souillures.

Alors qu'il est engagé dans l'action aux côtés d'hommes violents, le soldat qui croit en l'au-delà peut-il préserver sa conviction, acquise en temps de paix, que la mort est l'ultime conquête ? Ou bien toute cette conception et toute cette mentalité ne sont-elles pas, comme beaucoup le disent, le propre d'esprits vieillis et usés ? La réponse est, je pense, que la pensée de l'au-delà peut prospérer aussi bien à la guerre qu'en temps de paix. S'il existe une différence, elle tient au fait que le combat mûrit rapidement les hommes, et peut-être particulièrement dans leur manière de considérer la vie et la mort. Quand on est au front dans un trou de combat, on a sans doute plus de temps pour penser et on vit une plus grande solitude que dans nos foyers sécurisés, et le temps y est mesuré par d'autres outils que l'horloge ou le calendrier. Pour des soldats qui se sont engagés dans l'armée munis d'une foi solide en l'au-delà, il n'est généralement pas trop difficile de continuer à regarder la mort de la même manière qu'auparavant, et il se peut même que toute la violence qui se déchaîne autour d'eux renforce, plutôt qu'elle n'affaiblisse, leurs convictions. Il en va autrement des soldats dont la foi religieuse est avant tout rattachée à ce monde-ci, c'est-à-dire à des préoccupations sociales et éthiques, car les ravages de la guerre emportent avec eux leur croyance.

Le soldat qui songe à l'au-delà peut chercher prudemment à se maintenir en vie aussi longtemps que le soldat concerné par ce monde-ci. À moins d'être fanatique, il s'efforce d'écouter ce que lui dicte sa conscience plutôt que d'agir de manière irréfléchie. Mais la différence qui les sépare se manifeste lorsque les chances de survivre lors d'un engagement sont minces et que la mort devient, comme c'est toujours le cas au combat, presque certaine. Alors il est rare que le soldat qui songe à l'au-delà recule devant son destin ; il n'est pas abattu et ne nourrit pas d'amers reproches à l'endroit de ses compagnons. Intérieurement, il peut exulter ou être simplement recueilli. Ce qui advient a été déterminé par des forces bien plus grandes et bien plus sages que celles dont il dispose, et il peut se contenter de répéter : « Que ta volonté soit faite », ou d'autres choses équivalentes. Ceux qui font périr de tels soldats sont abasourdis par leur « bravoure » au moment de mourir, et ils en sont parfois profondément ébranlés. Ce qu'ils voient leur paraît contre nature. Mais la fermeté d'une volonté capable de se fixer sur une vie par-delà la mort peut endurer la douleur de mourir, et même parfois dans un état d'exaltation.

Il existe un autre élément qui rend souvent la mort plus facile à accepter pour ce genre de soldats. Au moins pour le chrétien qui songe à l'au-delà, le combat est porteur d'une contradiction et d'un péril moral effrayant. En effet, il a à l'esprit les injonctions pacifistes de sa foi et n'a probablement pas pu faire siennes les distinctions faciles que les gouvernements établissent entre le fait de détruire des vies en temps de paix et le fait de les détruire en temps de guerre. Même s'il a pu décider dans son for intérieur que personne ne périrait de sa main, sa conscience le laisse rarement en paix. La maxime biblique qui dit que « tous ceux qui se serviront de l'épée périront par l'épée » l'a convaincu, peut-être, que ce n'est que justice qu'il perde sa jeune vie dans cette guerre impie.

Ceci est particulièrement vrai aussi du soldat dont la quête religieuse n'est pas guidée par la pensée de la vie après la mort, mais dont le sens demeure très moral. Pour lui qui participe à ce qu'il considère être le crime de la guerre, la mort peut représenter une façon particulièrement appropriée d'expier, bien qu'insuffisante. Même s'il ne peut accueillir la mort dans la joie, comme le fait celui qui s'attend à être transporté jusque dans l'éternel, il peut l'accueillir avec calme et dans la paix intérieure comme le chemin qui le mènera là où son esprit sera réconcilié avec lui-même.

Parfois, sur le champ de bataille, on est hanté par le visage d'un soldat mort portant l'empreinte de quelque sérénité surnaturelle. Je me souviens d'un beau et jeune soldat allemand qui, vers la fin de la Seconde Guerre mondiale, avait été pendu par les SS, peut-être parce qu'il avait voulu se rendre quelques heures avant eux. Son corps se balançait au vent sous un arbre au bord de la route que suivait ma jeep. Je m'arrêtai pour couper la corde qui le soutenait. Quand son corps tomba au sol, le visage face au ciel, mes yeux se fixèrent quelques minutes sur l'expression que dessinaient ses traits réguliers. J'ai rarement vu sur un visage humain, mort ou vif, un air de bonheur intérieur si grand. Il était difficile de comprendre comment il avait pu conserver une telle expression, puisque ce n'était guère par miséricorde que ses bourreaux lui avaient brisé le cou. Il n'avait pas d'autre blessure, et tout dans son uniforme et sa personne était impeccable.

Je ne pouvais m'empêcher de penser, malgré sa jeunesse et la fin prochaine des hostilités, qu'il avait été heureux de mourir exécuté par des hommes issus de son propre peuple. Si c'est une hypothèse qu'on ne peut confirmer s'agissant de ce cas particulier, nous disposons cependant de témoignages qui montrent que des soldats allemands échappèrent volontairement aux tourments que la guerre menée par Hitler infligeait à leur conscience en cherchant à périr de la main de ses tueurs à gages. Les plus perspicaces d'entre eux savaient fort bien que la mort n'efface pas la culpabilité, mais ils savaient aussi que la conscience et la foi religieuse ne pouvaient, dans les circonstances d'alors, exiger meilleure manière d'expier. Nous devrions nous garder de l'illusion que seuls nos ennemis comptaient dans leurs rangs des hommes qui cherchaient à expier de manière semblable, même si on en dénombre fort peu dans toutes les armées.

N'existe-t-il pas de rapport à la mort qui voie en elle autre chose qu'un ennemi abhorré à rejeter ou qu'un chemin d'acceptation menant à quelque accomplissement ou expiation ? N'est-il pas de rapport à elle qui, pour n'être pas ordinaire, soit mieux en mesure de représenter l'essence de l'homme au combat ? Je pense que oui, mais parvenir à le définir n'est pas chose aisée. En règle générale, ce rapport est plus concret et objectif, moins conventionnel et peut-être moins émotionnel que ceux que j'ai pris en considération jusqu'ici. Tout d'abord, je voudrais esquisser une caractérisation générale de ce rapport à la mort, puis j'en donnerai des exemples, dont on verra qu'ils sont des sous-espèces ou des variantes du type général.

Du fait de leur tempérament ou de leur expérience, certains soldats peuvent apprendre à regarder la mort comme un événement attendu parmi d'autres, et qu'ils prévoient d'accepter pour ce qu'il est le moment venu. En quelque sorte, ils ramènent la mort dans la vie et, comme ils essayent de l'intégrer à leur expérience, ils y gagnent parfois un rapport intime à elle. Parce qu'ils respectent la mort en tant que puissance et ne la craignent pas en tant que destin aveugle, ils sont en mesure d'estimer les risques qu'ils prennent à la guerre avec plus de sérénité que les autres soldats. Pour eux, la mort est un fait aussi évident que la naissance, et ils jugent l'homme qui refuse d'accepter la première tout aussi idiot que celui qui refuse d'accepter la seconde. Comme les considérations morales ou religieuses ne sont guère au premier rang des préoccupations de ces soldats, ils sont peu enclins à choisir la mort comme le moyen ou le terme de l'expiation ou de l'amélioration de soi. Toutefois, parmi ces hommes-là, les plus imaginatifs et les plus réfléchis regardent effectivement la mort comme cet absolu de l'existence humaine qui donne à la vie son caractère poignant et son intensité. Ils ne désirent pas vivre pour toujours, car ils pressentent que cela reviendrait à sacrifier la qualité pour gagner en quantité. Pour le dire en termes philosophiques, de tels soldats attestent que la finitude et les limitations humaines sont un fait moralement désirable. Tout comme la félicité propre à l'amour érotique est tributaire de sa nature éphémère, la vie est douce en raison des menaces de mort qui l'assaillent et qui finiront par l'engloutir. Les hommes de ce genre sont généralement amoureux de la vie et avides de vivre des expériences de toutes sortes.

À vrai dire, expérience est le mot qui caractérise le mieux cette sorte d'unité qui imprime sa marque à un groupe divers. Un rapport commun à la mort se forme, où elle n'est regardée ni comme une amie ni comme une ennemie, mais comme la possibilité de vivre une expérience suprême. Les moins réfléchis de ce groupe ne s'aviseraient certainement jamais d'expliciter ainsi ce rapport à la mort ; au contraire, ils méprisent tout ce verbiage. L'action est leur élément et ils sont de tout cœur engagés dans l'avenir, à mesure qu'il se dévoile chaque jour. Ils considèrent le monde comme une aventure et se voient eux-mêmes comme des êtres capables d'en prendre d'assaut tous les remparts. Ils ne sont pas assez naïfs pour se croire indestructibles, et ils ne désirent même pas l'être. Ce qu'ils désirent, c'est l'expérience, et plus l'expérience qu'ils vivront sera riche et intense, plus ils seront satisfaits. La guerre leur offre quelque chose que la paix ne peut leur offrir : la possibilité d'accumuler beaucoup d'expérience dans un espace de temps très court. Si la mort en est l'issue, ils sont généralement fatalistes d'instinct et capables de l'accepter avec plus de calme qu'ils ne sauraient accepter la perspective d'une période vide et ennuyeuse dans leur vie.

Le moins complexe d'entre eux est peut-être ce soldat superbe et téméraire que sa désinvolture à l'égard des rites solennels du protocole militaire dote d'un charme perpétuel. Tous les combattants ont connu un ou deux de ces soldats et nul doute qu'ils ne les aient à chaque fois bénis du fond du cœur. En général, un jeune insouciant de ce genre n'est guère préoccupé par la fin de sa vie, bien qu'il ait parfaitement conscience que l'existence est douce justement parce qu'elle est fragile et cernée par le danger. S'il s'avisait de songer à la mort, il serait certainement d'accord avec les sentiments exprimés par Feeble dans la seconde partie de l'*Henri IV* de Shakespeare.

> Sur ma foi, peu m'importe ; un homme ne peut mourir qu'une fois ; nous devons à Dieu une mort [...]. Advienne que pourra, celui qui meurt cette année est quitte pour la prochaine.

Pour le soldat qui songe à l'au-delà, ce genre d'homme est incompréhensible, et il ne peut se l'expliquer qu'en le jugeant comme un être qui n'est pas éveillé ; pour le lâche, c'est un idiot ; enfin, aux yeux du soldat qui ne peut affronter de danger mortel s'il ne se trouve dans un état d'hébétude, il est un objet d'admiration et d'étonnement. Peu d'entre eux ont conscience qu'on ne fait si peu de cas de la vie qu'en vertu d'une surabondance de vie. Car il est d'autres choses que ce type d'homme valorise davantage que la vie, par-dessus tout l'aventure et les expériences totales. S'il était prudent et soucieux de sa vie, sa joie de vivre disparaîtrait en grande partie, car à force de protéger la flamme on l'empêche de luire de tout son éclat. Lorsqu'un tel soldat forme une famille et que des responsabilités civiles lui échoient, il perd généralement un peu de sa gaieté et de sa témérité. Mais la mort ne sera jamais pour lui ce qu'elle est pour la plupart des autres soldats, car sans trop y réfléchir, il en a fait une partie de sa vie ; ainsi, il adoptera envers elle le même comportement qu'envers tout le reste. Son comportement est en lui-même une affirmation de la mort, mais sans le pathos de l'homme ou du soldat moyen. La guerre est un jeu pour lui, un jeu excitant et dangereux, puisqu'on peut y être éliminé ou exclu à tout moment. Mais cette perspective fait que la vie et la guerre valent bien les efforts qu'on produit pour elles.

Il est tentant et aisé de faire passer un tel soldat pour plus complexe qu'il n'est en réalité. Une bonne partie de ce que j'ai déjà explicité à son propos demeure chez lui simplement implicite et à l'état de pulsion. Il ne sait pas de façon consciente pourquoi il mène sa vie avec insouciance et le cœur léger, ni pourquoi il accorde tant de valeur aux expériences nouvelles. C'est sans raison qu'il est ce qu'il est, l'auto-analyse et la réflexion comptant au nombre des choses qu'il valorise le moins. Et pourtant cette simplicité est difficile à comprendre. Chez cet homme, l'absence de ce type d'amour qui a pour souci la préservation de la vie, qu'il s'agisse de la sienne ou de celle d'autrui, le rend quelque peu inhumain. Son ignorance de toute inhibition morale conventionnelle et son manque d'intérêt véritable pour la conservation des biens existants renforcent cette impression.

L'aventurier au cœur léger qu'est ce soldat peut encore dans nos guerres modernes incarner le charme et la romance. Il possède ce qui manque à tant de gens et qu'ils voudraient tant avoir. Mais il nous perturbe aussi, tout particulièrement quand nous nous avisons de réfléchir. Je pense que son attitude envers la mort suscite notre admiration, que ce soit en temps de paix ou en temps de guerre. Mais son irresponsabilité à l'égard de la société et de toutes les valeurs qui n'engagent pas son expérience personnelle ne peut que perpétuer la plupart des maux de notre tradition. Pour le dire franchement, je suis moralement perturbé par cette figure ; je l'étais quand je la côtoyais à la guerre et je le suis encore maintenant que je me souviens et que je médite sur elle. Ce dont je suis sûr, c'est que ce type de soldat ou d'homme ne sera guère utile dans la lutte pour l'éradication de la guerre. Sans qu'il désire la guerre pour autant, sa nature est trop enivrée par ce qu'elle lui promet d'expériences intenses et interdites.

En un sens, le contraire du soldat aventurier est le militaire de carrière plus sérieux, dont le rapport à la mort est gouverné par le sentiment du destin. La mort le saisira le moment venu, songe-t-il, et il espère qu'elle lui accordera la possibilité de se montrer digne et sans peur. Parfois, il espère même qu'elle le frappera en pleine carrière, qu'il pourra mourir « droit dans ses bottes », comme on dit ; car le soldat fataliste veut affronter la mort d'un air calme et dégagé. Pour lui, la discipline qu'il faut adopter au moment de quitter la vie n'est pas différente de celle dont nous avons besoin pour maîtriser la vie elle-même. Un tel soldat peut paraître froid et sans cœur à ceux qui l'entourent ; en fait il ne l'est pas. Il se peut qu'il soit profondément ému, mais il n'a pas l'intention de laisser les autres voir quoi que ce soit qui ressemble à de la faiblesse. Pour un tel professionnel, le devoir est la valeur suprême, et le courage dans l'exercice de son devoir un idéal éclatant. Pour désagréable qu'il puisse être de mourir, il ne faut pas fuir la mort si les intérêts du devoir et de l'honneur la requièrent. Lorsque notre tour est venu, de toute façon, on ne peut l'éviter.

Un tel soldat ne peut être joyeux ou téméraire face à la mort, car ce n'est pas ainsi qu'il a conçu sa vie. Cependant, tout comme le soldat aventurier, il ne considère pas qu'elle soit étrangère à son existence ou séparée d'elle. Il s'efforce de la considérer avec sobriété et objectivité et de voir en elle une possibilité ordinaire, à éviter si on le peut, mais jamais à n'importe quel prix. Même lorsqu'un tel professionnel a le pressentiment que sa mort est imminente, cela ne change absolument pas son comportement, ainsi que le montre clairement la littérature de guerre. Il s'enorgueillit de n'y rien changer jusqu'à la fin. Pour donner un exemple, dans certaines des lettres de Stalingrad, des militaires de carrière allemands écrivant à leurs pères, eux-mêmes officiers supérieurs, ne purent s'empêcher de leur adresser un adieu formel, prenant définitivement congé d'eux, mais comme s'il s'agissait de leur annoncer en bonne et due forme un changement d'affectation.

Je pense qu'on peut dire à juste titre que ce type de soldat a intégré la mort dans la vie et qu'il a fait de la fin de la vie une donnée semblable à toutes les autres. À la différence de ce qui se passe pour l'aventurier insouciant, c'est généralement pour lui un processus conscient. Il a réfléchi à la mort et à sa propre fin, ce qui explique en partie la discipline qu'il met en œuvre chaque jour. Ce qui veut dire qu'il s'efforce de bâtir en lui une forteresse intérieure capable de résister aux pires assauts. Comme militaire de carrière, il prend vite conscience que l'épreuve de la mort est normalement l'épreuve ultime que la vie militaire peut exiger de tous ceux qui y sont engagés. Il se fortifie donc en s'imprégnant de ces sentiments militaires que les hommes nourrissent depuis des lustres et que Shakespeare, là encore, a bien exprimés dans *Coriolan*[1] :

> *Il me semble très étrange que les hommes aient peur*
> *Puisque la mort, cette fin nécessaire,*
> *Vient quand elle veut.*

Ce fatalisme quant à l'heure et au jour peut être compris comme une rationalisation, une manière de rendre l'épreuve plus facile à supporter. Mais je crois qu'il tient le plus souvent à d'autres raisons. Bien sûr, d'autres individus que les militaires de carrière peuvent être fatalistes, mais cette vision de la mort semble tout particulièrement convenir à l'esprit militaire. La raison en est que le soldat professionnel éprouve le besoin de modérer autant que possible le caractère capricieux de son monde. Il choisit de concevoir un univers ordonné, avec des valeurs stables et traditionnelles, où la mort doit avoir son heure et sa place comme tout le reste. Dans cette tentative de tout réduire aux faits et à ce qui est prévisible, le soldat fataliste ne perd pas ses réflexes subjectifs, mais ils deviennent subalternes. Si bien que, lorsque le temps est venu de mourir, il tend à être gouverné par les circonstances objectives plutôt que par ses sentiments. En fait, il peut arriver qu'il se dise : « Mon trépas aussi est un événement qu'il faudra consigner comme tous les autres dans le "rapport du matin". J'aurais pu le prévoir si j'avais eu à ma disposition toutes les données nécessaires. » Il en conclut qu'il n'y a rien, malgré les apparences, qui tienne au hasard dans la succession des événements.

Que le cours de la guerre soit aussi incontrôlable et imprévisible que l'imagination des hommes est une idée aussi ancienne que le vieux Périclès. Mais combien de militaires de carrière l'admettent-ils ? Au contraire, le monde qu'ils habitent, aussi bien leur monde intérieur que le monde extérieur,

---

1. Extrait de *Jules César* (acte II, scène 2) et non de *Coriolan.* [NdT.]

doit être gouverné par des lois d'airain, et tout destin individuel n'est qu'une partie insignifiante du déterminisme universel. Il est probablement incontestable que mourir soit plus facile pour celui qui se raccroche à une telle foi, mais nous n'avons aucune raison de conclure que c'est justement là la raison pour laquelle le fataliste s'y raccroche.

Bien plus articulé et conscient de lui-même, quoique probablement de la même espèce, est ce rapport à la mort que certaines natures poétiques et philosophiques acquièrent à la guerre. Pour elles, la présence de la mort qui rôde tout autour est une réalité dont ils font intimement l'expérience et grâce à laquelle la vie gagne non seulement en intensité mais aussi en possibilités créatives. Que la mort soit irrévocable et certaine peut même représenter un soutien et un répit dans le chaos menaçant des émotions. C'est peut-être pour cette raison que les poètes ont tant écrit sur la mort ; d'ailleurs, les poètes à la guerre finissent souvent par être obsédés par le sujet. La mort les attire comme la flamme les papillons de nuit. Par exemple, dans les poèmes de guerre d'un Rupert Brooke, la guerre est désirée comme la seule possibilité qu'il nous soit donnée de pouvoir imprimer à notre existence authenticité et pouvoir créateur.

Ce type de soldat peut accéder à une intimité avec la mort que ceux qui ont moins d'imagination se voient refuser. Il sait d'expérience que toute création est une sorte de mort, au sens où il lui a fallu laisser derrière lui et pour toujours chacune des expériences auxquelles il a donné une forme poétique. Dans le maelström du conflit, ce soldat croit qu'il peut sentir le pouls même de la vie en tant qu'elle est vouée à la mort. Il arrive parfois qu'il s'éprenne de la mort et que cet amour soit plus fort que celui qu'il éprouve pour la vie, même si cela revient alors à trahir ses talents créateurs, ou du moins à les affaiblir, puisque c'est la vie qui se trouve condensée, intensifiée et rendue authentique par la présence de la mort. Il ne faut pas confondre ici les moyens et les fins, même s'il arrive qu'ils le soient. Si sa nature créatrice est assez forte pour lui permettre de résister aux tentations, le poète trouvera souvent à la guerre un accomplissement de vie qu'il ne pourrait peut-être jamais trouver chez lui. La conscience accrue de la nature éphémère de l'homme, de sa vulnérabilité et de son fier courage, que le poète éprouve au combat, est en mesure de le réconcilier avec son destin et même de le lui faire aimer.

Les poètes philosophes, tout comme les soldats philosophes en général, sont capables d'anticiper la mort en y voyant une aventure de la connaissance. Dans certains cas, ceci est également vrai de l'expérience du trépas lui-même. Dans le célèbre poème *Prospice*, le poète Browning invoque le trépas : « un combat encore, le meilleur et le dernier ! », puis il se décrit lui-même comme un combattant qui ne voudrait pas que « la mort lui pose un bandeau sur les yeux » et lui commande de ramper. Au contraire, il veut sentir le poids de cette lutte qu'est la mort et anticiper ainsi ce qui se trouve au-delà. Un tel rapport à la mort mêle le consentement héroïque à la soif intellectuelle de connaître. De ce fait, le poète philosophe est en mesure d'apaiser aussi bien l'élan affectif que l'élan intellectuel de son être. Bien que la faculté de voir dans sa propre mort l'occasion d'accéder à ce qui nous a été jusqu'ici refusé ne soit peut-être pas très répandue, c'est à coup sûr un élément que l'on retrouve dans toutes les attitudes plus raisonnées face à la mort. Il existe des hommes dont la curiosité pour ce que c'est que d'être mort est insatiable.

On raconte que Descartes, qui fut dans sa jeunesse un mercenaire servant sous des drapeaux étrangers, déclara sur son lit de mort qu'il s'apprêtait à faire l'expérience d'une chose qu'il avait longtemps et ardemment désiré connaître. Et Socrate, qui comme soldat eut plus d'une fois l'occasion de regarder la mort en face, ne pouvait dissimuler la curiosité que lui inspirait l'expérience de son propre trépas et la possibilité d'une transformation de la vie par-delà la mort. L'amour du savoir, si rare à l'état pur, peut inciter les hommes d'esprit supérieur à regarder la mort comme une limite dont le franchissement nous permettrait de voir si elle aussi, à son tour, comporte une limite. Pour eux, l'inconnu ne saurait être ni mystérieux ni effrayant ; avant toutes choses, il est intéressant. Il se peut même que la mort soit une clé pour résoudre les énigmes de l'existence, et quelque chose en eux refuse toute résignation à la finitude humaine. Il leur faut briser ces liens et accéder à une expérience de première main de cette présence embrassante en laquelle ils voient tant d'individus s'engouffrer chaque jour. Je me rends compte qu'un tel rapport à la mort peut être gagné en temps de paix comme en temps de guerre, mais si les êtres humains ne sont pas repoussés dans leurs ultimes retranchements, ils auront moins la capacité d'affronter des réalités simples et premières.

Chapitre V

Figures de l'ennemi

Je ne suis pas du tout sûr de la date, et de beaucoup d'autres choses d'ailleurs. Mais je sais que je suis très fatigué ce soir, qu'il pleut dehors et que je suis assis dans la salle à manger d'un hôtel, quelque part en France, écrivant ces lignes à la lueur d'une bougie – une bougie allemande soit dit en passant, car ici en France nous puisons beaucoup dans le matériel et les vivres abandonnés. Parfois les draps dans les chambres d'hôtel ne sont pas changés d'un occupant à l'autre, allemand puis américain. La nuit dernière, ou celle d'avant, un officier allemand était peut-être assis à la place où je me trouve maintenant pour écrire à un ami en Allemagne. Peut-être est-ce lui que j'ai vu tantôt gisant le long de la route, les mains soigneusement jointes sur la poitrine, l'un des rares cadavres qui ne m'aient pas fait complètement horreur. Et l'officier français qui m'accompagnait a joyeusement dit ces mots en allemand : So möchte ich sie alle sehen (J'aimerais les voir tous ainsi). Ainsi va la guerre ici.

(Journal de Guerre, 12 (?) septembre 1944.)

Lorsqu'elle se forge une figure de l'ennemi, l'objectif fondamental d'une nation en guerre est d'établir une distinction aussi nette que possible entre l'acte de tuer, qui récolte tous les honneurs et les louanges, et le meurtre. Si les guerres du XXe siècle n'étaient pas si épouvantables, nous nous satisferions de voir dans la destruction de l'ennemi un fait moralement neutre, ce qui nous permettrait d'éviter que ne subsiste un hiatus extrême entre la morale en temps de guerre et la morale en temps de paix. En fait, la distinction entre prendre une vie au combat sur ordre de l'État et la prendre en tant que simple citoyen et de sa propre initiative est une distinction traditionnelle dont la civilisation occidentale s'accommode depuis de nombreux siècles. Malheureusement, la guerre moderne a tellement changé de nature que cette ancienne distinction ne peut plus nous satisfaire désormais. Autrefois, les forces armées et les populations civiles étaient raisonnablement distinctes. Mais aujourd'hui, des combattants, particulièrement les artilleurs et les aviateurs, en viennent à décimer des femmes et des enfants aussi bien que des adversaires armés ; en effet, on considère de plus en plus qu'il est légitime de prendre pour cibles des populations entières.

Avec la disparition des règles de l'éthique militaire – ce que nous appelions jadis chevalerie –, on a vu disparaître aussi des éléments de modération dans les méthodes employées pour briser la volonté de résistance de l'ennemi. Même dans les pays démocratiques, au mépris de toutes les règles civiles du jeu à la loyale, les soldats sont systématiquement entraînés au combat perfide. « Ne laisse jamais aucune chance à ton ennemi » est la devise qui préside à cet entraînement. Au début, la bassesse et l'inhumanité de ces méthodes choquent les recrues, mais la peur et la haine contribuent bientôt à les leur faire accepter. De nos jours, grâce à la propagande, on en est vite réduit à cette morale terriblement sommaire qui ne connaît qu'un absolu : « Toute action qui aidera mon camp à gagner la guerre est juste et bonne, et toute action qui l'en empêchera est injuste et mauvaise. » Cette tendance à l'absolutisme moral, d'espèce totalitaire, affecte à notre époque tous les autres aspects de la guerre. La retenue et la modération disparaissent partout. La figure typique de l'ennemi est subordonnée au besoin de le haïr sans limite. La guerre a perdu son ancien caractère de jeu mortel, et elle se transforme de plus en plus en une lutte pour la survie de la

Nation, où tous les principes moraux, à l'exception de celui qui a la victoire pour objet, ne sont que des instruments stratégiques.

La plupart des soldats tueront ou se feront tuer à la guerre plus aisément s'ils ont à l'esprit une figure de l'ennemi assez mauvaise pour qu'elle leur inspire haine et répugnance. En ce siècle où les adversaires militaires d'hier se transforment à une rapidité déconcertante en alliés d'aujourd'hui, et les alliés d'hier en adversaires d'aujourd'hui, les agents de l'opinion publique sont accusés de manipuler les passions populaires au profit de la survie nationale. Tous les gouvernements tournés vers l'avenir ont appris à tenir la préparation psychologique des citoyens et des soldats à la guerre pour au moins aussi importante que leur entraînement physique. En conséquence, les soldats de notre temps partent au front avec à l'esprit une figure de l'ennemi qui est à coup sûr un produit synthétique de la communication de masse, que les gouvernements instillent plus ou moins en eux pour en faire de meilleurs combattants. Lorsque, quelques années plus tard, des bouleversements politiques radicaux rendent nécessaire une inversion de la valeur de cette figure, la stupeur causée par ces mêmes bouleversements et la tendance moderne à l'oubli sont d'un grand secours pour les gouvernements. La plupart d'entre nous n'ont qu'une capacité extrêmement limitée à s'orienter dans le chaos des événements. Nous luttons pour préserver un équilibre entre mille impressions qui nous assaillent et pour donner un sens à notre monde, ne serait-ce que par élimination quand il n'est plus possible d'y parvenir par synthèse. Ainsi, les médias de masse parviennent souvent à nous persuader d'adopter une opinion contraire à celle qui était la nôtre quelques années auparavant, sans même que cette contradiction nous vienne à l'esprit.

Il est bon de s'arrêter un moment sur le terme d'« ennemi » tel qu'on l'emploie en temps de guerre. Sa signification est aussi multiple et variée que possible, allant de la pure désignation formelle de l'adversaire militaire à l'expression passionnée de la plus grande aversion. L'article défini l'accompagne toujours, car ce n'est pas d'*un* ennemi ou de *notre* ennemi qu'il s'agit. Ce que cela implique spontanément, c'est l'idée que l'adversaire est l'ennemi de l'humanité en même temps que le nôtre, mais aussi qu'il forme un groupe spécifique, quoique indifférencié, même si on a là une implication faussement concrète. Il semble qu'en nous référant ainsi à *l'*ennemi, nous ayons à l'esprit un universel unifié et concret, alors qu'en réalité l'ennemi n'est probablement pas plus unifié que nous le sommes, nous, et qu'il possède bien d'autres caractéristiques que celles qui nous sont hostiles. Le désigner avec l'article défini sert à le faire paraître singulier et à lui prêter une réalité se réduisant au sentiment d'hostilité qu'il nourrit à notre endroit. C'est ainsi que l'absolutisme moral de la guerre se propage par l'intermédiaire du langage, et que, de façon totalement inconsciente, nous abandonnons la raison au profit de la contagion des affects au sein du groupe.

Dans cette atmosphère de guerre saturée d'affects, le caractère abstrait du terme favorise le développement d'une haine abstraite. Je pense que c'est à cette haine abstraite, et non à une sauvagerie qui serait plus grande chez l'homme contemporain, que l'on doit pour une grande part la soif de sang et la cruauté qui se sont manifestées dans nos guerres récentes. Le terme « abstrait » signifie à l'origine « tirer hors de », dégager au sein d'une totalité plus grande une caractéristique ou un aspect particulier. Le contraire de ce qui est « abstrait » est bien sûr le « concret », terme qui, dans son sens le plus large, désigne encore le fait d'examiner une chose dans sa totalité, en y incluant le rapport qu'elle entretient avec d'autres choses. La haine abstraite vient donc de ce que, s'agissant d'une personne ou d'un groupe, on isole un aspect tout en négligeant les autres, sans parler du contexte élargi au sein duquel tous les aspects coexistent et se modifient les uns les autres. La simplification propre à la pensée abstraite est strictement comparable à l'inhumanité des émotions abstraites, particulièrement la haine abstraite.

Intellectuellement, nous pouvons tous admettre qu'on ne peut trouver la réalité et la vérité d'un être humain que dans son environnement global, en y incluant son passé et ses motivations intérieures. Il est possible de connaître une personne concrètement tout en la haïssant, mais cette haine est bien plus rare et d'une nature différente. En un sens, et jusqu'à un certain point, la haine est presque toujours abstraite ; en effet, en tant que passion, elle est incapable de considérer qui que ce soit ou quoi que ce soit dans son entièreté. En temps de guerre, la haine que nous inspire l'ennemi – qu'il s'agisse des nazis, des communistes, des capitalistes, des Blancs, des Jaunes ou des Noirs – est particulièrement partiale parce qu'elle s'incarne en une figure de la peur. L'ennemi n'est pas un individu, homme ou femme, mais une puissance hostile qui veut détruire notre peuple et nos vies. Notre réaction spontanée est normalement l'hostilité totale envers cette figure du mal qui s'est emparée de notre imaginaire.

À mesure que la guerre avance, cette haine que nous vouons à une ombre nous endurcit et nous consume. Plus nous nous trouvons éloignés de tout contact dangereux avec cette figure, plus nous sommes consumés par elle. Éloigné de la zone de combat, un civil sera presque certainement plus assoiffé de sang que le soldat qui se trouve au front et dont la haine se doit d'être responsable, ce qui veut dire qu'il doit répondre d'elle par ses actes. Bien des combattants de la Seconde Guerre mondiale furent horrifiés de recevoir des lettres de leurs petites amies ou de leurs épouses qui, à l'abri de leur foyer, leur demandaient combien d'ennemis ils avaient tués personnellement et souvent leur réclamaient, comme une faveur personnelle, des morts supplémentaires !

De même, des soldats qui nourrissaient des émotions concrètes trouvaient l'atmosphère morale au front tellement plus supportable qu'à l'arrière des lignes, qu'ils acceptaient volontiers la tension et le danger supérieurs régnant dans les zones de combat. En s'en éloignant, la propagation de la haine abstraite était perceptible à tous les niveaux, de la compagnie au régiment, de la division à l'armée même, et plus encore.

Mais en approchant de la zone de combat, les rapports entre les officiers et leurs hommes se faisaient plus naturels et plus pragmatiques ; l'obsession du briquage imposé par la discipline militaire disparaissait. Même si je n'en discernais pas la cause à l'époque aussi bien qu'aujourd'hui, une lettre que j'écrivis au mois de février 1945 exprime de façon assez concise comment cette transformation se manifestait :

[...] Tu serais stupéfait de voir les changements qui affectent le règlement et les usages militaires dans les zones de combat. Tout prend un aspect personnel. Le « manuel » passe plus ou moins à la trappe, particulièrement au sein des unités expérimentées, et à la place on a plutôt : « Qui connais-tu ? » et « Que peux-tu te permettre ? » Ceci est particulièrement vrai dans notre service. Les ordres qui viennent d'en haut manquent à un point étonnant ; chaque homme devient plus ou moins une autorité pour lui-même. L'importance de la responsabilité individuelle est à la fois effrayante et encourageante. Du coup, certains d'entre nous sont devenus très débrouillards, ce qui est pour le mieux, bien sûr [...]. Le côté GI a presque entièrement disparu et nous travaillons ensemble, de caporal à colonel, quasiment sur un pied d'égalité. Évidemment, plus on se trouve à l'arrière, moins c'est vrai.

Non moins important, l'ennemi, lui aussi, paraissait presque humain, et comme nous fatigué et craignant pour sa vie. Je suppose que le rapprochement physique ne s'accompagnait pas nécessairement d'un rapprochement psychique, mais le rapport qui s'établissait habituellement entre nous était d'un genre assez étonnant. À vrai dire, l'amélioration du climat spirituel était, à n'en pas douter, en grande partie due à la présence du danger et non au fait que la figure de l'ennemi se manifestait de façon plus concrète. Le combat corps à corps est de plus en plus rare en ce siècle. Les armes modernes maintiennent en général les armées adverses à plus grande distance les unes des autres. Je sais qu'au cours des guerres récentes des milliers de soldats tiraient sans discontinuer sur des cibles qu'ils ne voyaient jamais, et que des bombardiers détruisaient des vies innombrables sans songer à ce qu'étaient ces populations qui se terraient sous leurs bombes. À l'époque moderne, c'est seulement quand la guerre est finie et que l'armée victorieuse occupe le territoire conquis que la figure de l'ennemi apparaît vraiment concrètement, autrement dit à un moment où il n'est probablement plus un ennemi.

Toutefois, lorsqu'ils font des prisonniers dans la zone de combat, les soldats ont l'occasion de connaître l'ennemi en tant qu'être humain, et c'est là souvent une expérience décisive. Le prisonnier de guerre révèle que lui aussi aime la vie et qu'il a un minimum de confiance en l'humanité de son adversaire, car sinon il ne se rendrait pas. Le soldat à qui il arrive de faire un prisonnier de guerre ou de le devenir lui-même est transformé en tant qu'homme et en tant que combattant. Il voit bien alors que son ennemi peut être compris, et que, au moins extérieurement, il est fait du même bois que lui. J'ai écrit un jour ceci :

Tandis que nous attendions là, au son des combats qui se déroulaient à quelques centaines de mètres de nous, avec tout le crépitement des mitrailleuses et de l'artillerie lourde, des prisonniers allemands commencèrent à arriver [...]. Pendant une heure [je les fouillai pour leur prendre leurs armes]. En parlant avec eux, je ne ressentais aucune haine [...]. Mais plus tard, lorsque nos propres soldats d'infanterie remontèrent la route pour rejoindre la ligne de front, je ressentis la même affection pour ces hommes couverts de sueur et de crasse qui ne se plaignaient pas, qui marchaient depuis des jours et sur de grandes distances, combattant presque tout du long et sans trop savoir où cela les menait. Ils étaient lourdement chargés mais aucun ne se plaignait. Vraiment, c'est une guerre insensée.

Un incident dont je fus témoin en Italie pendant la guerre illustre parfaitement ce que j'ai à l'esprit. Une certaine division d'infanterie, récemment déployée sur une partie du front, avait transformé sa clique en police militaire responsable des prisonniers de guerre. Je me trouvais par hasard dans le quartier des détenus, peu après que ces soldats musiciens eussent reçu leur premier contingent de prisonniers. Dans l'écurie d'une vieille ferme, très nerveux et prêts à faire feu, certains d'entre eux se tenaient debout face aux Allemands désarmés. Ils s'attendaient presque à voir les captifs rugir et bondir sur eux. Fraîchement arrivés des États-Unis, tous les Allemands étaient pour eux des SA fourbes et fanatisés. De leur côté, les captifs étaient apparemment heureux d'avoir été faits prisonniers, même s'ils redoutaient les fusils menaçants qui leur faisaient face.

Nous nous regardions avec un mélange confus d'hostilité et de peur, tous pareillement victimes de notre ignorance. Soudain, j'entendis certains des prisonniers fredonner un air à voix basse. Puis quatre d'entre eux, qui formaient un quatuor et avaient trouvé le moyen d'être capturés ensemble, se mirent à chanter. En quelques minutes, et c'en est même amusant rétrospectivement, l'atmosphère qui régnait dans l'étable changea du tout au tout. Les fusils furent posés, certains quasiment à portée de main des captifs. Tout le monde se regroupa et commença à fredonner la mélodie. On offrit des cigarettes aux prisonniers, on sortit des photos d'êtres chers et la fraternisation se propagea à vive allure. Lorsque le commandant, tout aussi peu aguerri que ses hommes, fit irruption au milieu de cette scène, la colère et l'étonnement le laissèrent sans voix. Le contraste entre la figure abstraite de l'ennemi et cet aperçu de réalité n'aurait guère pu être plus saisissant.

Pour évanescent et inconnu que demeure, aux yeux du combattant, le soldat ennemi dans sa nature essentielle, sa proximité physique impose une modification de la figure abstraite qui le représente, même si cela ne va pas nécessairement dans le sens d'une concrétisation. Au lieu d'une puissance du mal vaste et indifférenciée se détachent des centres indépendants de violence et de danger que lui-même ou ses camarades doivent affronter et, si possible, détruire. Bien souvent, la haine abstraite qu'il nourrit se transforme en une haine personnelle. Ne sont-ils pas responsables de l'existence ardue et inconfortable qu'il lui faut mener ? Sans eux, il serait chez lui avec sa femme ou sa petite amie, jouissant de sa nourriture, de son sport ou de son divertissement préférés. Un profond ressentiment et une rage sourde dirigés contre la cause de son malheur présent s'emparent de son humeur. Il veut leur faire payer cet interminable bouleversement de son existence, « eux » qui ne sont pas tant l'ennemi en général que ce groupe d'hommes qui lui fait face de l'autre côté de la ligne de front. Plus son environnement physique et psychique devient exigu, pénible et insoutenable, plus il aura tendance à nourrir une soif de vengeance que seule l'action pourra assouvir.

Si le soldat perd un camarade au combat, ou si sa famille périt sous les bombes ennemies ou du fait d'atrocités politiques, choses qui furent si fréquentes au cours de la Seconde Guerre mondiale, sa colère et son ressentiment se transforment en haine. La guerre prend alors pour lui l'aspect d'une vendetta. Sa soif de vengeance ne pourra être assouvie que lorsqu'il aura lui-même tué autant d'ennemis que possible. J'ai connu des soldats qui brûlaient de pouvoir exterminer jusqu'au dernier de leurs ennemis, tant leur haine était féroce. Ces soldats prenaient grand plaisir à écouter ou à lire les nouvelles des destructions massives infligées à l'ennemi par les bombardements. Quiconque a connu ou a été lui-même un soldat de ce genre sait combien la haine peut pénétrer toutes les fibres d'un être. Son unique raison de vivre est la vengeance ; non la vengeance œil pour œil, dent pour dent, mais celle qui veut les représailles au centuple. J'ai décrit l'un de ces hommes dans mon journal :

Il a dit qu'il ne serait pas satisfait tant que les Allemands ne seraient pas tués jusqu'au dernier – et il l'a dit d'une manière détachée et désinvolte. Puis il a raconté en riant qu'il s'était plaint le matin de voir arriver trop de prisonniers et qu'un soldat qui en avait amené un lui avait dit : « J'ai fait de mon mieux, ils étaient six au départ ! » Les autres se sont mis à rire. J'ai pensé : ce sont les aléas de la guerre. Ceux qui ont été tués pouvaient s'y attendre. Je n'ai pas à les plaindre. Mais pour ceux qui veulent que des hommes soient tués parce que cela leur épargne du travail et qu'ils ont soif de revanche… pour eux je ressens de la tristesse et aussi de la colère.

[…] En remontant ce matin nous avons vu un jeune Italien qui gisait sur un champ près de la route, recroquevillé dans la mort. Plus loin, un soldat allemand au visage noir et enflé s'étalait mort derrière une meule de paille ; plus loin encore, nous vîmes un soldat affreusement mutilé sur la route, et nos véhicules lui passaient dessus. Il y avait des tirs d'artillerie, et des obus tombaient non loin de nous, mais je n'étais pas trop effrayé. Peu à peu, je deviens insensible à toutes choses.

Pour compréhensible que soit cette haine, il serait néanmoins erroné de la juger concrète pour la seule raison qu'elle serait motivée par une rancune personnelle. Il eût fallu pour cela que le soldat prît pour objet de sa haine un parti ou un groupe directement coupable, et partant conscient et responsable de ses crimes. Par exemple, un soldat juif pouvait fort bien vouer une haine toute concrète à l'endroit de la police nazie coupable d'avoir persécuté sa famille, et sans doute la reportait-il alors sur la totalité des membres convaincus du parti nazi. Mais le soldat aux sentiments vengeurs a généralement tendance à étendre la haine personnelle qui le consume à tous ceux qui parlent la langue de l'ennemi et portent son uniforme. Ils deviennent tous semblables à ses yeux, et tuer l'un ou l'autre revient au même. Ainsi, ce ne sont pas des hommes qu'il combat, mais les incarnations d'un mal indifférencié. Le changement qui s'opère en lui n'est pas tant le résultat d'un nouveau rapport à l'ennemi qu'une réaction à l'émotion causée par le deuil et l'exposition au danger. Il n'a pas vraiment transpercé le mur de l'abstrait. Tout ce qu'il a fait, c'est offrir à sa haine de l'ennemi une source nouvelle où s'abreuver. Au lieu de *l'*ennemi, ils sont devenus *ses* ennemis.

On ne devrait jamais sous-estimer la cruauté et la jouissance de la cruauté chez un soldat – ou un civil – qu'une telle haine personnelle et abstraite domine. De là vient que les raffinements dans la pratique personnelle de la torture prospèrent dans les guerres civiles et que ces dernières sont généralement plus terribles que les guerres entre nations. Pourtant, aussi paradoxal que cela puisse paraître, une telle haine personnelle recèle plus de possibilités d'humanité que la haine abstraite, où pourtant celui qui hait ne souffre personnellement d'aucune blessure, n'assume aucune responsabilité et ne court aucun danger. Le combattant sait que les silhouettes qui lui font face sont en un sens responsables de ses malheurs, même si elles ne lui ont personnellement jamais causé aucun mal. Elles le tueraient si elles en avaient l'occasion, tout comme elles ont tué certains de ses amis. De cela, il est certain. Qu'elles puissent légitimement nourrir à son encontre des sentiments identiques est une possibilité qui peut venir à l'esprit du combattant à n'importe quel moment. Et cette idée-là – à savoir que l'ennemi est dans son bon droit dans la position qu'il occupe individuellement dans le camp adverse – peut opérer un changement radical dans la relation. La reconnaissance d'une humanité commune, inique et pathétique, n'est absolument pas étrangère à ce type de situation. Les soldats adverses, qui périssent ensemble dans le même trou d'obus, en arrivent souvent à transcender leur haine mutuelle et achèvent *leur* guerre dans la réconciliation. Dès lors que l'on reconnaît dans l'ennemi l'humanité qu'il a en commun avec nous, tout devient possible, même si cela nous conduit à le rejeter implacablement. Il est arrivé plus d'une fois que des amitiés fortes, fertiles et particulièrement chérissables se nouent à partir d'inimitiés fielleuses. Mais de la haine abstraite qui demeure à l'écart de l'action et du danger, seul peut résulter, affaiblissant toute capacité de compassion, l'oubli pur et simple et un cœur implacable.

Qualifier d'abstraites les figures habituelles de l'ennemi ne constitue, bien sûr, qu'une première étape dans la compréhension de ce qui fait que les hommes tuent et se font tuer si facilement en temps de guerre. Il existe différents ordres d'abstraction. Au cours des guerres récentes, les soldats ont adopté quatre attitudes générales devant l'ennemi. On verra que trois d'entre elles sont abstraites à l'extrême, la quatrième étant d'un tout autre genre. Bien qu'on les sépare afin de mieux les comprendre, on ne peut dire que ces attitudes subsistaient de façon distincte chez les soldats pris individuellement. En réalité, la plupart d'entre eux en adoptaient probablement deux ou plus quand ils se trouvaient au front, et peut-être d'autres encore que je n'ai pu observer sur moi-même ou sur d'autres que moi. Celles au sujet desquelles je voudrais réfléchir sont excessivement communes et ont un effet décisif non seulement sur le caractère des soldats, mais aussi sur la situation historique dans laquelle nous nous trouvons aujourd'hui.

L'une des plus vénérables et des plus persistantes figures de l'ennemi, très suspecte de nos jours dans les contrées démocratiques, est celle que forme le militaire de carrière qui voit en tout soldat un frère d'armes. Quels sont les traits essentiels qui caractérisent l'attitude d'un tel homme ? En premier lieu, elle est régie par l'idée que le soldat professionnel se fait de sa mission à la guerre. Quand bien même espérerait-il durant de longues années de paix qu'elle ne vienne jamais, la guerre est sa vocation. On lui a confié une tâche, une mission en langage militaire, et il est primordial pour lui de réussir à bien s'en acquitter. En tant que technicien de la guerre, le professionnel se demande : « Comment puis-je accomplir ma mission ? » L'ennemi doit être surpassé en intelligence, vaincu sur le terrain et tué en plus grand nombre. Il est un obstacle humain qu'il faut surmonter pour atteindre un objectif clairement défini. Si le soldat professionnel est un officier régulier, c'est qu'il a passé des années, en temps de paix, à vaincre un ennemi imaginaire au cours de campagnes militaires simulées, et l'expérience ainsi acquise gouvernera son esprit sur le champ de bataille. Il ne se sent pas très différent du capitaine d'une équipe de football américain lorsqu'il se mesure à son adversaire. L'ennemi représente d'abord pour lui une concentration de moyens, de plans probables et de troupes organisées. C'est une mission fondamentale que d'apprendre sur lui autant de choses que possible, tout en le laissant dans l'ignorance de ce que nous sommes et de nos intentions. Pour le militaire de carrière, les batailles demeurent des jeux immenses, le plus grand des sports pratiqués par l'homme, et c'est là un sentiment ancien auquel il lui est difficile de résister, même s'il contredit l'idéologie dominante de notre époque et même si, dans leurs conséquences, les guerres ressemblent de moins en moins au sport.

En tant qu'expert, le professionnel aime à se considérer comme un instrument de l'État. Bien qu'il puisse nourrir des sentiments de sympathie ou d'antipathie à l'égard de tel ou tel peuple, il est capable de les refouler et d'adopter, si on le lui ordonne, une attitude hostile à l'encontre de tout État autre que le sien. Puisqu'il constitue le « bras » et non la « tête » de l'État, le soldat professionnel s'enorgueillit volontiers d'être apolitique. Cela le libère, pense-t-il, et lui permet d'agir à la guerre sans se soucier des conséquences autres que militaires. La responsabilité doit être clairement définie et partagée. C'est d'ailleurs toujours chez lui un motif de perplexité et d'irritation qu'une telle définition et qu'un tel partage de la responsabilité soient rarement possibles dans le combat effectif. Comme spécialiste de la guerre, il refuse toutes les incertitudes ou les valeurs en demi-teinte qui régissent les mœurs ou la vie politique. Il veut qu'on le commande et savoir constamment ce qu'on attend de lui. Puisque la guerre est tellement plus simple lorsqu'on la mène en suivant des règles, il aspire à la sécurité et à la stabilité que les principes réglementaires confèrent au combat.

Son attitude devant l'adversaire est susceptible d'être à la fois simple et complexe. En un sens, l'ennemi est nécessaire, et comme le Dieu de Voltaire, s'il n'existait pas, il faudrait absolument l'inventer. Le vrai militaire se réjouit de trouver face à lui un ennemi plein de ressources et courageux. L'adage qui dit que « ce qu'il y a de mieux après un bon ami est un bon ennemi » est sans nul doute d'origine militaire. D'un autre côté, le mépris du professionnel pour l'ennemi incapable ou aisément battu est sans limite. Sans merci à l'égard de l'ennemi courageux tant que subsiste son pouvoir de destruction, il ne manquera pas de nourrir à son endroit un sentiment de respect et même d'admiration. Par conséquent, une fois l'ennemi capturé et désarmé, l'instinct du vainqueur est de se montrer magnanime et amical envers lui. Conformément à ce code, il est des règles raisonnables exigeant que l'ennemi qui se rend – lui qui pourtant il y a quelques minutes encore avait l'intention de détruire votre vie et qui a probablement réussi à tuer ou mutiler de nombreux soldats qui combattaient sous vos ordres – soit traité avec humanité. Dans l'esprit du professionnel, cette manière de réfléchir semble être d'une clarté totale. L'ennemi ne faisait que son devoir, tout comme on attend de vous que vous fassiez le vôtre. Et plus il a infligé de dégâts, plus grande est votre fierté d'avoir su finalement le vaincre.

Bien entendu, cette conception est antérieure aux sentiments qui prévalent dans le nationalisme et la démocratie modernes. Elle remonte à l'époque où les soldats professionnels étaient des mercenaires, servant pour l'amour du combat aussi bien que pour l'argent. Parce que l'organisation et la pensée militaires sont, semble-t-il, par nature conservatrices, pour ne pas dire ataviques, cette conception continue à jouer un rôle important dans notre siècle. Dans la littérature consacrée à la Seconde Guerre mondiale, nous la voyons s'incarner à l'état pur dans la personne du maréchal Erwin Rommel. Celui-ci appartenait de toute son âme et de tout son cœur à la tradition de l'armée allemande, au sein de laquelle l'idée médiévale de la chevalerie *(Ritterlichkeit)* persista sous une forme à peine altérée jusqu'à l'avènement de Hitler. Rommel, qui était connu pour traiter correctement ses prisonniers, fut bien souvent scandalisé par l'incapacité des Alliés à agir de même. C'est ce que le fameux livre *Rommel, the Desert Fox*[1] [Rommel, Le renard du désert], met particulièrement en évidence. L'auteur britannique, Desmond Young, y plaide de façon explicite pour le maintien de la tradition d'après laquelle tous les soldats, quelle que soit leur nationalité, sont frères d'armes.

La complexité de cette figure-là repose dans la possibilité d'opérer un revirement d'attitude envers l'ennemi selon qu'il est adversaire ou prisonnier. En tant qu'adversaire armé, il doit être détruit sans merci. Moralement, il ne bénéficie d'aucun statut humain d'aucune sorte, et personne ne saurait haïr cet ennemi aussi cordialement et l'exécrer aussi franchement que le professionnel lancé à la poursuite de son objectif. Le degré d'abstraction dans lequel verse sa haine est immense. Il est capable d'ignorer toute considération qui ne regarde pas la destruction de tout ce qui fait obstacle au succès de sa mission. Il serait le dernier à se dire ou à dire à ses hommes que l'ennemi est un être humain de même envergure qu'eux. Et pourtant il est prêt à l'admettre dès lors que l'ennemi a été défait et se trouve à sa merci. La générosité et l'humanité sont possibles seulement là où il n'y a pas d'égalité, là où il n'y a d'autre rapport que celui de vainqueur à vaincu. Ici paraît la nature pré-démocratique de l'idéal militaire.

Quoique j'aie souvent été tenté, en y réfléchissant, de juger cette attitude irrationnelle, et même absurde, quelque chose me retient de le faire. Pour le professionnel, elle paraît évidente, et toutes les autres sont suspectes. Et comme la guerre est une chose effective et réelle, et pas simplement un concept, il se peut que cette figure de l'ennemi, à la différence d'autres figures, aille dans le sens de la préservation de l'intégrité humaine. Si on ne la rapporte qu'à un seul aspect de l'homme, son savoir-faire technique en tant que destructeur, on observe

1. Desmond Young, *Rommel. The Desert Fox*, New York, Harper, 1950 ; traduit de l'anglais par George Adam, Paris, Fayard, 1951.

qu'elle est en partie rationnelle et qu'elle n'est pas bâtie sur du rêve. Le professionnel présuppose en secret l'humanité latente de l'adversaire en tant qu'adversaire, même s'il ne peut la reconnaître que lorsque celui-ci est désarmé et impuissant ou une fois la guerre achevée.

En fait, avant que ne s'engage la bataille décisive, bien des soldats professionnels nourrissent des sentiments de sympathie à l'égard de l'adversaire, mais ils n'osent y donner libre cours, de peur que ces sentiments ne les empêchent d'accomplir leur mission de destruction. Pour un militaire expérimenté, il est généralement plus aisé de comprendre les mobiles de son adversaire, compréhension préalable à toute sympathie, que de comprendre les mobiles de ses propres gouvernants ou la mentalité de son propre peuple. Quoique la loyauté soit enracinée en lui par son code professionnel et qu'il soit difficile de l'en déloger, il pourra découvrir en lui-même, s'il est un homme réfléchi, un respect plus authentique pour l'ennemi qu'il extermine que pour bon nombre de ceux qu'il protège au risque de sa vie. Ce fait bien connu ne devrait étonner personne, car le métier des armes suppose, comme peu d'autres métiers, un mode de vie où l'on se forme dans un isolement relatif à l'égard des sentiments modernes et des métamorphoses politiques.

Lorsque nous demandons pourquoi cette figure de l'ennemi est de plus en plus impopulaire aujourd'hui, les réponses, pour peu qu'elles soient honnêtes, ne sont guère flatteuses pour les antimilitaristes. À vrai dire, dans leur propension à regarder la guerre comme un jeu, les professionnels ont perdu le contact avec les réalités présentes. Voir dans les massacres et les malheurs de la guerre moderne autre chose que le désastre qu'ils sont viole notre sens moral. Comme on ne combat plus avec les armes de la chevalerie et que les soldats mobilisés ne sont pas des hommes de guerre au sens médiéval, adopter un comportement chevaleresque devant l'ennemi paraîtrait grotesque. Même si les nations démocratiques trouvent nécessaire d'employer les hommes à la guerre comme des moyens, il nous semble dégradant de les considérer en tant que tels et la propension des militaires à n'y voir guère autre chose qu'un matériau disponible nous inspire de l'amertume. Pour le dire brièvement, le manque de considération pour l'individu en tant qu'individu, propre au pragmatisme calculateur des militaires, blesse profondément notre mentalité moderne.

Mais notre aversion pour cette figure de l'ennemi que véhiculent les militaires professionnels a de toute évidence une autre source, et qui est plus importante. Puisque nos guerres deviennent de plus en plus totalitaires dans leur caractère, cette attitude professionnelle nous paraît suspecte. Nous pouvons de moins en moins combattre sans nous forger une figure de l'ennemi en tant que mal absolu, vis-à-vis duquel toute clémence ou sympathie constituerait une incongruité, si ce n'est même une trahison. De nouveau, nos guerres tendent à se transformer en croisades religieuses, or la figure de l'ennemi qui anime le croisé s'oppose nettement à celle du militaire.

Assez curieusement, le général Eisenhower, militaire de carrière très atypique, nous offre un bon exemple de cette attitude envers l'ennemi. Dans son livre *Crusade in Europe*[1] [Croisade en Europe], il raconte comment il résista à certains membres de son équipe qui le pressaient d'accepter de recevoir le général allemand Jürgen von Arnim, qui avait été fait prisonnier, s'opposant ainsi à la tradition qui veut que tous les soldats professionnels soient des frères d'armes : « Pour moi, écrit-il, la Seconde Guerre mondiale était une affaire beaucoup trop personnelle pour que je nourrisse de tels sentiments. À mesure qu'elle se poursuivait grandissait en moi la conviction que les forces luttant pour le bien et les droits de l'homme devaient affronter cette fois, comme jamais auparavant dans une guerre mettant aux prises de nombreuses nations, une conspiration du mal absolu avec laquelle aucun compromis ne pouvait être toléré. Parce qu'un monde juste était impossible sans la des-

1. Dwight D. Eisenhower, *Crusade in Europe*, Garden City, NY, Doubleday, 1948.

truction totale de l'Axe, la guerre devint pour moi, dans le sens traditionnel d'un mot dont on fait souvent mauvais usage, une croisade. » On approuvera sans difficulté cette appréciation des puissances de l'Axe sans pour autant qu'elle nous pousse à adopter envers un ressortissant de l'une de ces nations la même attitude que le général Eisenhower. Assez ironiquement, celui-ci trouva nécessaire quelques années plus tard d'adopter vis-à-vis des soldats allemands de la Seconde Guerre mondiale, et aussi de nombreux généraux allemands, une attitude assez différente.

Si le soldat professionnel réduit l'ennemi, tant qu'il n'a pas été soumis, au statut d'objet, le croisé lui dénie toute humanité en le caractérisant comme démon jusqu'à sa soumission et au-delà. On pourrait penser de ces deux figures de l'ennemi que la première est prédémocratique et la seconde postdémocratique. Il est difficile de dire laquelle est la plus abstraite des deux, mais celle du croisé le destine certainement à se montrer plus implacable au combat. Pour le militaire, considérer les hommes en termes de force, autrement dit n'y voir que des objets et négliger tous les aspects subjectifs qui distinguent les hommes les uns des autres, est presque une nécessité de sa vocation. La personnalité de chaque homme l'intéresse, mais pas pour elle-même, seulement en raison de son efficacité militaire. Par conséquent, le professionnel est enfermé dans un monde de moyens et d'instruments, lui-même en étant un parmi d'autres. Il fait de la guerre un moyen de parvenir à des fins politiques, et il ne se préoccupe et ne s'occupe que très rarement des choses que l'on accomplit pour elles-mêmes. C'est là la malédiction permanente de la profession militaire. L'être humain pris dans sa totalité n'a aucune chance de s'imposer à la conscience du professionnel, puisqu'il n'est pas question de s'y intéresser officiellement. Sa figure de l'ennemi a donc pour origine le schéma d'existence qu'on impose à ceux en qui on voit des instruments et non des fins. L'abstraction propre à cette figure est donc plus ou moins inévitable.

Tout aussi ancienne, et à ce qu'il semble tout aussi tenace, est la figure de l'ennemi en tant que créature dépourvue de toute humanité. Particulièrement répandue parmi les soldats d'origine modeste et peu instruits, lorsqu'ils combattent un ennemi d'une autre couleur ou d'une autre race qu'eux, elle n'est en aucun cas absente chez les hommes instruits ou qui manquent d'imagination. L'adversaire est alors regardé comme une créature sous-humaine, comme une espèce animale particulière, dotée de caractéristiques et de mœurs indéterminables, toutes mauvaises. Pour autant, la guerre qu'il faut mener contre lui ne s'apparente pas simplement à une chasse, même s'il est effectivement chassé et exterminé partout où c'est possible. L'ennemi est regardé comme une sorte d'animal particulièrement nuisible, à l'égard duquel on éprouve une répugnance instinctive. Il est souvent comparé à un serpent, car la plupart des peuples occidentaux éprouvent une telle aversion pour les serpents, qui leur inspirent une peur superstitieuse, qu'ils cherchent à les détruire dès qu'ils les voient.

Cette figure de l'ennemi est empreinte de peur comme aucune autre, car alors personne n'attribue à l'adversaire qu'elle représente un comportement que l'on pourrait calculer à l'avance, et tout le monde s'attend au contraire à le voir commettre toutes sortes de monstruosités. Bien qu'on lui prête une nature animale, dépourvue de passions humaines et de raison, on le juge capable à un degré surhumain de fourberie, de témérité et d'appétits sanguinaires. Fondée comme elle l'est sur l'ignorance et une terreur primitive, cette figure empêche ceux qu'elle possède de se livrer à un calcul raisonnable du degré actuel de force ou de faiblesse qui subsiste dans le camp adverse. Si les soldats de l'époque moderne ne croient plus aux pouvoirs magiques à la manière des peuples non civilisés, ils ont une tendance dangereuse à attribuer des vertus mystérieuses à un tel ennemi.

Dans le cas des États-Unis, cette attitude envers l'ennemi trouve une illustration évidente, et douloureuse, dans la guerre que nous avons menée récemment contre le Japon. Quiconque est au fait de la littérature consacrée à cette guerre sait à quel point cette figure était présente aussi bien dans l'esprit des officiers que dans celui des simples recrues. Herman Wouk, dans un passage étonnamment objectif de *The Caine Mutiny*[1], qui évoque la bataille de Kwajalein, décrit l'indifférence des hommes de la Marine à l'égard des souffrances endurées par l'ennemi :

Ce sang-froid, digne d'un cavalier de Gengis Khan, était assez étrange à observer chez un gentil petit gars comme l'enseigne Keith. Bien sûr, d'un point de vue militaire, c'était un atout inestimable. Comme la plupart des bourreaux de la Marine à Kwajalein, il semblait voir en l'ennemi une espèce d'animal nuisible. À en juger par leur manière de mourir, tristement désespérée et sombre, on eût dit que les Japonais croyaient de leur côté avoir affaire à une invasion de fourmis géantes et armées. À l'œuvre dans les deux camps, cette faculté d'oublier que les adversaires étaient des êtres humains pourrait être invoquée comme la clé d'explication des nombreux massacres de la guerre du Pacifique.

Quand les soldats sont précipités dans la bataille par cette figure de l'ennemi, ils sont délivrés de tout remords possible quant à leurs actes. Une fois lancé à la poursuite de la plus dangereuse de toutes les bêtes, celle qui mérite le plus la mort, les instincts du chasseur se libèrent. C'est en ce sens que la guerre devient une sorte de jeu désespéré. L'ennemi est traqué pour être exterminé et non pour être soumis. On n'éprouve aucune satisfaction à le capturer et à lui imposer obéissance et respect. Sans compter qu'on n'y gagnerait aucune sécurité, puisqu'on le tient pour incapable de comprendre les règles civilisées de la guerre. Par conséquent, lorsqu'il est désarmé et impuissant, l'ennemi tend à devenir une cible d'entraînement pour les soldats adverses.

1. *The Caine Mutiny*, Garden City, NY, Doubleday, 1951 ; trad. fr. Jean Rosenthal, Paris, Phébus, 1996.

Il y a quelques années de cela, un vétéran intelligent de la guerre du Pacifique raconta devant une de mes classes comment son unité avait inopinément « débusqué » un soldat japonais qui se cachait loin à l'arrière de la zone de combat. En attendant d'être envoyée à l'avant, cette unité, formée de recrues relativement fraîches, prenait du repos et se divertissait. L'apparition de cet unique soldat adverse ne les effraya pas, car ils savaient que l'île avait été débarrassée des troupes japonaises. Néanmoins, ils saisirent leurs fusils et commencèrent à le prendre pour cible, tandis qu'il galopait désespérément dans la clairière à la recherche d'un abri. Les soldats trouvaient ses déplacements extrêmement drôles et leurs rires les empêchaient d'achever immédiatement le pauvre homme. Ils réussirent enfin à le tuer et l'incident mit toute la section de bonne humeur, procurant à tous un sujet de conversation et de plaisanteries qui devait perdurer plusieurs jours durant. En faisant le récit de cette histoire, le vétéran insista sur la similitude entre le soldat ennemi et un animal. Apparemment, aucun de ces soldats américains n'avait envisagé un instant que ce Japonais pût nourrir une peur tout à fait humaine et l'espoir qu'on l'épargnerait. Que lui et ses camarades eussent pu trouver l'incident à ce point drôle, c'est là ce qui, rétrospectivement, sidérait le vétéran. À présent, quelques années plus tard, il lui semblait plutôt macabre et cruel, mais sur le moment il n'en avait absolument pas eu conscience.

Comme d'autres récits semblables de combattants de la guerre du Pacifique, celui-ci met mieux en évidence que ne le peut l'analyse l'effet de cette figure de l'ennemi sur l'individu. Au premier abord, le fait de voir en l'ennemi une bête pourrait être considéré comme la représentation la plus satisfaisante moralement, puisqu'elle empêche tout sentiment de culpabilité. Une fois admis le fait de la guerre, on pourrait estimer que l'activité qui consiste à tuer sans scrupules est la plus saine et la plus rationnelle qui soit. La guerre sera toujours un sale boulot, mais en adoptant cette attitude, la contrainte qui s'exerce sur le soldat pour qu'il poursuive sa déplaisante œuvre d'extermination s'en trouve atténuée et ses nuisibles effets psychologiques amoindris, aussi bien pendant les opérations que dans le monde de l'après-guerre. Toutefois, ce point de vue a quelque chose d'illusoire. Manquer de scrupules, lorsqu'il s'agit d'ôter la vie, prive le destructeur de toute catharsis. Rien n'est là pour compenser les effets corrupteurs de la peur et de la haine, sentiments nécessaires pour mener à bien l'entreprise du massacre. Du coup, les soldats imprégnés par cette figure de l'adversaire ont tôt fait d'être transformés en brutes. Le vétéran évoqué plus haut était embarrassé par son comportement à la guerre, parce qu'il ne pouvait comprendre le degré de cruauté inconsciente sous l'effet duquel il avait pu non seulement torturer avec d'autres un être humain sans défense, mais aussi trouver ce spectacle amusant.

Je soupçonne que bien des soldats reconnaissent, à un certain niveau de leur conscience, que cette figure de l'ennemi est erronée et que leur rationalisation est un moyen de rendre les choses plus aisées pour eux-mêmes. Ce n'est que partiellement qu'ils sont victimes de ce qui est étranger, étrange ou bizarre. Ils laissent les différences de langue, de coutumes, et peut-être aussi de couleur de peau, les persuader qu'intérieurement l'esprit, les sentiments et l'âme sont aussi complètement différents. Mais, au XXe siècle, les nations ne sont pas aussi isolées et ignorantes les unes des autres qu'autrefois, sans compter qu'il y a toujours dans nos guerres une « Rose de Tokyo[1] » ou quelque autre phénomène semblable qui est là pour contredire la figure de la bête.

Quand les soldats se laissent totalement abuser par cette figure, il est difficile de prévoir quel pourra être leur comportement lorsqu'ils auront à se mêler, comme troupes d'occupation, à un « ennemi » amical et pacifié. Soit ils parviennent alors à maintenir une séparation entre la figure de

1. C'est ainsi que les soldats américains désignaient les *speakerines* des émissions japonaises qui leur étaient destinées. [NdT.]

l'ennemi qui prévaut en temps de guerre et la nouvelle réalité de la paix, soit il leur arrive, au gré de leurs souvenirs, d'éprouver quant à leur cruauté d'autrefois des doutes et des regrets jusque-là latents. L'ennemi ne peut être si vite passé, raisonnent-ils certainement, de l'état bestial à cette aimable humanité. Les voilà presque contraints d'en tirer la conclusion que c'est la peur et la haine, et aussi la propagande de leur propre gouvernement, qui furent autrefois la cause de leur aveuglement. Il est rare que le vétéran ressente le besoin d'endosser lui-même quelque grande culpabilité, car le coût en serait psychiquement trop important. Mais la stupeur qu'il éprouve devant l'expérience de la guerre n'en est sûrement que plus grande.

Tout aussi importants que les effets moraux de cette figure de l'ennemi, et étroitement liés à eux, sont les effets qu'on pourrait dire anesthésiants. La laideur d'une guerre menée contre un ennemi que l'on juge sous-humain ne saurait guère être exagérée. Dans un tel contexte, où nos sens et notre perception se trouvent totalement émoussés, l'expérience du combat revêt l'aspect d'une faute inexpiée. Les attraits traditionnels de la guerre sont minés par les exigences de la guerre d'extermination, où les règles conventionnelles ne s'appliquent plus. Avec toute son inhumanité, la guerre demeure une institution humaine, et pour qu'elle soit de quelque façon satisfaisante, elle doit conserver ses aspects strictement humains. Or, la figure bestiale de l'ennemi amoindrit jusqu'au plaisir de détruire, car il n'y a pas d'estime pour l'objet détruit. Dans la récente guerre contre le Japon, la peur de la mort était plus importante non seulement parce qu'on y faisait peu de prisonniers et que la torture d'êtres sans défense y était fréquente, mais aussi parce que les compensations – les joies de la fraternité, l'acuité des sens et les plaisirs de la sensualité – étaient moindres.

Bien que les vétérans du Pacifique puissent parler avec une plus grande autorité que moi, il est probable que le caractère révoltant de la guerre contre le Japon ne doive rien au fait qu'elle fut menée sur un terrain semé d'embûches et peu adapté à la guerre conventionnelle. Elle fut atroce parce que la figure de l'ennemi y était, apparemment de part et d'autre, considérablement éloignée de la réalité. Comme aucune catharsis morale n'était possible, le soldat ne risquait guère de parvenir à une réconciliation esthétique avec son destin de combattant. Des milliers de vétérans peuvent témoigner de journées sinistres, terribles et sans répit, dénuées de toute beauté et presque sans aucune qualité humaine d'aucune sorte. À certains moments, le roman *The Naked and the Dead*[1] parvient à dépeindre d'une façon inoubliable la laideur de la Seconde Guerre mondiale telle qu'elle se déroula dans le Pacifique.

Il existe une autre figure de l'ennemi, étroitement liée à la précédente, dont les effets psychologiques sont pourtant encore plus abstraits et mortels. Ici, l'ennemi ne passe pas seulement pour un vil animal ou un sous-homme ; en tant que démon ou du moins en tant qu'être possédé par le démon, il passe aussi pour un surhomme, et c'est comme tel qu'il est tenu pour ennemi de Dieu. Son humanité n'est pas mise en doute, car le démon couvre tout l'éventail des êtres, du sous-homme au surhomme. Et pourtant, en tant que démon animé par une volonté pour le mal, ou bien en tant qu'il est possédé, l'ennemi n'accède jamais au niveau humain. Plus fortement encore que le musulman de l'époque médiévale, le combattant moderne au mode de pensée totalitaire, qu'il soit dévoué à la cause communiste ou à la cause fasciste, a l'impression d'être du parti de Dieu. Sa mission est d'exterminer tous ceux qui s'opposent à la vérité, et c'est là une mission sacrée. Parce qu'il s'efforce de détruire la seule et unique vérité révélée, le seul et unique ordre moral et la nation élue, l'ennemi incarne l'essence même du mal, qui est le diable lui-même. Au mieux, il est possédé par quelque pouvoir démoniaque qui le rend incapable de percevoir ce qui paraît clair comme le jour aux yeux de l'homme de

1. Roman de Norman Mailer paru en 1948, trad. française par Jean Malaquais, *Les Nus et les morts*, Albin Michel, 1950. [NdT.]

foi. Pour le dire brièvement, l'ennemi s'est révolté contre Dieu, un dieu qui est interprété dans le sens où le comprennent les religions politiques modernes, c'est-à-dire en tant que valeur suprême.

À vrai dire, il y a une différence considérable dans les effets induits par cette figure de l'ennemi sur le soldat, selon que la « bête fasciste », le « chien communiste » ou la « hyène capitaliste » sont vus comme intrinsèquement incapables de se convertir, parce que leur nature même est démoniaque ou seulement parce qu'ils sont possédés. Dans le premier cas, il n'est d'autre choix que de les exterminer. Les tuer devient une sorte de sacrement ; et lorsqu'ils en ont assez fait, les tueurs en viennent à se prendre pour de grands prêtres. Mais si l'on pense que l'ennemi est seulement possédé, il sera permis de le faire prisonnier, afin qu'il puisse être confronté à la vérité, devant laquelle même le démon parfois s'incline. Bien que cette dernière interprétation modère jusqu'à un certain point la haine de l'ennemi, elle ne change guère son caractère fanatique et abstrait. Au combat, l'ennemi possédé par le démon est tout aussi fourbe que celui qui est lui-même un démon. À partir du moment où tous deux combattent des soldats qui luttent pour la vérité et pour ce qui est juste, aucun des deux ne mérite de vivre.

Examinons de plus près la figure totalitaire de l'adversaire telle qu'elle paraît à la guerre, elle qui s'avère funeste dans les conflits de notre époque et que l'on ne trouve pas seulement, hélas, dans les États et sous les gouvernements dictatoriaux. Parce qu'elle ne considère aucune autre détermination de l'ennemi que son idéologie, cette figure est abstraite à un degré rarement égalé par d'autres figures. Elle ne s'intéresse en rien aux différences concrètes que l'on peut trouver dans les rangs adverses, pas plus qu'elle ne cherche à élucider les causes de la possession démoniaque ou à comprendre pourquoi des créatures capables d'être des hommes ont plutôt choisi d'être des démons. En fait, l'aspect le plus caractéristique de cette figure est son indifférence absolue à l'égard de l'individualité de l'ennemi. Si ce refus d'individualiser l'ennemi est typique de tous les comportements hostiles, ce n'est que dans le comportement totalitaire qu'il est porté au rang de principe. Le fanatisme du soldat totalitaire procède de son effrayante pureté d'esprit, où ne saurait s'immiscer aucun de ces enchevêtrements de mobiles qui caractérisent l'existence humaine ordinaire. Sa figure de l'ennemi est une conséquence logique de la certitude dogmatique qu'il a d'être dans son droit. Il est coupé de toute autre vérité que la sienne, et d'une façon que la stupidité et l'ignorance ne suffiraient jamais à le faire, parce que sa raison est captive et que toute son expérience est conçue de manière à se conformer à l'unique révélation qui pénètre sa vie affective et intellectuelle. L'expérience n'a plus de fonction d'exploration, mais seulement de confirmation. Seule est digérée cette partie de l'expérience qui s'accorde à la conception que le soldat se fait de la réalité.

Lorsque les démons ennemis n'agissent pas conformément à la nature qu'on leur prête, le soldat totalitaire n'est pas tenté de revenir sur ses dogmes. Au contraire, cela l'incite simplement à découvrir, dissimulés derrière les mobiles apparents, les mobiles secrets de leurs actes. Comme tout démon, l'ennemi est trompeur et fourbe. Il peut feindre la clémence ou l'équité pour mieux tromper la vigilance des innocents ou des sots. Puisqu'on ne peut jamais juger ses actes sur leur apparence, on ne peut lui accorder aucune confiance. Seules une méfiance et une vigilance éternelles nous mettent sur la voie de la sécurité.

Tout ceci s'accroît encore lorsque le combattant totalitaire, comme cela arrive souvent, considère que l'ennemi n'est pas responsable de sa nature démoniaque. Pour un esprit rationnel, l'absence de liberté dans la formation d'un individu incite à la modération et à la tolérance dès lors qu'il s'agit de le punir. Mais c'est plutôt l'inverse qui est vrai pour le totalitaire fanatique. Si les soldats du camp ennemi sont manipulés par une puissance qui leur est extérieure et qui les pousse à lutter contre la vérité de Dieu, il n'est plus besoin de les prendre en pitié ou de les épargner. Puisqu'ils sont déterminés par ce principe du mal et ne sont pas des agents libres, ils ne peuvent être heureux ou satisfaits de leur condition. En termes théologiques, les démons sont tous des créatures de Dieu et ne peuvent se plaindre quand Il s'avise de leur envoyer ses anges pour les éradiquer à Sa convenance. Ne Lui est-il pas permis de faire ce que bon lui semble avec Ses créatures ?

Comme j'ai essayé de le montrer, le caractère abstrait porté par cette figure de l'ennemi est double. L'ennemi n'est pas regardé en tant qu'individu mais en tant que représentant d'un principe du mal, et il est seulement une incarnation de ce principe. Son image étant généralisée et terriblement simplifiée, il en résulte au combat une inimitié qui n'a probablement pas d'égale. Pour viles qu'elles soient, on ne peut haïr des créatures sous-humaines aussi cordialement que l'on hait celui qui viole une figure religieuse. Ici est atteint, dans la séparation vis-à-vis de l'humain, un extrême qui ébranle la fondation de la personnalité. Lorsque deux puissances totalitaires se font la guerre, la colère et la haine qui se lèvent ne peuvent trouver d'apaisement que dans la mort d'une des deux parties. Surtout, l'acte même de tuer s'avère profondément satisfaisant. La colère et la haine trouvent leur « assouvissement » dans la destruction, pour autant que ces affects puissent jamais connaître la satiété. Plus le soldat parvient à faire de victimes, plus il a tendance à s'enorgueillir. Il passe pour un véritable héros aux yeux de son peuple et se voit lui-même comme tel. Pour lui, la guerre n'est en rien un jeu ou un désordre abject. Elle est une mission, une cause sacrée, l'occasion de faire ses preuves et de donner à sa vie une finalité suprême. La haine de l'ennemi permet à ce soldat d'éprouver qu'il est suprêmement réel, et seul le combat peut apporter à cette haine l'apaisement approprié.

Qu'un grand nombre d'hommes puissent s'accrocher à une telle figure de l'ennemi, c'est ce dont le sceptique pourra douter. N'avons-nous pas ici affaire, quelle que soit la guerre, à un nombre insignifiant de soldats concernés ? Je ne le crois pas. L'histoire occidentale a connu bien des armées dans lesquelles cette figure de l'ennemi a prospéré, depuis l'Ancien Testament, où l'adversaire était en effet presque toujours regardé comme un ennemi de Jéhovah, jusqu'au communisme de l'époque contemporaine. Nombreux sont ceux qui croient que le siècle des Lumières a mis fin aux guerres de religion en Occident, mais en fait elles ont ressurgi de plus belle au cours du XXe siècle, sous une forme politique. Pendant la Seconde Guerre mondiale, quand les volontaires SS allemands affrontèrent en Russie des communistes fanatiques, l'inimitié et la haine furent à leur comble, toute trace de l'ancienne chevalerie disparut et tout esprit de modération fut radicalement abandonné. Pour ceux d'entre nous qui cherchent à comprendre en s'aidant de leur imagination, lire les récits des combats qui furent livrés là-bas suffit à nous ébranler jusqu'au tréfonds. Dans un environnement de paix, une telle haine meurtrière ne nous paraît guère vraisemblable, et dans notre effort pour rendre le passé crédible aujourd'hui, nous mêlons les faits à la fiction. Pourtant, même dans ces combats, on n'atteignit pas le degré ultime, car dans les deux camps la majorité des soldats n'étaient pas convaincus par la foi officielle ; affectivement, ils étaient loin d'être des nazis ou des communistes fanatiques.

Toutefois, il n'y a pas de quoi se réjouir du fait, si c'est vraiment un fait, que la plupart des hommes sont incapables d'adhérer longtemps à la théorie qui voit en l'ennemi un démon. Les États-Unis et la Russie se sont dangereusement approchés ces dernières années de ce stade extrême où chacun voit en l'autre l'ennemi du divin. Aux États-Unis, toute une génération est en train de grandir sans aucun contact personnel avec l'un ou l'autre tenant de la foi communiste. Seuls ceux d'entre nous qui abordent le sujet dans les salles de classe peuvent deviner à quel point l'image qu'ils se font du communiste est abstraite. Ces jeunes Américains seraient extrêmement étonnés s'ils pouvaient seulement *voir* un communiste cultivé en train d'exposer sa foi dans une salle de cours ou un amphi ordinaires. Ce qu'il pourrait dire aurait alors moins d'importance que le simple fait d'être vu. En Russie, la figure de l'exploiteur capitaliste américain est encore plus déformée et éloignée de la réalité. À ce stade, si une guerre mondiale devait vraiment se déclarer, il serait aussi aisé que fatal de propager une furie religieuse parmi des populations déjà à moitié convaincues. Au moment où j'écris ces lignes, on peut espérer que les deux systèmes accepteront d'accéder à une connaissance mutuelle plus concrète, car le danger intolérable que représente une guerre de religion s'en trouverait réduit d'autant.

Pour nuisible qu'il soit, le pire effet induit par l'assimilation de cette figure de l'ennemi, que son irréalité implique, n'est probablement pas le rétrécissement de la personnalité et de ses perspectives. Ceux que cette figure anime sont là pour témoigner qu'elle n'est pas intégralement abstraite et irréelle. Les hommes sont effectivement capables d'être possédés par un esprit mauvais, ou par un démon si l'on veut user de métaphore, et bien que ce ne soit pas là toute leur nature, un jugement impartial doit nous faire admettre que cette possession exige, pour être surmontée, une résistance acharnée. Son pire effet est qu'elle conduit généralement le soldat à se concevoir comme ange vengeur. L'autosatisfaction chez un tel soldat, son impénétrable vanité le rendent essentiellement incapable de grandir. Il se trouve pris dans l'étau d'une admiration de soi stérile. L'expansion de son ego répond exactement au progrès de sa bigoterie. Coupé de l'expérience et de toute réflexion libre, il vit plus ou moins en automate sans qu'il s'en doute jamais. Ni sa haine de l'ennemi, ni son autosatisfaction ne sont naturelles ou organiques ; au contraire, toutes deux sont mécaniques et pathologiques. Seul un choc profond pourrait le détourner d'une idée de lui-même que la figure de l'ennemi a tant contribué à instaurer.

La figure de l'ennemi qui prévaut chez les hommes raisonnables, une fois la guerre achevée, ne peut auparavant être cultivée que par une minorité de soldats, à la fois réfléchis et relativement indépendants dans leur jugement. Je me réfère ici à l'adversaire vu comme un homme essentiellement convenable, mais temporairement leurré par de fausses doctrines ou contraint de faire la guerre contre sa volonté et contre ses propres aspirations. L'adversaire est un être humain comme nous, victime de forces supérieures qu'il ne peut maîtriser. Ici, la figure qui le représente est concrète, car en elle le soldat ne pense pas à l'ennemi de façon générale, puisqu'il reconnaît chez lui des différences d'opinion et de tempérament semblables à celles qu'il observe dans ses propres rangs. En fait, il est hautement probable qu'il l'ait acquise grâce à l'observation de ses propres camarades. Il songe que partout à travers le monde les gens se ressemblent pour beaucoup, et que seul un accident de l'histoire a fait du soldat qui se trouve de l'autre côté du front un ennemi plutôt qu'un allié. Mieux encore, il a la certitude intuitive qu'en fréquentant de plus près les soldats adverses, les raisons qu'ils ont de combattre lui apparaîtraient dans tout ce qu'elles doivent avoir de contraignant pour eux. Plus il sera conscient des causes historiques du conflit et des torts partagés entre les deux camps, plus il sera en mesure de trouver des justifications aux actions de son adversaire.

Même lorsqu'un tel soldat est profondément convaincu que ses ennemis sont animés par des idées sur la mission qui incombe à leur pays ou par une idéologie fausses, et qu'à cet égard ils doivent être à tout prix vaincus, il sent bien que ces idées peuvent être expliquées par l'histoire ou par la duplicité et le mauvais génie qui inspire leurs chefs. Après le choc de la défaite, ils auront besoin d'une rééducation pour revenir à des mœurs plus pacifiques. Il se dit que bon nombre de ceux qui se trouvent de l'autre côté du front sont assez conscients de l'injustice de la cause pour laquelle ils se battent. Mais ils sont pris dans un dilemme douloureux, car ils doivent ou bien combattre ou bien encourir la disgrâce et peut-être même leur exécution. Ou alors, se dit-il, s'ils combattent pour l'amour de leur patrie, c'est parce qu'ils ignorent tout des causes véritables de la guerre ou bien simplement parce qu'ils ne savent pas quoi faire d'autre, comme c'est le cas pour tant de soldats au sein de sa propre armée. Dans leur vaste majorité, ils sont à ses yeux les victimes d'un pouvoir néfaste.

C'est là la figure de l'ennemi que de nombreux gouvernements favorisent de nos jours au début des conflits armés. Ainsi, des institutions gouvernementales proclament qu'elles n'ont rien contre les peuples en tant que tels, mais seulement contre leurs dirigeants politiques. À dire vrai, il s'agit parfois d'un procédé de propagande destiné à semer la désunion dans les pays ennemis, mais il est aussi arrivé que cette figure soit portée de bonne foi par un grand nombre d'individus. Après tout, il est plus facile pour un peuple qui a eu une histoire relativement heureuse de croire qu'il n'est pas détesté par les citoyens ordinaires d'une autre nation que de croire le contraire. Beaucoup de soldats pénètrent dans la zone de combat avec la conviction secrète que leur adversaire ne désire pas réellement mettre fin à leur vie. Peut-être ces soldats ont-ils séjourné dans le pays ennemi sous d'heureux auspices et savent d'expérience que ses habitants sont humains et appréciables. Il est possible aussi qu'ils aient appris à chérir certaines mœurs de l'ennemi, un peu de sa musique ou de sa littérature. Au premier abord, il sera d'autant plus difficile pour un Allemand qui combat contre un Français, ou pour un Américain qui combat contre un Italien, pour ne prendre que ces deux exemples, d'avoir à l'esprit une autre figure de l'ennemi qu'il a probablement de la famille ou du moins des relations dans le camp adverse.

Toutefois, il y a dans cette attitude une profonde contradiction, et il est extrêmement difficile pour le combattant de la conserver. Comment l'ennemi qui a été mis sur la mauvaise voie pourrait-il être réformé à coups de revolver ? S'il est victime d'un cas de *force majeure*[1], comment pourra-t-on le libérer du joug de ses chefs sans qu'il soit lui-même détruit ? Il est presque impossible pour le combattant de se préparer psychologiquement à des affrontements sanglants s'il est mû par la volonté de vaincre tout en gardant à l'esprit une telle figure de l'ennemi. Comment pourrait-il s'enthousiasmer pour une opération comme *Operation Killer*[2] ou s'empresser d'exécuter les ordres de ses supérieurs quand ils lui commandent d'aller au-

1. En français dans le texte. [NdT.]
2. C'est le nom donné à l'offensive que les Américains lancèrent le 21 février 1951 en Corée du Sud pour reprendre les territoires occupés par les troupes communistes chinoises et nord-coréennes. [NdT.]

devant de l'ennemi ? La guerre elle-même lui apparaîtra sans doute comme la plus grande folie et le plus grand crime jamais perpétré. S'il tue, il sera tourmenté par sa conscience, mais s'il ne prend pas sa part dans la vie collective que le combat impose à tous, il sera tout aussi tourmenté. Le soldat qui, luttant contre l'envahisseur, se trouve à la frontière de son propre pays aura moins de mal à trouver la volonté de s'opposer à lui ; mais dans les guerres modernes, on lui demande le plus souvent d'aller combattre sur des rivages lointains et des terres inconnues.

Les officiers de carrière perçoivent sans difficulté les inconvénients, au point de vue militaire, d'une telle vision de l'ennemi, et en règle générale ils s'y opposent farouchement. Si la victoire doit être obtenue, alors la haine des soldats pour l'ennemi doit être maximale. C'est pourquoi le portrait qui en est fait est le plus sombre possible, sa réputation d'adversaire impitoyable étant exagérée de tous les côtés. Les officiers de carrière considèrent qu'une partie de l'entraînement psychologique de leurs troupes doit être un entraînement à la haine, et plus la guerre perdure, plus cette approche se fait subtile et systématique. Dans les deux camps, le thème dominant de la propagande consiste à identifier dans les rangs ennemis les exécutants aux chefs. C'est ainsi que, pendant la Seconde Guerre mondiale, tous les Allemands devinrent des nazis et tous les Japonais des shintoïstes fanatiques, de même qu'aux yeux des Allemands tous les Russes furent des communistes et tous les Américains de gras impérialistes ou la dupe de Juifs diaboliques aux yeux de leurs ennemis. La guerre a sa propre logique, comme je l'ai déjà souligné, et une telle transformation n'a sans doute guère besoin d'être consciemment dirigée. Dans notre siècle, la figure humaine de l'ennemi est de plus en plus combattue aussi bien par les chefs militaires des pays démocratiques que par ceux des pays totalitaires. Peut-être les professionnels sont-ils eux-mêmes davantage tourmentés que nous le pensons par cette double figure de l'ennemi, démon d'un côté, frère d'armes de l'autre. Mais un long entraînement leur permet d'étouffer sur commande toute sympathie pour l'adversaire et de l'anéantir impitoyablement au moment opportun.

On trouvera dans *Guerre et Paix* un passage instructif, où Koutouzov, le général russe vainqueur de Napoléon, s'adresse à une partie de ses troupes, à un moment où elles sont implacablement lancées à la poursuite de la Grande Armée, avec l'intention de détruire ce qu'il reste d'elle. Au vieux général dressé sur sa monture, qu'il dépeint à la fois en soldat professionnel et en aimable grand-père, Tolstoï fait tenir ce discours :

> Écoutez, amis. Je sais, c'est dur pour vous, mais que faire ? Patientez, nous n'en avons plus pour longtemps. Quand nous aurons reconduit nos visiteurs, nous nous reposerons. Le Tsar n'oubliera pas vos services. C'est dur pour vous, mais vous êtes quand même chez vous, tandis qu'eux, voyez où ils en sont, dit-il en montrant les prisonniers. Pis que les derniers des mendiants. Tant qu'ils étaient forts, nous ne les plaignions pas, mais maintenant eux aussi on peut les plaindre. Ce sont aussi des hommes. N'est-ce pas, mes enfants ?

Arborant un air perplexe pour quelques instants, il change tout d'un coup totalement d'attitude et achève ainsi son discours :

> Mais aussi, qui leur a demandé de venir chez nous ? C'est bien fait pour eux, sacrés enfants de p…, dit-il tout à coup en relevant la tête. Et brandissant sa cravache, il partit au galop, pour la première fois de toute la campagne[1].

Le soldat rationnel percevra le caractère illogique de cette attitude et refusera de l'adopter. Les adversaires ne sauraient être en même temps des êtres humains qu'il faut prendre en sympathie et des « sacrés enfants de p… ». Pour celui qui voit en l'ennemi un individu induit en erreur, les soldats comme Koutouzov sont les victimes d'un code militaire nuisible. Certes, les autres visions de l'ennemi, qui le représentent en animal ou en démon, lui sont encore plus étrangères. Il peut comprendre le soldat qui, parce qu'on lui a fait du tort, est

1. Léon Tolstoï, *Guerre et Paix*, trad. Élisabeth Guertik, Le livre de poche.

animé par une haine personnelle profonde et un désir de vengeance, même s'il lui arrive de tressaillir devant l'inhumanité de sa furie. Mais les autres figures de l'ennemi, qui s'enracinent dans une superstition magique et primitive, sont incompréhensibles à ses yeux. Il aimerait croire qu'une meilleure connaissance et une vraie éducation seraient à même d'écarter de telles représentations, mais il ne peut en être sûr, car son expérience de la guerre lui a démontré jour après jour la puissance des passions aveugles.

Le combattant qui refuse de céder à une haine abstraite, au moment de se forger une figure de l'ennemi, se retrouve seul et isolé sur les champs de bataille de l'époque moderne. Souvent, il se demande pourquoi il n'a pas obéi naguère à d'autres instincts, se déclarant pacifiste et objecteur de conscience devant les cruautés insensées de la guerre. Puisque les positions extrémistes sont largement majoritaires en temps de guerre, il a la certitude, si un choix devait être fait, qu'il appartient aux pacifistes radicaux plutôt qu'aux apôtres de la destruction totale. Pourtant, il rejette les deux extrêmes. En temps normal, il croit suffisamment à la légitimité de la cause de son pays et aux torts de l'ennemi pour se battre et donner sa vie s'il le faut. Que de nombreuses victimes innocentes doivent souffrir et mourir à cause de combats menés au service d'une justice imparfaite, c'est là pour lui une vieille leçon de l'histoire, dont il peut d'une certaine façon s'accommoder. Ce n'est pas tant le fait de souffrir ou de mourir qui l'écœure ; c'est plutôt la brutalisation des affects et la corruption du cœur que le combat prolongé apporte avec lui.

Je sais que je hais le travail que j'effectue dans cette guerre et que la guerre elle-même cherche à détruire lentement tout ce qui m'est propre et à quoi je tiens jalousement. En lisant ce soir dans le Vœlkicher Beobachter, qui a été confisqué à un prisonnier, les mots qu'un soldat allemand a écrit dans son journal, disant qu'il avait perdu au cours de longues années de guerre son « Moi » et sa personnalité, j'ai frémi. Ce soldat parlait pour moi [...]. Naguère j'essayais d'être doux et bon, à présent j'interroge de mal-

heureux civils et je m'enorgueillis de ma sévérité et de mon indifférence à leurs supplications. Peut-être le pire qu'on puisse dire est que je suis en train de devenir un soldat.

Nous avons cassé la vitre de la porte, puis nous l'avons déverrouillée de l'intérieur [...]. [le nazi qui s'était suicidé] gisait mort dans un coin, une balle dans la tempe. C'était un spectacle cruel, mais pas particulièrement émouvant pour moi. J'ai pris son revolver et je l'ai laissé là [...]. J'ai songé que sa fin était juste, qu'elle était la solution à un problème. Je ne sais comment je suis devenu si dur au cours de ces derniers mois [...]. Dieu du ciel, aide-moi à conserver mon humanité.

Le pacifiste qui refuse de prendre les armes ne nie pas nécessairement la supériorité d'une cause sur une autre, mais il n'admet pas que la violence puisse déterminer ou établir cette supériorité. Pour lui, la guerre en tant que moyen est pire que le mal qu'elle cherche à éliminer. Si le soldat rationnel faisait davantage confiance à ses sentiments, il adhérerait de tout cœur à cette doctrine. La guerre est certainement le pire moyen de résoudre les problèmes humains. Après quelques mois passés au combat, il connaît mieux qu'aucun pacifiste les maux essentiels de la guerre. Mais la voix de la raison ne manquera pas de contredire ses sympathies, lui assurant qu'en renonçant au moi extérieur, en se retirant dans quelque citadelle intérieure de liberté et de résistance, le pacifiste n'apporte aucune réponse aux malheurs de ce monde. Il peut être sûr, murmure à son oreille la voix de sa raison, que sa place est au milieu de la mêlée. S'il est forcé de faire plus de mal que ne pourrait le supporter le pacifiste, il se trouve aussi dans la position de pouvoir faire plus de bien que lui. Sa culpabilité est lourde, mais il a la chance de pouvoir se racheter ici et maintenant ; chez lui ou dans quelque camp réservé aux objecteurs de conscience, il n'en aurait aucune.

Un tel soldat ne connaît à la guerre ni la sécurité ni la paix intérieures. La position médiane qu'il a choisie est instable, car les extrêmes menacent de l'engloutir. Il ne s'agit pas seulement d'un conflit entre la raison et les sentiments, car, dans certaines circonstances de la guerre, la voix de la raison qui parle en faveur du pacifisme est puissante. À mesure que la guerre progresse, il semble qu'il ne puisse plus choisir qu'entre divers maux et qu'il lui soit de plus en plus difficile de discerner le moindre mal. Il songe à la fin de la guerre, quand la réconciliation avec l'ennemi pourra commencer et qu'il pourra participer à la reconstruction de ce qu'il a aidé à détruire. Parfois, il songe à la mort comme au seul moyen de se sortir de l'écheveau inextricable des événements, dont il est partiellement responsable. Si les monstruosités de la guerre le préoccupent trop exclusivement, c'est en partie parce que la majorité de ses camarades paraissent avoir oublié toute considération morale. La détermination qu'il met à se forger une figure concrète de l'ennemi est responsable des conflits de conscience dans lesquels il se trouve empêtré. S'il pouvait suivre la voie plus aisée que ses camarades ont choisie, le champ de bataille serait délivré de la moitié de l'horreur qu'il y voit. Comme je l'écrivais :

Comme je me suis vite fatigué de cette guerre. Cela me brise le cœur de voir ces foyers italiens détruits, des gens misérables, nus et frissonnants, arrachés à tout ce qu'ils possédaient en ce monde. Quand cela prendra-t-il fin ?

Ce que je ressens face à l'occupation des Alliés en Italie est difficile à dire. Lorsque je vois, comme hier, un soldat américain marcher dans la rue en tenant par la main deux enfants italiens, qui eux-mêmes en tiennent deux autres par la main, j'ai l'impression que tout ira pour le mieux. Mais lorsqu'on me raconte que le service de renseignement de la Ve armée à Mondragone est sous la coupe d'un agent qui fume le cigare et passe son temps à crier : « Fous-lui sur la gueule à ce bon à rien », ou « mets-moi ce rital au trou », et d'autres expressions du même genre, je me prends à douter.

La figure concrète de l'ennemi est compatible avec la guerre limitée des époques antérieures. Le soldat pouvait, en ce temps-là, combattre avec un entrain relatif, et peut-être voyait-il dans la guerre un mode d'existence humain confus mais non contradictoire. Grâce à sa vision réaliste de la nature humaine et face à la lente marche de l'histoire, il pouvait acquérir la vertu de patience. Ce qui submerge son semblable d'aujourd'hui, c'est le caractère inhumain de la guerre totale. Le soldat raisonnable est incapable de saisir le caractère totalement déraisonnable de la haine abstraite et du fanatisme. La vertu absolue et le vice absolu sont à ses yeux tout aussi irréels que l'innocence ou la culpabilité collectives. Il y a chez un tel soldat consciencieux des limites à la sympathie et à la compréhension dont il est capable, or ces limites sont franchies dans la guerre moderne. C'est pourquoi il est une âme perdue à l'époque de la guerre totale et de la guerre mondiale. Il n'a pas sa place chez lui ou en prison, dans un camp de travail pour pacifistes ou au sein de la machine militaire. À moins que les nations ne reviennent aux anciens usages de la guerre ou de la paix, il ne pourra respirer librement et se mouvoir dans la sphère qui lui est propre que lorsqu'elles auront purement et simplement renoncé à la guerre.

Combien de soldats sont-ils animés par ces figures de l'ennemi au cours d'une guerre moderne ? Bien sûr, il est impossible de répondre à cette question. Dans bien des cas, la figure qu'il a à l'esprit est ou devient une figure composite, et on n'y trouvera guère cette netteté de distinction qu'il m'a paru nécessaire d'établir dans l'analyse. Pourtant, cette dernière figure se mêle bien plus rarement aux trois autres que celles-ci ne se mêlent les unes aux autres. Elle est le résultat d'une réflexion, or celui qui a appris à penser concrètement ne haïra pas de façon abstraite, en tout cas pas pour longtemps. Seule cette figure recèle un grand espoir pour l'avenir. Il y a une question riche en possibilités : ne pouvons-nous pas espérer que, dans les conditions modernes de communication et de transmission de la connaissance, les attitudes réalistes à l'égard des nations potentiellement ennemies se renforceront, tandis que de moins en moins d'individus pourront produire en eux des figures bestiales et démoniaques ? Cette question est inséparablement liée au problème de l'avenir de la guerre.

Dernièrement, j'ai entendu dire en Allemagne qu'une nouvelle guerre entre l'Allemagne et la France était impensable, parce que ces deux peuples ont appris à se connaître si intimement qu'il ne saurait se propager assez d'hostilité entre eux. Cette affirmation est souvent étendue à l'ensemble des pays de l'Europe occidentale. Depuis la dernière guerre, grâce aux vertus du voyage et aux multiples communications de toutes sortes, ceux-ci se sont à ce point rapprochés qu'un autre conflit entre États européens ne pourrait pas avoir lieu. Le raisonnement qui sous-tend ces affirmations revient à penser que les figures et les haines abstraites d'autrefois ont progressivement laissé place à une connaissance concrète et même à de l'amitié de part et d'autre. De nos jours, des peuples voisins se connaissent mieux que ne le pouvaient, il y a une génération de cela, les habitants des cités voisines d'une même nation. Toute cette argumentation paraît raisonnable. Il ne viendrait à personne l'idée de nier que les peuples du monde se rapprochent les uns des autres, au sens où les contacts physiques se développent en même temps que la connaissance, ne serait-ce que superficielle, des coutumes, des origines et des aspirations propres à chacun d'entre eux. Est-ce que cela ne va pas devenir de plus en plus difficile pour les gouvernements de créer, à l'endroit des autres peuples, une figure crédible de la bête ou du démon ?

Espérons que oui. Mais je ne suis pas très confiant. La proximité physique ne nous garantit aucune compréhension ou proximité d'esprit. Durant des centaines d'années, des classes sociales ont assez souvent coexisté au sein d'une même nation tout en restant excessivement ignorantes les unes des autres. Nous en avons encore de nombreux exemples dans le monde d'aujourd'hui. Si les guerres civiles sont moins nombreuses qu'autrefois, n'est-ce pas parce que les gouvernements ont appris à faire un meilleur usage de la police secrète, elle qui est capable de détecter à l'avance les signes de troubles futurs – plutôt que parce que le sentiment d'hostilité aurait décru ? Nous avons tendance à juger les relations entre groupes de façon trop extérieure et à trop nous fier aux apparences. J'ai rencontré beaucoup de gens à qui leurs propres compatriotes inspiraient une haine féroce :

Hier soir nous sommes allés à quatre chez une Française anglophone. Elle habite avec sa mère dans une agréable villa à Saint-Raphaël [...]. À l'entendre nous parler des agissements de la Résistance, et de la façon dont les collaborateurs sont tués, nous avions la chair de poule. Il ne fait pas de doute que les Français haïssent avec le plus grand ressentiment. Elle nous a parlé avec délectation d'un événement à venir, qui devait avoir lieu aujourd'hui, au cours duquel les maquisards et d'autres groupes de la Résistance devaient raser en public la tête de quarante jeunes Françaises qui se sont montrées trop proches des Allemands. Elle avait l'air d'être une femme charmante, et elle l'était effectivement, mais elle parlait des ennemis de la France avec une telle brutalité !

Ces gens vivent dans la haine. Ce qu'ils sont capables de faire à leurs victimes est presque incroyable. Ils portent sur eux des photographies épouvantables montrant les atrocités commises par les Allemands contre des résistants. Ils se nourrissent de haine. Tout cela est étrange et horrible. Ici, la mort est dans l'air qu'on respire, et d'autres choses pires encore que la mort [...]. Je pense aussi qu'il n'y a pas de religion ici, et aucune piété. C'est peut-être une grande erreur de croire, comme cela a été notre cas à tous, que la souffrance mène à l'humilité et à la piété.

Pourtant, en y réfléchissant, seul un progrès lent et incertain de la conscience et du souci des autres peut nous rapprocher d'eux, et non le simple fait de les fréquenter ou d'entretenir des rapports superficiels avec eux, pas plus que la seule connaissance de ce qu'ils sont. Lorsqu'on demande si notre génération est animée par une plus grande amitié et un plus grand souci pour les autres peuples que ne l'étaient nos ancêtres, notre réponse est hésitante. Le chemin qui doit nous mener à un monde plus pacifique nous est dissimulé par les mobiles complexes du cœur humain. Notre capacité de compassion et de tolérance à l'égard des différences immenses qui existent entre les individus et les peuples ne constitue qu'une seule des conditions importantes pour y parvenir. Une autre condition est d'avoir assez de force et de perspicacité pour reconnaître notre liberté individuelle et la responsabilité effective qu'il nous faut assumer pour les actes que nous commettons à la guerre comme à la paix.

Peu de choses manifestent mieux ce qu'est l'homme en tant qu'homme de guerre que sa tendance à se dépouiller de toute responsabilité à l'égard de la souffrance et des drames qu'il inflige. Et si nous pouvions bien interpréter cette absence de tout sentiment de culpabilité chez la plupart des soldats de l'époque moderne, il ne nous serait pas difficile de prédire ce que nous réserve encore le XXe siècle. Comment les hommes peuvent-ils accomplir à plusieurs, sans en avoir conscience, des choses qui les tourmenteraient de façon intolérable s'ils devaient les accomplir seuls ?

Assis chez nous dans notre salon, loin de toute action et de toute passion, la plupart d'entre nous aiment à croire qu'ils ne céderont plus jamais aux haines abstraites. Nous nous enorgueillissons de notre sentiment d'indépendance à l'égard des médias de masse, et nous nous persuadons sans difficulté que nous n'avons d'autres maîtres que nous-mêmes. Du reste, beaucoup d'entre nous sont indifférents aux pires aspects des manifestations hystériques de masse ; les voix insistantes qui se font entendre à la radio, dans les journaux et à la télévision ne nous gagnent pas si aisément, bien que nous ayons toujours été jusqu'ici entraînés avec les autres. En fait, historiquement, le bilan de notre résistance au déferlement n'est guère probant, et au moins pour moi, c'est une pensée à méditer. N'avons-nous pas, nous autres modérés, tendance à surestimer nos forces en temps de crise ?

Pire encore peut-être : peu d'entre nous apprennent jamais à quel point la peur et la violence peuvent faire de nous des créatures aux abois, prêtes à se défendre bec et ongles. Si la guerre m'a enseigné une chose, c'est la conviction que les gens ne sont pas ce qu'ils paraissent être ou même ce qu'ils croient être. Lorsque la peur nous envahit, rien n'est plus tentant que de céder à la tyrannie de la nécessité et d'agir de façon irresponsable en obéissant aux injonctions d'un autre. Nous parlons aisément de liberté et de responsabilité, mais presque toujours sans discerner le courage d'acier qu'il nous faut pour les rendre effectives dans nos existences.

Chapitre VI

Le tourment de la culpabilité

Il s'est avéré que l'homme que j'ai interrogé et emmené dans nos quartiers était un espion [...]. Quand je suis retourné sur place deux jours après, on l'avait « brisé » en lui faisant subir des interrogatoires interminables et en le battant sans retenue [...]. Cela m'a rappelé Scarpelini, que j'ai aussi arrêté et remis aux autorités en Italie [...]. Une chose me satisfait, c'est de savoir que ces hommes n'étaient pas d'innocents soldats. Ils savaient à quoi ils pouvaient s'attendre. L'Allemand était depuis quinze ans un idéaliste nazi [...]. Suis-je responsable de leurs morts ? Tous deux auraient pu s'échapper si je n'avais pas été là [...]. Ils avaient certainement du sang sur les mains et désiraient certainement en avoir plus encore. Ai-je leur sang sur les miennes ? Mais je suis plus chanceux que bien des soldats qui doivent tuer toujours plus d'hommes innocents. Ce qu'il y a de plus difficile peut-être, c'est que je ne ressens aucune culpabilité.

(Journal de guerre, 4 novembre 1944.)

Rien ne révolte plus un esprit sensible que ces actes sanglants et injustes de la guerre qui ne laissent aucune trace de culpabilité et demeurent impunis à tout point de vue humain. Si nous n'avions pas nous-mêmes l'habitude de fuir nos responsabilités, un tel comportement nous jetterait dans les bras du cynisme le plus nihiliste, ou, au mieux, dans un état de perplexité absolu au sujet de la nature humaine. Pourtant, il est en chacun de nous une voix qui fait écho aux sentiments d'Hamlet : « Si l'on traite chaque homme selon son mérite, qui échappera au fouet ? »

Le combattant n'incline pas à se repentir des actes de violence qu'il commet. Des hommes qui, dans leur vie privée, sont scrupuleux en ce qui concerne la justice et le droit conventionnels sont capables à la guerre de détruire sans scrupule la vie et le bonheur d'autrui. À les regarder, on dirait qu'ils n'ont pas de regrets. Il est compréhensible, bien sûr, que les soldats à la guerre ne soient pas tourmentés par leur conscience, alors qu'ils luttent pour leur existence contre des hommes qui s'efforcent de les tuer. Et si l'ennemi est regardé comme une bête ou un démon, on ne risquera guère d'être assailli par des sentiments de culpabilité quand il sera mort par notre main. Mais les guerres modernes sont connues pour leur propension à détruire ceux qui n'y participent pas et à dévaster des domaines et des territoires qui se trouvent sur le chemin des armées terrestres ou des forces aériennes. Au cours de la Seconde Guerre mondiale, le nombre des pertes civiles a excédé celui des soldats tués au combat. Quoi qu'il en soit, pour l'individu qui verse dans la culpabilité, le champ des possibles est incommensurablement plus vaste que ne l'est celui des actes spécifiques qu'il pourrait commettre contre une armée ennemie. Vu les mille aléas de la guerre, il est arrivé à presque tous les combattants de manquer de porter secours à des camarades pris dans une situation critique ; péchant par omission ou par leurs actes, presque tous furent responsables de la mort de gens qu'ils n'avaient pas l'intention de tuer. Par affolement ou par peur, presque tous les officiers ont à un moment ou un autre exposé leurs propres hommes à des destructions inutiles. Ajoutez à cela les innombrables actes d'injustice omniprésents à la guerre qui, s'ils n'entraînent peut-être pas la mort, apportent inévitablement la douleur et l'affliction, et l'observateur impartial pourra se demander comment ceux qui participent à de tels actes pourraient jamais sourire et jouir d'insouciance à nouveau.

La triste réalité, c'est apparemment que la grande majorité des vétérans, sans parler de ceux qui contribuent à les alimenter en armes et minutions, se sentent aisément délivrés de toute responsabilité après que les événements ont eu lieu, et souvent même pendant qu'ils y prennent part. Bien des pilotes ou des artilleurs n'ont jamais ressenti aucun regret ou remords après avoir décimé des quantités incalculables de civils terrifiés. Plus d'un général ayant gagné ses lauriers au prix de pertes et de souffrances humaines terrifiantes, dans son camp comme chez l'adversaire, pourra se remémorer sa carrière avec une grande satisfaction intérieure. Ainsi sommes-nous faits, nous autres créatures humaines ! Souvent, nous sommes choqués de voir à quel point les actes et les erreurs commis par nos anciens ennemis leur inspirent peu de remords et de regrets. À l'issue de la Seconde Guerre mondiale, par exemple, les Américains se désolent que la population allemande ne ressente pas plus de responsabilité que cela pour avoir infligé Hitler au monde. De leur côté, les Allemands ont de la rancœur parce que peu d'Américains paraissent regretter les bombardements qui ont réduit en cendres les villes allemandes et mis à feu et à sang des femmes et des enfants sans défense. Il apparaît symptomatique d'une certaine mentalité moderne de s'émerveiller de l'absence de culpabilité chez les autres, tout en supposant comme une évidence la réalité de notre propre innocence.

Nul doute que des causes historiques déterminantes expliquent pourquoi leurs actes inspiraient relativement peu de regrets aux soldats des époques antérieures, et en particulier aussi pourquoi les soldats de l'époque moderne sont capables d'éluder si aisément leurs responsabilités. Je pense que l'on peut raisonnablement supposer que les combattants des guerres du XXe siècle ne sont moralement ni pires ni meilleurs que ne l'étaient leurs grands-pères ou leurs arrière-grands-pères dans les guerres d'autrefois. Néanmoins, il existe aujourd'hui des facteurs nouveaux qui, combinés aux échappatoires de toujours, rendent plus facile pour la majorité des soldats de supporter la culpabilité que la destruction de vies innocentes suscite dans nos conflits contemporains. Ces facteurs nouveaux résident aussi bien dans l'interprétation contemporaine de la culpabilité que dans la nature du combat actuel.

Notre époque semble particulièrement confuse en ce qui concerne la signification et la valeur que l'on peut donner à la culpabilité. Avec l'avènement de la psychologie moderne et la prédominance des philosophies naturalistes, on en est venu à comprendre la culpabilité dans un sens exclusivement moral. Les dimensions religieuses et métaphysiques qu'on lui prêtait autrefois sont de plus en plus oubliées. En outre, les psychologues naturalistes ont tendance à voir dans le sentiment de culpabilité un obstacle au libre développement de la personnalité et au couronnement d'une conception optimiste de l'existence. Ils se plaisent à reconduire ce sentiment aux couches sombres et subconscientes de l'âme, soulignant son caractère rétrograde par opposition aux pulsions grâce auxquelles l'homme naturel se projette dans l'avenir. De là vient que la culpabilité, réduite à son sens moral, a été de plus en plus qualifiée d'immorale. Certains l'associent à une sorte de maladie qu'il faudrait guérir à coup de traitement psychiatrique. Bien que ces modernes médecins de l'âme aient conscience que l'homme désinhibé ne constitue pas un idéal atteignable, ils n'en luttent pas moins pour que chacun parvienne à accepter son identité et sa nature pour ce qu'elles sont. L'individu est alors autant que possible délivré des regrets que lui inspirent ses actions passées et du devoir ardu qui lui commande de perfectionner son caractère.

Même si ces doctrines se trouvent modifiées au gré de la pratique et sont rarement comprises dans leur sens le plus profond, les idées générales qu'elles véhiculent se répandent dans les couches les plus larges de la population et contribuent à former le sentiment dominant de l'époque. Même le commun des soldats soupçonne qu'il n'est pas bien vu aujourd'hui de s'encombrer de culpabilité. Quand il lui arrive d'exposer les sentiments qui l'oppressent, tout le monde, du pasteur au médecin, a tendance à lui dire de « ne plus y penser ». Comme le plus souvent c'est justement ce qu'il désire entendre, « ne plus y penser » finit par constituer le plus inquiétant des phénomènes qui affectent l'esprit moderne.

Dans la guerre elle-même, les tranquillisants les plus puissants sont évidemment, pour la conscience, la présence d'autrui, car il fait la même chose que vous, et aussi la certitude d'agir sous les ordres de « supérieurs » qui auront à répondre des actes de chacun. Aussi longtemps que le soldat se voit comme un élément parmi d'autres et s'identifie à son unité, à son armée ou à sa nation, il y a peu de chances que sa conscience pâtisse de ses actes ou qu'il ressente le besoin d'en répondre lui-même. Tout sentiment de culpabilité présuppose la capacité de répondre en tant qu'individu à l'appel de la conscience. J'emploie le verbe « répondre » dans sa signification originelle : répondre à une question ou à une exigence qui s'adresse à notre moi. Nous ne répondons à notre conscience que lorsque nous sommes en mesure de nous séparer d'autrui, et par là même de prendre conscience, souvent douloureusement, de ce qui nous distingue de lui. Bien que l'on puisse tenir l'appel de la conscience pour une voix impersonnelle qui nous parle de l'extérieur, la réponse que nous avons à lui donner ne saurait se former qu'intérieurement, car elle appartient spécifiquement au moi individuel. Pourquoi as-*tu* fait ceci ? Pourquoi n'as-*tu* pas fait cela ? Si vraiment nous entendons l'appel et si nous tentons d'y répondre, notre réponse doit commencer avec le pronom personnel singulier. Ainsi, il me faut ici commencer par moi-même tel que j'étais alors :

On dirait que ma conscience s'encrasse peu à peu [...]. Si seulement je pouvais me sortir bientôt de cette guerre et remettre les pieds sur un sol dont la terre intacte me lavera de mes souillures ! J'ai encore d'autres choses sur la conscience [...]. [Un certain H., accusé dans une petite ville d'être l'agent local de la Gestapo] était un vieil homme de soixante-dix ans. Lui et sa femme paraissaient effrayés, vieux et misérables […]. Je me suis montré assez dur avec lui et je me souviens de l'avoir assigné à résidence en le menaçant d'enquêter sur lui […]. Avant-hier, j'ai appris que lui et sa femme s'étaient suicidés en avalant du poison. J'y suis retourné accompagné de Fain, et nous les avons trouvés morts dans leurs lits, lui couché sur le dos – et de façon assez effroyable j'ai pensé à mon père –, elle recroquevillée sur le côté, le visage dissimulé. À côté du lit se trouvait un carton sur lequel il avait gribouillé : Wir mussten elend zu Grunde gehen. Der Herr Gott verzeihe uns. Wir haben niemandem leid getan. *[Nous devons périr misérablement. Que Dieu nous pardonne. Nous n'avons fait de mal à personne.] Cet incident m'a durement affecté et c'est encore le cas. J'ai été directement ou indirectement la cause de leur mort […]. J'espère que cela ne pèsera pas trop lourd sur ma conscience, et pourtant je n'en serais pas moins perturbé si ce n'est pas le cas.*

Puisque normalement la conscience s'éveille dans la culpabilité, au sens ou une conscience perturbée est généralement le premier indice de sa propre existence, il apparaît clairement qu'une des fonctions importantes de la culpabilité est de nous faire prendre conscience de nous-mêmes. Quelle que soit la réponse qu'il donne, celui qui entend l'appel de la conscience découvre la liberté sous la forme du choix : il aurait pu agir autrement qu'il ne l'a fait ; un des actes commis par lui aurait pu être autre. La totalité du champ du possible de l'action humaine s'ouvre à lui en même temps que survient la reconnaissance, lourde de conséquences, que c'est à lui qu'il revient de tracer sa voie. La conscience est donc en premier lieu une forme de la conscience de soi. C'est cette forme-là qui nous offre le sentiment incontestable de notre liberté individuelle et sépare pour nous le domaine du réel du domaine de l'idéal. C'est la vie de la réflexion qui commence alors, et désormais l'histoire intérieure de l'individu ne se conforme plus à son destin extérieur.

Mais on n'a pas besoin d'un individu éveillé, tant il est vrai que tout dans la guerre conspire à nous empêcher de répondre à cet appel de la liberté. Ennemi et allié confinent l'individu dans sa petite existence, et il est difficile de s'en isoler ou d'échapper à leur présence. La loyauté qu'il doit à son unité s'insinue en lui par des moyens conscients et inconscients : l'ennemi cherche à détruire cette unité et il faut à tout prix l'en empêcher. Il fait corps avec les autres dans une fraternité scellée dans le danger. Chez lui, la conscience des autres peut bien être vague, elle n'en est pas moins une réalité omniprésente ; elle s'apparente fortement au rêve éveillé. Il est directement conscient de ses camarades, c'est-à-dire de la demi-douzaine d'hommes qu'il connaît relativement bien, auxquels s'ajoutent quelques douzaines d'autres qui sont à la périphérie de sa conscience. Au-delà de cette sphère, des milliers d'autres individus l'entourent, dont il sent la présence. C'est un vaste ensemble d'« amis » inconnus qui fait face à une masse tout aussi vaste d'« ennemis » inconnus, et lui se trouve au milieu d'eux tous. Leur présence rend sa situation supportable, car ils l'aident à vaincre la solitude qui devant la mort – qu'elle soit effective ou seulement possible – l'oppresse. Il est quelque chose en lui qui répond puissamment à l'attrait du collectif. Les ordres qu'il reçoit de ceux qui ont la charge de son destin le soutiennent quand il se trouve au beau milieu du désordre. À travers l'imperceptible présence d'autrui, qu'il soit ami ou ennemi, l'individu est comme soutenu et dirigé par des fils invisibles.

Si, en pleine opération, il se trouve pris dans une situation périlleuse sur le champ de bataille, la conscience qu'il a de faire partie d'un organisme risque de le plonger dans des sentiments contradictoires, se succédant à toute vitesse, de puissance et d'impuissance. « Si je n'atteins pas ce type là-bas ou si je ne tiens pas cette mitrailleuse jusqu'au bout, mes camarades seront tués et je serai la cause de leur mort. Tout dépend de moi. » Mais quelques minutes plus tard, il se demandera sûrement ce qu'un fusil ou une mitrailleuse logés dans une petite portion du champ de bataille pourraient bien changer à l'issue finale. Il ne voit plus quelle est sa place dans l'ensemble et risque de sentir à quel point sa dépendance est absolue. Il agit en permanence comme il sent qu'il doit le faire, qu'il soit entraîné par des sentiments d'exaltation, de désespoir, de loyauté ou de haine et bien d'autres encore. La plupart du temps, il est hors de lui-même, agissant simplement en tant que représentant des autres, en tant que membre d'une entité suprapersonnelle qui obéit à des ordres venus d'ailleurs. C'est au service de ce groupe ou de cette unité qu'il tue ou échoue à tuer, qu'il combat courageusement ou prend la fuite. Après coup, il n'entend aucune voix lui demandant de rendre compte de ses actes, ou bien, s'il entend cette voix, il n'éprouve aucun besoin d'y répondre.

Pour les natures moins sophistiquées, cette présence d'autrui s'étend également aux armes et aux engins de guerre. Ceux-ci se personnalisent et le soldat finit par s'y attacher comme à une extension de lui-même. Lorsqu'il se trouve dans une position difficile, il puise en eux un grand réconfort, comme abri ou bouclier, comme une seconde peau. D'un côté, ces armes aident à empêcher le soldat d'endosser la responsabilité des morts qu'il cause. « Je n'ai tué personne, c'est mon arme ou ma grenade qui l'a fait », lui est-il suggéré inconsciemment. D'un autre côté, les armes aident à remplir les espaces intermédiaires qui le séparent des autres. Elles aident à cimenter le mur de fraternité qui lie le soldat à son propre camp et le dissimule en l'abritant, tout en empêchant l'ennemi de devenir trop réel. À moins qu'il soit emporté dans une extase meurtrière, il lui est plus facile de détruire à quelque distance. Car à chaque mesure de distance supplémentaire, la réalité de l'acte décroît d'autant. L'imagination faiblit et disparaît complètement lorsque la distance devient trop grande. Ainsi, une bonne part de la cruauté insensée des guerres récentes est le fait de combattants agissant à distance et incapables de se représenter les ravages causés par leurs armes puissantes.

Là où ses armes et ses camarades ne suffisent pas à étouffer sa conscience de soi et sa responsabilité personnelle, le soldat pourra souvent puiser du secours et du réconfort dans la terre elle-même. La relation qu'il entretient avec la nature est probablement assez différente de ce sentiment élémentaire d'appartenance auquel les êtres très sensibles doivent parfois leurs sentiments les plus poétiques et les plus délectables. Le combattant étreint la terre et les arbres pour y trouver protection, pour se « mettre à couvert » comme le dit de façon si expressive le langage militaire. Alors il ne pense pas à la terre comme à la source de son existence, mais comme à un moyen de la préserver contre ceux qui cherchent à l'isoler et à le détruire. La nature fait partie de la situation dans laquelle il se trouve ; elle est une présence, dans le sens très spécial où ses armes et ses camarades sont aussi une présence pour lui. S'il se met à chérir la terre, à chérir, par exemple, les parois de son trou de combat, ou les arbres, les talus, les nuages et le soleil, ce n'est pas en tant que ces choses font partie de la nature. Elles lui sont chères en tant qu'instruments de protection contre l'ennemi. En un sens, tout est là pour lui, tandis que lui n'est là que pour les autres. De toutes choses, lui-même inclus, il fait des instruments. Il est un doigt sur la détente, un conducteur de char, un bombardier, un éclaireur, et il peut même se réjouir d'être un tel instrument. C'est ainsi que tout concourt à l'empêcher de s'éveiller à lui-même. D'ailleurs, une fois sur deux, le soldat est un complice semi-conscient de ce phénomène. Pourquoi donc devrait-il endurer la douleur de la réflexion et le périlleux isolement qu'une conscience de soi acérée peut occasionner ?

Dans les armées très mécanisées, bien des soldats éprouvent une certaine satisfaction à servir les machines qu'on leur confie. L'automatisation de la vie militaire s'est considérablement accrue avec le perfectionnement et la complexité des engins et des armes de guerre, et il est certain que les êtres humains qui les servent sont influencés par leur caractère automatique. Comme il leur faut s'adapter aux lois de leurs mécanismes, il en résulte nécessairement que les habitudes des combattants se mécanisent elles-mêmes de plus en plus. Inévitablement, l'individualité est supprimée lorsque des soldats doivent coordonner leurs mouvements et toutes leurs activités quotidiennes au service du bon fonctionnement d'un engin de guerre. Mais ce qui est significatif, c'est qu'ils soient si nombreux à y prendre du plaisir. Il y a ici, je pense, une forme perverse de liberté, la liberté de ne pas avoir à réagir de façon nouvelle et imprévisible. Quelle qu'en soit l'origine, l'amour de la machine – et plus il est compliqué et exigeant, plus l'amour est grand – est un élément important du combat moderne. L'Allemand endurci que j'ai cité plus haut, qui s'effondra en larmes après la destruction de son char, est loin d'être un cas isolé. Les penseurs qui croient qu'un nouveau type d'homme émergera forcément comme produit de notre progrès technologique feraient bien d'étudier en détail les variations du rapport des hommes à leurs armes de guerre au cours du siècle dernier.

Dans les pays totalitaires, la volonté de devenir fonctionnaire prospère davantage parce qu'elle est consciemment partagée au sommet par le dictateur lui-même. La conscience de soi est combattue en tant qu'adversaire des enthousiasmes collectifs. En 1944 et 1945, il m'a fallu écouter des fonctionnaires du parti et de la police fasciste ou nazie s'écrier avec une régularité écœurante, lorsqu'ils étaient faits prisonniers : « J'ai la conscience tranquille ! » Pour atroces que fussent les actes auxquels ils avaient pris part, c'était toujours le même refrain : « Je n'ai rien fait de mal. J'ai la conscience tranquille. » Si je les ai soupçonnés au début de nourrir, dissimulés derrière ces protestations, de réels sentiments de culpabilité, j'ai fini par me convaincre que leurs actes n'inspiraient à ces hommes aucun regret véritable. Comme fonctionnaires, la culpabilité était dans tous les cas un mot vide pour eux. Pour autant qu'elles eussent jamais connu l'éveil, l'absence de réponse avait depuis longtemps réduit au silence l'appel de leurs consciences. Ce qui me faisait tant horreur dans leur inhumanité, c'était le plus souvent, plutôt qu'une perversion sadique, une certaine absence d'émotion. Les machines ne peuvent répondre, elles peuvent seulement fonctionner au service de quelque chose ou de quelqu'un.

Il m'était particulièrement odieux de constater que ces gens s'attendaient à subir de ma part le même traitement que celui qu'ils avaient infligé à leurs victimes. Ainsi, après que je l'eusse interrogé et consigné dans une cellule, un officier particulièrement repoussant du Service de sécurité, appelé *Genickschuss*[1] en raison de la réputation que lui valait son habitude d'exécuter des Polonais, résistants ou juifs infortunés, d'une balle dans la nuque, écrivit en toute hâte une lettre d'adieu à sa femme et à ses enfants. Le geôlier me l'apporta moins d'une heure après et me demanda ce qu'il devait en faire. Après l'avoir lue, je demeurai sidéré par les références qu'il y faisait à sa mort imminente.

« A-t-il l'intention de mettre fin à ses jours ? » demandai-je au geôlier allemand.

L'air incrédule, celui-ci me répondit simplement : « Aucun risque. Il s'attend à ce que vous le traitiez comme il traitait lui-même ses prisonniers. »

Dans une sorte de rage sidérée à l'idée des crimes terribles qu'il avait commis, je m'exclamai : « Si je faisais ce qui est juste, c'est exactement ce que je ferais ! »

Je n'oublierai jamais la réponse paisible que me fit le geôlier : « Monsieur, me dit-il, c'est nécessaire. »

Toutefois, pour beaucoup de soldats, une manière bien plus consciente d'échapper à l'appel de la conscience procède de ce qu'ils agissent « sur ordre ». C'est alors aux supérieurs qui donnent les ordres d'assumer la responsabilité et de subir les conséquences des actes commis. Lorsqu'on leur demandait, comme il m'est arrivé de le faire, quels supérieurs auraient à assumer cette responsabilité, la réponse qu'on me donnait était généralement vague. Si on insistait assez, on apprenait que c'était au commandant en chef de porter tout le poids de la culpabilité pour des actes qui, commis en temps de paix, eussent entraîné de lourdes sanctions.

1. Littéralement « coup de feu dans la nuque ». [NdT.]

J'étais stupéfait de constater que tant de civils américains enrôlés paraissaient accorder beaucoup de poids à leur prise de serment. Souvent, j'entendais la remarque suivante : « Lorsque j'ai levé la main droite pour prêter serment, je me suis délivré des conséquences de mes actes. Je ferai ce qu'on me dira de faire et personne ne pourra me le reprocher. » Bien sûr, dans les organisations militaires, l'usage a toujours été de tenir l'officier le plus haut gardé pour juridiquement responsable des actes commis par ses hommes. Cependant, les pays anglo-saxons ont depuis longtemps appris à distinguer, au moins en temps de paix, entre responsabilité légale et responsabilité morale. Mais il n'en demeure pas moins clair à mes yeux que la plupart des soldats qui invoquaient leur prise de serment se sentaient également délivrés du poids de leur responsabilité morale. La satisfaction que leur inspirait cette délivrance était souvent parfaitement visible. Devenir un soldat, c'était donc comme échapper à sa propre ombre. Si commettre des actes de violence sans encourir les sanctions habituelles que la société inflige aux violents ne semblait pas naturel au départ, pour beaucoup d'entre eux la chose n'était pas désagréable. Cela ne deviendrait que trop vite une habitude.

Pour une nation plus légaliste comme l'Allemagne, où la distinction entre la loi et le bien, entre la justice d'État et la morale privée n'a jamais été nettement établie, l'abrogation de la responsabilité individuelle à l'égard des actes commis est encore plus aisée à obtenir. Il est difficile pour l'Amérique civile d'appréhender la conversion mentale et morale qu'un militaire de carrière allemand doit effectuer s'il veut s'opposer à sa hiérarchie en toute connaissance de cause. Pour beaucoup d'entre nous, l'excuse parut bien facile quand, à Nuremberg ou ailleurs, les officiers de Hitler justifièrent à cor et à cri les atrocités commises par eux en invoquant « les ordres ». Toutefois, pour la plupart d'entre eux, cela suffisait à expliquer et excuser leurs actes. Je soupçonne la majorité des Allemands de n'être toujours pas convaincus qu'un soldat doive être légalement sanctionné pour avoir « fait son devoir », si inhumain fût-il. À peine ai-je besoin d'ajouter que beaucoup d'Américains, aussi bien les militaires de carrière que les autres, n'en sont pas non plus convaincus.

À vrai dire, depuis les procès de Nuremberg, les nations occidentales ont officiellement rejeté l'idée qu'un soldat serait dans son droit lorsqu'il obéit à des ordres qui le rendent complices de crimes. Le soldat doit faire la distinction entre les ordres illégitimes et ceux qui sont conformes à son devoir de soldat. Si l'on en croit les déclarations officielles, on suppose que cette distinction est toujours claire, mais en réalité, dans les conditions de la guerre totale, il est bien plus difficile de faire la part des choses. Notre époque est prise dans une contradiction douloureuse, dont elle ne pourra se sortir qu'à la condition de renoncer aux guerres, ou tout du moins à la manière de les conduire qui a été celle de notre génération. D'un autre côté, nous en sommes venus à croire à l'idée d'une victoire totale sur l'ennemi, et à la nécessité d'employer à cette fin tous les moyens imaginables. Comme la puissance résiduelle de l'adversaire réside dans son potentiel industriel et dans la force de travail de sa population civile, nous avons été contraints d'écarter la vieille distinction entre combattants et non-combattants. Par conséquent, dans ce type de guerre, les considérations morales deviennent de plus en plus obsolètes tant que les hostilités font rage. Plus elles durent, plus les adversaires s'approchent des limites au-delà desquelles tout est permis.

Toutefois, sitôt la victoire acquise, voici que nous sommes choqués au-delà de toute mesure par cette licence morale, et que nous exigeons des sanctions sévères contre le vaincu qui a violé les lois de la guerre. Lorsque la raison prend l'ascendant sur les passions, tout le monde ou presque peut voir que le fait de confier nos droits individuels à des forcenés, qui visent la victoire à tout prix, revient à inviter le chaos moral parmi nous. À ce qu'il semble, plus nous transgressons à la guerre ce qui est essentiel à la dignité humaine, plus nous nous persuadons après coup de la nécessité de maintenir inviolés les droits de l'individu. Il n'est guère étonnant, cependant, que la majorité des soldats, vaguement conscients de cette contradiction, refusent d'avoir à affronter des problèmes si confus et perturbants.

Tout à fait incertains quant à la question de savoir s'ils seront plus tard considérés comme des héros ou comme des crapules, beaucoup trouvent plus simple d'ignorer ces problèmes moraux en y pensant le moins possible. Mieux vaut laisser la conscience en sommeil, mieux vaut faire comme font les autres ou comme on nous dit de faire et alors nous verrons bien ce que l'avenir nous réserve. De toute façon, qui sait s'il y aura même un avenir ? À la guerre, bien des soldats ont le sentiment d'être si totalement empêtrés dans le présent qu'ils abandonnent leur volonté à leurs supérieurs et vivent dans l'anonymat consolateur de la foule.

Tout ceci forme bien une description exacte et extérieure de la réponse ou de l'absence de réponse à la culpabilité individuelle qu'entraîne la conduite de la guerre chez la plupart des soldats, mais elle manque toutes les voies subtiles que cette culpabilité emprunte pour s'imposer durant le conflit et se rendre présente à la conscience de la minorité. Il existe différents degrés et différentes sortes de culpabilité, et pas seulement une unique déclaration formelle de notre tribunal intérieur proclamant notre culpabilité ou notre innocence pures et simples. Les soldats qui répondent à l'appel de la conscience se trouvent confrontés aux situations les plus déconcertantes, où tous les choix qu'ils pourraient faire s'avèrent inappropriés. Ils ont tôt fait d'apprendre que presque toutes les relations que l'individu peut entretenir avec le monde qui l'entoure, tout particulièrement à la guerre, sont susceptibles de le jeter dans les affres de quelque culpabilité. Car la culpabilité n'est pas moins omniprésente dans notre existence et notre pensée que la liberté elle-même. Mais pour conscient qu'il soit de sa responsabilité personnelle dans tel aspect du combat, le soldat n'est pas nécessairement conscient des nuances les plus subtiles de la culpabilité. Pourtant, il arrive parfois que l'éveil de la conscience soit total et absolu, exigeant du sujet qu'il établisse alors un jeu de relations à l'ami et à l'ennemi qui soit entièrement différent.

C'est un moment décisif dans la vie d'un soldat que celui où on lui ordonne de faire quelque chose qu'il juge totalement contraire à l'idée qu'il se fait du bien et du mal. Il découvre, probablement pour la première fois, qu'un acte qu'il juge criminel peut être considéré comme nécessaire par un autre que lui. C'est tout son être qui s'insurge alors, et en prenant ainsi conscience de sa liberté, il peut se trouver contraint de se déterminer pour un acte qui engage sa vie ou sa mort. Il se sent pris dans une situation à laquelle il ne peut rien changer et à laquelle pourtant il ne saurait participer. Le passé ne peut être défait et on ne peut échapper au présent. Dès lors, puisque les circonstances extérieures ne peuvent être changées, le seul choix qui lui reste est de se changer lui-même.

Ceux qui n'en ont pas eux-mêmes fait l'expérience ne pourront imaginer que de façon insuffisante ce que cela peut bien impliquer lorsqu'on se trouve au beau milieu de la bataille. Car cela implique de s'opposer aux autres et de perdre d'un seul coup leur présence consolatrice. Cela implique d'être délivré de la sanction approbatrice que le supérieur hiérarchique donne à nos actes, délivré de notre appartenance entière à l'organisation militaire et, par la même occasion, de l'expansion de notre ego que cette appartenance nous procure. Soudain, le soldat se sent abandonné et privé de toute sécurité. Sa conscience l'a isolé, elle dont la voix est un avertissement : Si tu fais cela, tu ne seras pas en paix avec moi à l'avenir. Tu peux le faire, mais tu ne devrais pas ; tu dois agir en homme et non comme instrument de la volonté d'un autre.

Je me souviendrai toujours de la figure que faisait un soldat allemand tandis qu'il nous décrivait une semblable prise de conscience radicale. Lorsque nous l'avions emmené pour enquêter sur lui dans les Vosges en 1944, il combattait contre ses propres compatriotes aux côtés des maquisards français.

Comme je lui demandai quelles raisons avaient pu le pousser à déserter pour rejoindre les rangs de la Résistance, il me répondit en me faisant le récit de sa participation à des représailles allemandes contre les Français. Au cours d'un de ces raids, son unité avait reçu pour instruction de brûler un village et de ne laisser aucun de ses habitants en réchapper. (Ce village était peut-être Oradour et ce soldat un de ceux qui avaient pris part à cet épouvantable massacre, mais à l'époque nous n'étions guère informés de ce qui se passait ailleurs et je ne lui demandai aucun nom.) En nous racontant comment des femmes et des enfants avaient été abattus tandis qu'en hurlant ils fuyaient leurs maisons en flammes, son visage se crispait douloureusement et il ne pouvait presque plus respirer. Il était clair que cette expérience extrême l'avait ébranlé au point de lui faire prendre conscience de sa propre culpabilité, une culpabilité pour un crime qu'il craignait de ne pouvoir jamais expier. Sur le moment, il n'avait pas eu assez de courage ou de détermination pour s'opposer au massacre, mais en désertant peu après pour rejoindre la Résistance, il avait fait preuve d'un changement radical d'orientation. Pour terrible que fussent les reproches qu'il s'adressait au sujet d'événements irréversibles, cette expérience l'avait révélé à lui-même et plus jamais il ne pourrait agir en exécutant.

Aux Pays-Bas, on raconte l'histoire d'un soldat allemand, membre d'un peloton d'exécution qui avait pour tâche de fusiller des otages innocents. Refusant de prendre part à l'exécution, il était soudainement sorti du rang. Cet homme avait été sur-le-champ accusé de trahison par l'officier commandant le peloton, placé aux côtés des otages et aussitôt exécuté par ses camarades. En agissant ainsi, ce soldat avait abandonné une fois pour toute la sécurité que lui procurait le groupe et s'était exposé aux exigences ultimes de la liberté. Dans un moment crucial, ne se soumettant plus aux ordres qui lui venaient de l'extérieur, il avait répondu à la voix de sa conscience. On ne peut que supposer, dans cette affaire, l'influence que son acte dut avoir sur les bourreaux et leurs victimes. En tout cas, elle ne fut certainement pas mineure, et l'exemple donné par ce soldat ne saurait manquer d'inspirer tous ceux qui entendent parler de cet épisode. Sans cette noblesse d'âme, qui se révèle maintes et maintes fois à l'humanité en temps de guerre, nous ne pourrions guère supporter de lire des récits de combat.

Bien sûr, ce sont là des exemples extrêmes, qu'il ne faudrait pas tenir pour typiques. En temps normal, l'éveil de la culpabilité se produit de façon bien plus progressive, et parvenir à la clarté au sujet du devoir qu'il faut rendre à son pays ou à soi-même est une source d'angoisse et de doute, qui nous atteint parfois pendant des mois et des années. Mais la prise de conscience initiale est la même dans tous les cas : il existe une ligne qu'un homme n'ose franchir, des actes qu'il n'ose commettre, et cela quels que soient les ordres qu'on lui donne ou le caractère désespéré de la situation, car ces actes détruiraient en lui quelque chose auquel il tient plus qu'à la vie même. Il peut fort bien décider que son supérieur, son armée ou son peuple, bien qu'il puisse à bon droit exiger de lui le sacrifice de sa vie, ne sauraient lui ordonner de faire quelque chose qui violerait son moi le plus intime. Toutefois, cette conclusion décisive a beau lui apparaître avec une grande clarté dans les moments de paix et de repos, le soldat n'en est pas pour autant blindé contre l'anxiété et la peur de la mort. Dans la mêlée du combat, il se peut qu'il ressente la même chose que ceux de ses camarades qui n'ont pas connu l'éveil de la conscience, à savoir que la vie, après tout, est tout ce qu'il a. La résolution individuelle est ainsi constamment attaquée par la tension et le désordre de la vie au combat. Son corps, découvre-t-il, n'est pas toujours soumis à sa volonté. Il est des pulsions et des émotions qui toujours et encore l'emportent et le conduisent à agir contrairement à l'idée qu'il se fait du bien. C'est contre son désir le plus intime qu'il s'expose à la culpabilité. En lui la conscience est une voix bien avant d'être une puissance ; et il désire y répondre bien avant qu'il ait acquis assez de résolution pour cela. Quoique cette voix soit insistante, il y a en lui des pulsions plus impérieuses qui parviennent à le dominer quand il se trouve pris dans l'action violente.

Cependant, sa conscience a instauré une image de l'idéal : celle d'un homme qui, quelles que soient les circonstances, se conduira avec indépendance et dignité. Au combat, son histoire intérieure sera donc celle d'une lutte pour conformer son existence à cet idéal. Il se peut que le soldat doive combattre la peur qu'il a d'abandonner involontairement ses camarades dans un moment critique et d'être ainsi la cause de leur mort. Il se peut qu'il ait scrupule à tuer des soldats ennemis. Ou alors il peut être totalement persuadé de la légitimité de la cause nationale et de la nécessité de détruire des vies pour défendre cette cause, mais sans pour autant renoncer à s'opposer à tel ou tel moyen mis en œuvre par son camp. Il se peut aussi que, empêtré dans un écheveau de relations personnelles tel qu'on en voit communément dans les organisations militaires, il doive lutter pour bien se conduire dans une époque de tension et de péril. Multiples sont les occasions et les situations où le soldat n'est plus en mesure de rejeter la responsabilité de ses actes sur autrui et doit se battre pour rentrer en possession de lui-même. La voix de la conscience l'accuse constamment d'agir de façon inadéquate et insuffisante et l'enjoint d'accroître ses efforts. Confronté à certaines situations, l'idéal d'agir en homme finit par lui paraître utopique.

La culpabilité pourra survenir de bien d'autres manières que sous l'effet d'une peur naturelle de la douleur ou de la mort. Les guerres modernes abondent en situations limites où le soldat se trouve contraint de choisir entre différents maux et où chaque choix qui se présente à lui revient à sauter dans l'inconnu, tant les conséquences sont à chaque fois imprévisibles. Il a rarement affaire à une situation où le mal lui apparaît clairement, comme lorsqu'il s'agit d'exécuter des otages ou de mitrailler des civils en fuite. Au contraire, il lui faut souvent choisir entre secourir un camarade blessé et le mettre à l'abri ou rester à son poste pour protéger des gens qu'il ne connaît pas. Il lui faut parfois choisir le bien-être de son unité au détriment de celui d'autres unités ou de la population civile. La faim, le froid et les pulsions animales sont partout présents à la guerre, même en pleine surabondance de nourriture, de chaleur et d'autres délicatesses. Lorsqu'il renonce à sa nourriture ou à la chaleur de sa chambre au profit d'un gamin misérable ou d'une mère hagarde, son acte de charité ne le réconforte guère, car il est trop éphémère. Devant le spectacle du besoin, ses efforts lui paraissent sans importance au point d'être vains. Même si le soldat peut devenir un homme relativement altruiste au service de la population civile ou de camarades plus faibles que lui, il sera rarement en paix avec lui-même. Jusqu'à un certain point, il se sentira toujours coupable de ne pas faire ce qu'il devrait ou de faire ce qu'il ne devrait pas. Ceci est inévitable, bien sûr, parce qu'il est un homme qui, dans des circonstances où les êtres humains sont des moyens employés au service de fins suprapersonnelles, considère les autres et lui-même comme des fins en soi. Les hommes sont traités comme un matériau à exploiter au service d'intérêts nationaux réels ou imaginaires. Tout ce que les soldats qui ont connu l'éveil de la conscience peuvent espérer faire dans une telle société, c'est améliorer le sort des moins bien lotis et agir aussi humainement que possible dans un environnement inhumain. Les occasions de se montrer humain sont ordinairement assez nombreuses dans les zones de combat, mais la liberté du soldat y est pressée de toutes parts. Cela revient à se mouvoir en étant suspendu à un rail.

Les ordres de la hiérarchie qui ont le plus tendance à affecter ce type de soldat sont ceux qui évoluent aux marges de l'interdit, autrement dit ceux qui transgressent la ligne que lui ne doit pas franchir s'il veut vivre en accord avec sa conscience. La satisfaction que ceux qui n'ont pas connu l'éveil de la conscience éprouvent en se faisant l'instrument de la volonté de leurs supérieurs est une cause majeure d'affliction pour les consciences éveillées. Devoir exécuter des ordres auxquels il ne croit pas, souvent donnés par des hommes qui sont très éloignés des réalités auxquelles ces ordres se rapportent et souvent motivés par une haine abstraite, c'est là le lot commun du soldat combattant. L'homme de conscience ne peut alors survivre moralement qu'à la condition de suivre de tels ordres à la lettre tout en désobéissant à leur intention.

Le grand avantage qu'offrent les positions de première ligne, c'est que ce type de désobéissance y est souvent possible, puisque la surveillance relâche son emprise là où il y a danger de mort. Il est arrivé à bien des soldats consciencieux de découvrir qu'ils pouvaient, avant d'y obéir, réinterpréter les ordres conformément à leur vision des choses. Les plus chanceux échappent aux ennuis avec leurs supérieurs ; les moins chanceux finissent souvent dans les quartiers disciplinaires ou même dans des cellules de condamnés à mort. Dans tous les cas, la tension que subit un tel soldat, entre d'un côté la voix de sa conscience, et de l'autre ses supérieurs, qui exigent de lui qu'il agisse comme moyen et instrument de leurs volontés, s'apaise rarement. S'il veut échapper à cette tension, il n'a le choix qu'entre abandonner sa conscience à ses supérieurs ou défier ouvertement leurs ordres, en encourant par là des conséquences funestes pour sa vie et sa liberté. Tant qu'il le pourra, il cherchera à éviter de se retrouver devant pareille alternative.

Voici un exemple personnel. Pendant plusieurs mois au cours de la Seconde Guerre mondiale, je fus rattaché à une division d'infanterie dont l'officier du renseignement, qui avait le grade de colonel, était un tyran insensible. Il se réjouissait d'avoir sous ses ordres notre détachement de six hommes, mais en même temps notre niveau d'instruction supérieur et notre indépendance d'esprit lui inspiraient du ressentiment. Il aimait à se mêler de notre travail, assez spécialisé, qui consistait à interroger la population civile pour débusquer les espions et les saboteurs que les Allemands pouvaient avoir ou bien dépêchés de l'autre côté du front ou bien laissés sur place en battant en retraite. De plus en plus, je m'irritais et m'insurgeais contre les ordres souvent très durs qu'il donnait en vue d'imposer des restrictions et des interdictions civiles. Comme nous étions bilingues, nous étions son seul moyen de communication avec la population civile, en qui il voyait un enfer de nuisances à ne tolérer que parce qu'on ne pouvait l'expulser aisément des zones de combat.

Lorsque notre division eut atteint les premières villes d'Alsace, nous trouvâmes de nombreux jeunes Alsaciens en habits civils, qui, profitant d'une permission, avaient déserté l'armée allemande et s'étaient cachés, au péril de leur vie, en attendant notre avancée. Les Alsaciens avaient aidé ces jeunes gens à se cacher et à échapper aux griffes impitoyables de la Gestapo. Certains d'entre eux avaient auparavant combattu contre les Allemands, mais l'Allemagne ayant annexé l'Alsace et la Lorraine au moment de la défaite de la France en 1940, ils avaient été enrôlés dans les armées de Hitler. À la première occasion, ils désertaient. Bien sûr, à présent qu'ils pouvaient enfin quitter leurs caches et aller publiquement au-devant de leurs amis et de leurs voisins, ils se réjouissaient. Bon nombre d'entre eux vinrent nous voir et offrirent de nous aider dans nos activités de renseignement. Comme nous avions désespérément besoin d'aide (seuls deux hommes de notre détachement savaient assez d'allemand pour être efficaces), nous eûmes bien du travail à leur confier.

Cependant, le colonel avait noté qu'on voyait ici des hommes jeunes dans les rues, au contraire de ce qui se passait ailleurs en France, où ils brillaient par leur absence. Il téléphona au chef de notre détachement pour lui demander une explication. En s'appuyant sur notre rapport, le capitaine lui dit ce qu'il en était. La réaction du colonel fut immédiate : « Ont-ils des certificats de démobilisation délivrés par l'armée allemande ? » On lui expliqua qu'on ne délivrait jamais de certificats de démobilisation aux déserteurs, puisque c'était contraire aux usages de l'armée allemande. La conclusion qu'il en tira nous coupa le souffle. Puisque c'était comme ça, ces hommes étaient des prisonniers de guerre, et il nous fallait donc les regrouper et les convoyer officiellement par camions jusqu'aux vastes camps de prisonniers établis en France. Le colonel insistait pour qu'on agisse vite. Notre capitaine, qui était d'accord avec nous mais craignait le colonel, nous supplia de procéder dès le jour suivant à l'arrestation des déserteurs, ainsi qu'on nous l'avait ordonné.

J'avais la chance d'avoir pour collègue germanophone un jeune homme décidé et intelligent. Originaire de Boston et d'ascendance irlandaise, il n'était pas pratiquant et pas trop scrupuleux sur les questions religieuses non plus, mais c'était quelqu'un de juste. Ensemble, nous résolûmes de ne pas obéir à l'ordre qu'on nous avait donné. En effet, y obéir était la meilleure manière de nous aliéner complètement la population alsacienne, qui se montrait amicale et qu'on avait tant maltraitée. Pour des parents, voir leurs fils, qui avaient déjà risqué leur vie pour échapper à l'armée allemande, embarqués dans les mêmes camions que les soldats allemands honnis puis convoyés vers des camps de prisonniers, cela ne pouvait qu'envenimer dès le départ leurs relations avec les « libérateurs ». De plus, ces ordres étaient manifestement injustes aux yeux de jeunes gens qui se considéraient comme nos alliés et voulaient soutenir notre cause de toutes les façons. Nous espérions tous deux éviter l'incident en nous contentant d'ignorer l'ordre et en continuant à faire notre travail, qui d'ailleurs ne manquait pas. Mais le colonel nous rappela et se montra cette fois insultant et très insistant. À nouveau, nous l'ignorâmes, bien que notre capitaine nous suppliât d'obéir. Le troisième jour, le colonel en était à nous menacer de cour martiale et de pire encore au motif que nous avions désobéi à un ordre explicite.

Que devions-nous faire ? Après en avoir discuté, nous décidâmes de continuer à refuser. Ce n'était pas tant du courage de ma part que de l'épuisement physique et du dégoût moral devant les injustices de la guerre. Dans le langage le plus obscène, mon collègue déclara que l'armée pouvait le traduire cent fois en cour martiale, mais qu'il n'obéirait pas à un ordre aussi stupide et insensé. Son humeur lasse et maussade l'inclinait à s'obstiner devant l'immense stupidité de sa hiérarchie. Il était à la guerre depuis bien plus longtemps que moi, puisqu'il avait servi et s'était distingué en Afrique et en Sicile, puis en Italie et en France. Si l'injustice d'un tel ordre le tourmentait moins que moi, sa résolution était plus grande, et elle me fortifiait. Je songeais aux quartiers disciplinaires que nous avions aperçus en Afrique du Nord, à mon renvoi déshonorant de l'armée et à la honte qui en retomberait sur mon vieux père, qui ne comprendrait pas pourquoi il m'avait fallu désobéir. Pourtant, je savais que si je ne traçais pas une limite en cette circonstance, plus jamais je ne serais capable de le faire. Si je ne refusais pas de participer à l'arrestation de ces hommes innocents, je ne pourrais plus rien refuser de ce que ce colonel ou un autre m'ordonneraient de faire. Je sentais que j'étais à bout. Nous allions à l'affrontement, et l'identité du vainqueur faisait peu de doute. Le sentiment de solitude et d'isolement qui m'envahissait m'aida à comprendre à quel point j'avais été jusque-là soutenu par l'approbation silencieuse des « autres ». Même mon compagnon en désobéissance ne pouvait m'alléger du poids de ce fardeau de l'esprit, car toute cette querelle ne lui inspirait que du cynisme et de l'amertume.

Heureusement, l'affaire connut un dénouement tout à fait différent de celui que nous avions imaginé. Car avant d'aller plus loin, le colonel décida d'en appeler à l'état-major de l'armée et de lui signaler notre insubordination. Par chance, il tomba sur un officier intelligent qui nous connaissait vaguement tous les deux, et cet officier voulut savoir pourquoi nous persistions à désobéir aux ordres. C'est précisément ce que le colonel n'avait pas encore pris la peine d'expliquer. Lorsqu'il eut dit nos raisons, le service du renseignement de l'armée les trouva justifiées, et en un jour ou deux, il délivra un ordre stipulant que tous les déserteurs alsaciens devaient être laissés à leurs familles et qu'ils ne devaient en aucun cas être transportés ailleurs aux côtés des prisonniers de guerre allemands.

Contre toute attente, nous avions eu gain de cause, et nous fûmes plus tard confortés en apprenant que, partout où notre division était passée, la population s'était montrée nettement plus favorable aux Américains qu'en d'autres parties de l'Alsace-Lorraine. Dans les zones où les déserteurs avaient été arrêtés puis détenus dans des camps de prisonniers, ils avaient dû subir des épreuves et des humiliations de toutes sortes. Assez ironiquement, c'était parce qu'ils ne portaient pas d'uniforme que nos troupes les traitaient comme des lâches ne méritant pas le respect qu'on accorde aux prisonniers réguliers.

Ceci n'était qu'un incident de guerre, objectivement de peu d'importance, si ce n'était qu'il avait inspiré à certains secteurs de la population des sentiments favorables ou hostiles à la cause des Alliés. Toutefois, subjectivement, ce fut pour moi une sorte de tournant. Je n'y gagnai pas une grande confiance en ma capacité à résister aux pressions extrêmes exercées par ma hiérarchie, mais j'avais établi qu'une ligne pouvait être tracée entre les droits de la personne et les exigences militaires. Je n'ignorais pas que seul un pur hasard m'avait permis d'échapper aux conséquences que mon insubordination aurait normalement dû m'attirer, mais je sentais néanmoins que cela m'avait immensément renforcé au cas où j'aurais à nouveau à faire front. Plus important encore, l'incident m'avait éclairci les idées au sujet de l'épineuse question du rapport de l'individu à l'État. Pour difficile qu'il fût de les affirmer, j'étais désormais convaincu que les droits absolus de l'individu perduraient même au cœur de cette lutte désespérée pour la survie qui caractérise la guerre moderne. Or, il y a pire que périr sur le coup, c'est survivre sans conserver l'intégrité de sa conscience. C'était mon sentiment tout du moins. Depuis ma rencontre avec le vieil homme des montagnes en Italie l'année précédente, rien ne m'avait fait plus progresser dans la connaissance de moi-même.

Je ne doute pas que beaucoup d'autres que moi se soient retrouvés à la guerre dans des situations bien plus difficiles que celle que cet exemple illustre. Pourtant, assez curieusement, la plupart des romans de guerre contemporains traitent de presque toutes les souffrances du combat, sauf de celle-ci. Lorsque les cas de conscience sont abordés, comme dans *The*

Caine Mutiny[1] – roman immensément populaire –, on constate souvent chez l'auteur une attitude ambivalente au sujet du conflit entre les droits de la conscience et l'organisation militaire. Ainsi, dans le roman d'Herman Wouk, bien que la figure du capitaine du *Caine* soit éclairée sous le jour le plus défavorable qui soit, le lecteur est laissé dans le doute quant à la justification morale de la « mutinerie ». Le capitaine est un menteur pathologique, complètement lâche et névrosé, incapable de donner les ordres qui sauveraient son navire de la destruction. Et pourtant, nous rappelle l'auteur, c'est un officier supérieur de la *Navy*, avec de longues années de service derrière lui, ce qui veut dire qu'il combat depuis longtemps contre les ennemis maléfiques de son pays. Peut-être devrait-on lui obéir, malgré son incompétence, puisque, dans une guerre de survie, les principes de l'obéissance et de la discipline ont plus d'importance que la conscience individuelle et la morale personnelle. Ceci est typique de la confusion moderne qui se joue, à l'époque de la guerre totale, entre la sphère des droits individuels et la sphère de l'autorité de l'État.

Toutefois, à la différence de l'auteur qui se contente d'en faire le sujet de son livre, l'homme à la conscience éveillée qui se trouve effectivement pris dans ce dilemme verra en général clairement que, quelles que puissent être ses craintes et les conséquences, le devoir qu'il se doit à lui-même lui interdit d'agir contre la voix de sa conscience. Il peut fort bien obéir à de tels ordres, mais alors seulement au prix de son intégrité morale. Celui qui l'observe à l'abri n'a aucun droit de le blâmer, car c'est une discipline très stricte que cet homme s'impose à lui-même. De tout temps, on a vu peu d'hommes dotés d'une force morale semblable à celle de Socrate, lui qui, il y a des siècles de cela, décida que désobéir à sa cité et à son peuple était un droit et un devoir dès lors qu'il considérait qu'ils étaient dans leur tort, mais que, cependant, il ne serait

1. Roman de Herman Wouk publié en 1951. Voir la trad. française de Jean Rosenthal, *Ouragan sur le Caine*, Phébus, 1996.

pas dans son droit s'il s'avisait de fuir la sanction que cette désobéissance lui vaudrait. Si on ne peut s'attendre à ce que beaucoup de jeunes hommes manifestent la résolution dont fit preuve un Socrate en pleine maturité, le soldat réfléchi est presque assuré de partager la confiance socratique dans la fermeté de sa conscience quand elle s'oppose à la volonté du groupe.

Ceci est particulièrement vrai de la conscience que la croyance en son origine divine soutient. Grâce à la solidité de leur foi religieuse, bien des soldats ont su désobéir à des ordres injustes ou surmonter la tentation de se sauver aux dépens des autres. Comme je l'ai montré précédemment, le témoignage de ces officiers et de ces soldats que leur attentat contre Hitler en 1944 avait condamnés en constitue une preuve éloquente et instructive. À en juger par les dernières lettres qu'ils écrivirent à leurs parents et amis, tous ne pouvaient offrir à leurs consciences le secours de la religion. Certes, ceux qui n'avaient aucune foi religieuse ou aucun espoir en une vie après la mort avaient agi tout aussi courageusement que les autres et firent face à leur dernière heure confiants en la légitimité de leur cause. Mais leur tristesse contraste vivement avec la sérénité et même l'exaltation de ceux qui étaient soutenus par leur croyance. Tous paraissaient immensément soulagés d'être délivrés de la pression qu'exerçaient sur eux un système et un parti qu'ils avaient appris à mépriser. La différence tenait à ce que les croyants prenaient congé de leur existence comme si la fin physique était seulement le commencement de quelque chose de mystérieux et néanmoins merveilleux.

Il est un genre de culpabilité qui transcende la responsabilité personnelle des consciences délicates et accable particulièrement le soldat qui a foi dans la cause et dans le pays au service desquels il combat. C'est la culpabilité qui échoit à l'individu en tant que membre d'une unité militaire, d'une force combattante nationale ou d'un peuple en guerre. Nous pouvons la nommer culpabilité sociale ou politique ou collective. Dans son essence, elle est la même pour le soldat et pour le civil, et on ne peut lui échapper. Pour indépendant et isolé spirituellement que se sente l'homme de conscience, il ne peut éviter de reconnaître qu'il participe à un système et à une entreprise dont l'essence même est la violence et dont tout l'esprit réside dans la volonté de vaincre à tout prix. Pour le soldat, c'est ou sa section ou sa compagnie ou sa division qui se livre à des actes qu'il abhorre. Quelle que soit la force avec laquelle il abjure toute responsabilité personnelle dans tel ou tel acte, il ne peut échapper à sa responsabilité sociale. Tant qu'il portera le même uniforme que ses compagnons, les autres le prendront pour l'un d'entre eux. Ses compagnons aussi le traiteront comme un membre de la fraternité des hommes en armes. Il se peut que l'indifférence dont fait preuve le groupe dans son comportement et la nature systématiquement impitoyable d'une organisation à laquelle son culte de la violence donne un caractère impie lui inspirent de plus en plus d'aversion. J'éprouvais cette aversion-là, et pourtant je ne pouvais y échapper. Ainsi, au plus fort de la guerre, j'écrivais dans mon journal :

Hier, nous avons pris deux espions, ce qui pour l'heure nous fait un total de cinq. Nous sommes en train de nous gagner la réputation d'une unité d'élite. L'un d'entre eux a dû être sévèrement battu avant d'avouer. C'était assez horrible, et je me suis tenu à l'écart de la pièce où ça se passait [...]. Même si je ne pouvais ignorer ses cris de douleur [...]. Je n'ai pas pu m'endormir avant trois heures ce matin [...]. J'ai pensé au vers d'Hamlet, si approprié en cette circonstance : « Le froid est vif et j'en ai le cœur malade. »

Lorsqu'il fait partie d'un groupe de cette sorte – fruste, vulgaire, indifférent et violent –, le soldat à la conscience éveillée s'aperçoit avec une clarté aveuglante qu'il risque de s'aliéner ses propres compagnons. Monstre-machine en uniforme, l'unité combattante le fait rentrer en lui-même et lui inspire un grand dégoût. Il peut nouer toutes sortes de relations avec les individus qui la composent, mais le groupe lui-même l'étouffe impitoyablement.

Au plus intime de lui-même, il ressentira peut-être qu'aucune relation ne s'est nouée entre lui et sa nation en tant que nation. Un État en guerre se révèle à l'œil perspicace sous son jour le plus clair, et le spectacle n'est pas beau à voir. Vu sous un certain angle, Nietzsche n'exagère pas beaucoup quand il le compare à un serpent froid. Une conscience éveillée reconnaîtra un certain aspect de l'esprit national dans les discours emplis de haine des politiciens patriotes, dans l'antipathie que suscitent les opinions dissidentes, qui contestent le caractère absolument vertueux de la cause nationale, enfin dans cette façon impitoyable de sacrifier l'individu au profit d'intérêts nationaux réels ou supposés. Elle considérera avec mépris le fanatisme avec lequel l'État transforme des fins moralement douteuses et historiquement relatives en des fins absolues, ainsi que la perversité qu'il met à cultiver le sentiment de fierté, quel que soit le prix à payer en misères humaines.

En même temps, le sens de la justice forcera un tel soldat à admettre que ces gens, animés par la peur et la haine, sont des compatriotes, et qu'à eux tous ils dirigent le vaste mécanisme. S'il est honnête avec lui-même, il admettra que lui aussi est, à l'occasion, un homme violent et capable de jouir des fruits de la violence. Légalement, et plus que légalement, il appartient à la communauté des soldats et à l'État. À un certain niveau de son être, il peut comprendre pourquoi les autres agissent comme ils le font, et il peut puiser dans son cœur de quoi plaindre certains politiciens et officiers supérieurs. Il se demande s'il ferait mieux qu'eux à leur place. Il se doit de songer que son pays lui a donné de quoi s'abriter et de quoi se nourrir, qu'il lui a dispensé l'éducation et procuré les biens qu'il dit être à lui. En un sens, où qu'il aille et quel que soit son acharnement à vouloir altérer son héritage, il appartient à son pays et lui appartiendra toujours. Par conséquent, les crimes que commettent le pays ou l'une ou l'autre de ses unités de combat ne sauraient le laisser indifférent. Il partage la culpabilité comme il partage la satisfaction que procurent les actions généreuses et les productions estimables de sa nation ou de son armée. Même quand il ne les a pas désirées consciemment et qu'il n'a pas été en mesure de les empêcher, il ne peut complètement échapper à la responsabilité que lui valent les actions collectives de la nation.

Il appartient à sa communauté et, en même temps, il ne lui appartient pas. « Je n'ai pas demandé à naître, se dit-il peut-être alors qu'il se trouve aux prises avec cette responsabilité collective, et je n'ai pas choisi mon pays. Si, à divers moments de mon éducation, on m'avait donné à choisir l'endroit où j'aurais à grandir, peut-être que j'en aurais choisi un autre que ce pays dans lequel je suis né par hasard. Je suis, bien sûr, un citoyen de cette nation, et je suis prêt à exposer ma vie pour la défendre. Mais, dans mon for intérieur, je n'appartiens qu'à la communauté que j'ai librement choisie, celle que forment mes amis, mon club, mon église ou ma profession. Quand bien même ne m'en serais-je guère aperçu plus tôt, toutes les autres associations dans lesquelles je suis engagé sont superficielles et accidentelles. Ceci ne me délivre pas des fautes dont mon pays se rend coupable, et cela tant que je participerai à sa défense. Car je serai toujours coupable, et cela aussi longtemps que j'appartiendrai à une nation. Et pourtant il n'est pas de vie bonne sans appartenance à une nation ou une autre. »

Il est clair pour lui que sa culpabilité politique est d'une autre sorte que sa culpabilité individuelle, car celle-ci procède directement de sa liberté, tandis que celle-là n'en procède qu'en partie seulement. La nation à laquelle il appartient existait bien avant lui, et on peut présumer qu'elle continuera d'exister après sa mort. De là vient que sa capacité à modifier le cours de son devenir est incommensurablement limitée, à la fois par l'histoire de cette nation et par les forces dont il dispose individuellement. Cependant, pour le soldat politiquement conscient, cela ne signifie pas que cette capacité soit négligeable pour autant. Dans la mesure où sa culpabilité politique est en relation directe avec sa liberté, il aura conscience de ce qu'il a fait ou manqué de faire pour promouvoir ou empêcher l'humanisation des moyens et des objectifs politiques ou militaires. Quoi qu'il arrive, il aura la certitude de n'en avoir pas fait assez. Dans telle ou telle circonstance, il est resté silencieux là où il aurait dû parler. Dans sa propre sphère d'influence, vaste ou modeste, il n'a pas pesé de tout son poids. Eût-il seulement fait preuve de quelque courage civique que peut-être tel acte d'injustice eût été empêché. Quel que soit le cercle auquel commande le soldat – section, unité ou quartier général –, il peut de quelque manière affecter le cours de l'action collective.

Lorsque la nation pour laquelle il combat a pu jouir d'un gouvernement libre et a su auparavant répondre aux vœux de ses citoyens, il a conscience que sa responsabilité est plus grande que celle du soldat dont le gouvernement est autoritaire ou totalitaire. Plus la possibilité d'agir librement au sein de la sphère collective est grande, plus est grand le degré de culpabilité que lui valent les actions néfastes commises au nom de tous. Mais il nous est impossible de mesurer le degré de culpabilité qui affecte les autres, et on trouvera difficilement deux individus partageant un fardeau égal de culpabilité collective. Le soldat était peut-être trop jeune quand il était civil pour pouvoir exercer une influence significative sur le cours des événements, ou peut-être qu'il était trop mal informé ou pas assez clairvoyant pour savoir où était son devoir politique. Comme soldat, il peut occuper une position trop isolée ou trop insignifiante pour pouvoir faire un usage efficace de sa liberté. Je crois qu'aucun citoyen d'un pays libre ne peut à bon droit accuser son voisin d'être politiquement coupable de n'en avoir pas assez fait pour empêcher la guerre ou l'exécution de tel ou tel crime d'État. Mais chacun peut – et c'est ce que fera l'homme de conscience – s'accuser lui-même à proportion du degré de liberté dont il disposait pour changer le cours des événements.

L'angoisse spécifique liée à la situation du soldat combattant vient de ce que, plus encore que là où il est aux prises avec son moi idéal, il est conscient de l'extrême pauvreté des forces individuelles dont il dispose pour pouvoir faire la différence. Non seulement la guerre resserre les limites de la liberté individuelle, mais elle restreint aussi la liberté collective de l'individu, c'est-à-dire sa capacité à rendre sensible son pouvoir d'une façon qui soit significative. Un sentiment d'impuissance l'accable jour après jour. Quoique l'homme à la conscience éveillée ne risque guère de considérer que la guerre est une catastrophe naturelle, il ne verra pas comment un individu pourrait en modifier le cours apparemment inexorable. La culpabilité individuelle peut jusqu'à un certain point être expiée, et le combat pour se perfectionner peut être repris chaque matin à nouveaux frais. Mais, dans toute guerre, la culpabilité collective l'accable toujours de plus en plus, et il a alors tendance à se sentir totalement démuni, qu'il s'agisse d'expier cette culpabilité ou d'empêcher qu'elle s'accumule.

Par exemple, lorsqu'on apprit les bombardements atomiques d'Hiroshima et de Nagasaki, bon nombre de soldats américains furent choqués et éprouvèrent de la honte. Le soldat combattant savait mieux que les Américains restés au pays ce que ces bombardements signifiaient en termes de souffrances et d'injustices. Où qu'il fût, l'homme de conscience savait d'intuition que la vaste majorité des Japonais de ces deux villes, s'ils n'étaient pas moins coupables que ne l'étaient ses propres parents ou ses propres frères et sœurs, ne l'étaient pas non plus davantage. Dans sa honte, il se peut qu'il se soit dit à lui-même, comme certains d'entre nous le firent : « La prochaine bombe atomique, lancée au comble de la colère, tombera probablement sur mon propre pays, et nous l'aurons bien mérité. » Cette conviction n'allégera guère le lourd fardeau de la faute commise par son pays et elle n'atténuera pas plus la responsabilité qu'il doit maintenant, jusqu'à un certain point, partager. Tous les arguments utilisés pour justifier cet acte – l'objectif d'écourter la guerre de plusieurs mois et d'épargner supposément la vie de milliers d'Américains – ne peuvent rien contre le fait que son gouvernement fut le premier à utiliser sur des villes sans défense, et sans avertissement préalable, une nouvelle et monstrueuse arme d'extermination.

Le pire dans tout cela, c'est que des millions de gens acceptèrent ces arguments et se sentirent soulagés. Après avoir été témoin de cette quasi-exultation devant l'extermination de l'ennemi, on ne peut qu'en conclure que la culpabilité politique a une autre source que la liberté individuelle d'influer sur l'action collective. Elle tient à son degré d'identification aux objectifs adoptés par la nation et aux moyens mis en œuvre pour les atteindre. La personne qui, dans son for intérieur, approuve une action immorale menée par son gouvernement ou son unité militaire atteste en même temps de la décision qu'il aurait prise s'il avait eu la même occasion et liberté d'agir que les protagonistes de cette action. Cependant, la liberté n'est pas seulement possible en tant que liberté de faire ou d'empêcher de faire, mais aussi en tant qu'assentiment et consentement intérieurs donnés aux actes d'autrui. Avec un critère de jugement relatif comme celui-là, il est bien sûr même impossible de juger avec exactitude de sa propre culpabilité. Toutefois, le sentiment de jubilation que procurent les actions mauvaises ne permet guère de douter que le consentement intérieur soit souvent présent. C'est ainsi qu'en temps de guerre des milliers d'individus aggravent leur culpabilité politique au-delà de leur champ d'action direct.

Après la Première Guerre mondiale dans une certaine mesure, et plus explicitement après la Seconde Guerre mondiale, les doctrines de la culpabilité collective sont devenues monnaie courante. Par exemple, on dit souvent de la nation allemande, et particulièrement de l'armée allemande, qu'elles sont coupables d'avoir combattu pour Hitler dans ses guerres d'agression, de conquête et de pillage. Pour innocent qu'ait pu être le soldat qui, en tant qu'individu, n'avait aucune mauvaise action à se reprocher, le fait qu'il ait pu faire partie d'une entreprise criminelle visant à priver de leur indépendance, par des moyens violents, d'autres peuples, le rend coupable. Où est la justice dans une telle affirmation ? Jusqu'à quel point un soldat allemand de la dernière guerre est-il coupable, lui qui n'a personnellement commis aucun crime, mais fut forcé d'assister, plus ou moins directement, aux atrocités commises par ses compagnons d'armes, et qui n'était pas aveugle aux folles ambitions de Hitler ? Ne se trouve-t-il pas dans une position complètement différente de celle d'un soldat d'une nation comme la nôtre, qui mena une guerre défensive aux seules fins de repousser une agression ?

Pour revenir à ce que j'ai dit précédemment, la seule réponse possible est que personne n'a le droit moral de porter de l'extérieur une telle accusation, qu'elle vise les militaires ou le peuple dans son ensemble. Un soldat antinazi qui se serait interposé pour tenter d'empêcher ses compatriotes de commettre un acte d'injustice n'y aurait gagné que d'être promptement exécuté, ainsi que le prouvent assez d'exemples à notre disposition. Hormis la somme de courage et de détermination qu'exige un tel acte, la question qui tourmentait certains soldats en de telles circonstances était : À quel objectif politique mon sacrifice servira-t-il ? Bien des soldats allemands consciencieux eussent pris leur courage à deux mains pour intervenir ouvertement si seulement ils avaient pu voir clairement en quoi leur mort eût contribué à empêcher des crimes futurs. Il est des soldats chanceux qui ont trouvé le bon moment et la bonne action pour porter le fer contre le système qu'ils méprisaient, et l'occasion de témoigner ainsi les a rendus heureux de mourir. D'autres ont combattu jusqu'à la fin de la guerre sans bénéficier d'une telle occasion ou sans avoir eu le courage nécessaire pour la saisir. Seuls ceux qui se sont sacrifiés dans des circonstances semblables ont le droit de les accuser, et il est probable que peu d'entre eux, pour peu qu'ils soient vivants et en mesure de le faire, prendraient cette peine. Même si j'agis sous les ordres d'un supérieur, je suis responsable de mes propres actes et on peut me demander de rendre des comptes à leur sujet. Quant aux actes commis par les hommes aux côtés de qui je combats, particulièrement lorsqu'ils sont des compatriotes, ma responsabilité à leur égard ne saurait être ni publique ni légale, car elle tient trop à l'évaluation que je fais de ma capacité à empêcher des crimes et au consentement intérieur que je leur donne.

Pourtant, si les accusations de culpabilité collective sont injustifiées, le soldat allemand doté de sensibilité ne pouvait guère échapper à la conscience de sa propre culpabilité politique. Le sentiment de honte qui le consumait devant les actions de son gouvernement et les horreurs commises par des soldats et des policiers allemands était, à la fin de la guerre, la marque de reconnaissance de l'Allemand consciencieux. Tandis que les agissements du IIIe Reich étaient portés à la connaissance de tous, la phrase « j'ai honte d'être allemand » n'était pas peu courante dans les conversations entre amis. À vrai dire, ceux qui étaient dépourvus de conscience considéraient qu'ils avaient suffisamment expié leurs « fautes » politiques par les souffrances endurées pendant et après la guerre, et ils rejetaient avec indignation toute idée de culpabilité collective. Ils ne voulaient rien savoir du rôle indirect qu'ils avaient joué dans les crimes commis par leurs compatriotes.

L'homme réfléchi sait en son cœur ce qui rarement franchit le seuil de ses lèvres, à savoir que les péchés de ses compagnons ne sont pas si éloignés de lui qu'il le voudrait. S'il est un soldat, il lui est arrivé, à lui aussi, de céder aux tentations de la puissance et à la licence que la violence suscite en nous tous. Quand bien même se serait-il abstenu de toute participation à des actions néfastes, et si étrangère à sa vraie nature que puisse être la cruauté, il aura conscience qu'il existe chez presque tous les hommes une capacité à commettre des actes criminels et un désir obscur de s'octroyer la liberté d'agir sans en assumer les conséquences. C'est là ce qui lui fait reconnaître cet enchaînement des responsabilités qui forme la responsabilité collective, et savoir que, dans ce domaine, l'expiation est pour une bonne part chimérique. Aucune puissance humaine ne saurait expier l'injustice, la souffrance et l'avilissement de l'esprit qui ont lieu en un seul jour de guerre. Comme je l'écrivis dans mon journal à deux reprises, nous partagions tous cette culpabilité-là :

J'ai parlé hier avec un jeune déserteur viennois [...] il n'avait rien pu manger d'autre que de la soupe de pommes de terre [...]. La description qu'il faisait de sa prison était assez sinistre [...]. Depuis six jours, on n'avait rien donné à manger à un homme que l'on soupçonnait d'être un espion, et il était maintenant au-delà de la faim. S'il parlait, il serait exécuté comme espion, et s'il ne parlait pas, il mourrait de faim – un choix difficile. Le jeune homme était robuste, courtois [...]. Il finit par me demander en allemand : « Suis-je obligé de rentrer à Épinal ? » Toute son âme était dans cette question et dans ses yeux. Je lui dis que non, que tout ça était derrière lui, et son visage s'illumina subitement. Pendant un moment, je ressentis toute la désolante tragédie de cette guerre. Avec quelle cruauté féroce agissons-nous tous ! Nous sommes coupables et nous méritons la sanction suprême. Quoi qu'il puisse m'arriver dans l'avenir, je ne pourrai jamais le juger injuste ou immérité.

Nous avons passé la matinée à contrôler la masse des réfugiés qui affluent ici, environ 2 000 dans une ville d'à peine plus de 5 000 habitants. Voilà un destin pathétique, et de plus en plus ce problème des personnes déplacées devient énorme. L'Allemagne était réellement, à une échelle gigantesque, un État esclavagiste. Presque tous ces travailleurs étrangers se retrouvent sur les routes quelques heures après leur libération, sans savoir où ils vont, mais, espèrent-ils, loin du front et en direction de chez eux, bien qu'ils soient des milliers à savoir qu'ils n'ont plus de chez eux. Mais cet après-midi, nous avons vu, Seitz et moi-même, quelque chose qui nous a paru dix fois plus terrible encore. Il y avait un camp de concentration pas très loin d'ici, et samedi dernier les gardiens allemands ont chargé les détenus dans des trains de marchandises et essayé de les expédier au loin. Lorsqu'ils ont découvert que les trains ne pouvaient pas avancer, ils les ont abandonnés près d'une ville du nom d'Osterburken. Nous les y avons trouvés cet après-midi ; il y avait là environ 880 personnes, à moitié mortes, épouvantablement affamées, dont 300 maquisards français, prisonniers politiques [...]. Voir ces morts vivants aux habits rayés, en haillons et traînant les pieds, c'était un spectacle dont je me serais volontiers passé. Pour ajouter à toute cette horreur, il y avait là un déserteur allemand, qui avait été pendu et dont la dépouille gisait sous un arbre le long de la route. Quelqu'un avait coupé la corde, mais celle-ci lui ceignait toujours la nuque et il avait les pieds liés. Ç'avait été un beau jeune homme, et on pouvait assez bien deviner son histoire. Les SS qui l'ont pendu devront un jour payer pour cela, et ceux qui sont responsables des souffrances inimaginables endurées par les détenus des camps de concentration devront payer eux aussi.

La prise de conscience de la culpabilité politique est exprimée de façon poignante dans un poème d'Albrecht Haushofer, un opposant de longue date et déterminé à Hitler, qui fut emprisonné et finalement exécuté vers la fin de la guerre. Son petit recueil de poèmes intitulé *Moabiter Sonette*, écrit dans une prison berlinoise alors qu'il avait les mains entravées, témoigne de la culpabilité politique d'un homme qui s'était déjà racheté au-delà de ce que l'on peut exiger de la plupart d'entre nous. Dans le sonnet initulé *Schuld* (culpabilité), il commence par observer combien il lui est facile d'endosser la culpabilité dont le tribunal nazi a voulu le charger. Puis il conclut, dans le texte allemand auquel j'ai joint une traduction littérale :

Doch schuldig bin ich Anders als ihr denkt
Ich müsste früher meine Pflicht erkennen
Ich müsste schärfer Unheil Unheil nennen –
Mein Urteil hab ich viel zu lang gelenkt [...]

Ich Klage mich in meinen Herzen an :
Ich habe mein Gewissen lang betrogen
Ich Hab mich selbst und andere belogen –

Ich kannte früh des Jammers ganze Bahn –
Ich hab gewarnt – nicht hart genug und klar !
Und heute weiss ich, was ich schuldig war [...]

Pourtant je suis coupable autrement que vous le pensez
J'aurais dû connaître mon devoir plus tôt
Et nommer le mal par son nom plus franchement –
J'ai trop longtemps mené mon jugement [...]

Dans mon cœur je m'accuse de ceci :
J'ai longtemps trompé ma conscience
J'ai menti à moi-même et aux autres –

J'ai tôt su tout l'itinéraire de nos malheurs
J'ai alerté – mais pas assez fortement et clairement !
Et aujourd'hui je sais de quoi je suis coupable [...]

C'est ainsi que le soldat allemand consciencieux, en fonction de la force de l'assentiment donné par lui au régime national-socialiste et de la liberté d'action dont il disposait, pourra ressentir une culpabilité politique plus importante que le soldat allié consciencieux. Mais la nature de sa culpabilité politique ne sera guère différente, vu que la guerre n'a pas opposé des anges à des démons, mais des soldats combattant pour une cause relativement juste à des soldats combattant pour une cause relativement injuste. Si le caractère de Hitler et de ses paladins a offert aux Alliés une justification morale inhabituelle en temps de guerre, les nations occidentales n'ont aucune raison d'oublier la part de responsabilité qui est la leur dans l'accession de Hitler au pouvoir ou dans leur alliance douteuse avec le dictateur russe. Dans les deux camps adverses, le soldat réfléchi ne trouvera aucun moyen d'échapper à sa culpabilité politique tant qu'il sera membre d'un État. Si, dans sa désillusion, il est tenté de renoncer à sa nation pour faire allégeance à la seule race humaine, cela aussi se révélera illusoire, car l'humanité prise comme communauté est sans aucun doute tout autant prédisposée à l'injustice que le sont les nations.

C'est précisément cette prise de conscience qui peut amener le soldat à reconnaître que la culpabilité individuelle et la culpabilité politique ne peuvent guère être résolues à leur propre niveau. En ce qu'elles concernent l'être même de l'homme et son rapport au reste du cosmos, toutes deux relèvent d'une culpabilité qu'on ne peut appeler que métaphysique. La racine du problème de la culpabilité réside dans la nature même de l'homme, dans le fait que nous échouons, en tant qu'êtres humains, à vivre en accord avec nos capacités et notre conception du bien. Parce que nous échouons, nos esprits s'isolent et se ferment les uns aux autres. Aucun d'entre nous ne peut être pour un autre ce que nous désirons réellement être, car nous luttons contre quelque chose d'étrange et d'étranger en lui. La bienveillance qui anime même les individus les plus réfléchis et les plus sensibles ne suffit pas à surmonter l'antipathie que nous nourrissons presque tous à l'encontre de nos propres compagnons. Il est une facette de notre être qui nous rend fermés et indifférents, qui nous empêche de nous ouvrir aux autres et de nous sentir concernés par leur destin. Quoique nous soyons, pour la plupart d'entre nous, capables d'éprouver de la compassion pour les souffrances qu'endurent les hommes, et bien que nous reconnaissions que notre isolement et notre esseulement nous apparentent les uns aux autres, cette reconnaissance est rarement assez forte pour influer de façon décisive sur notre action. Nous ne pouvons aimer suffisamment ni nos semblables ni notre mère à tous, la nature dont nous sommes issus et à laquelle nous retournerons. En tant qu'êtres humains, nous nous trouvons dans un état de déséquilibre perpétuel avec le reste de la création, ni assez humbles pour reconnaître notre dépendance, ni assez audacieux pour actualiser nos potentialités.

Si tout ceci est susceptible d'oppresser bon nombre d'entre nous en temps de paix, il est facile d'imaginer avec quelle force supplémentaire cela peut frapper le soldat réfléchi qui se trouve engagé au combat. Partout il fait l'expérience que lui-même et ses camarades violent la terre. La sauvagerie avec laquelle des combattants organisés maltraitent l'ordre de la nature afin de défendre leur existence misérable lui fait horreur, et cela d'autant plus à l'époque moderne, où la destruction atomique a succédé à la politique de la terre brûlée. Les crimes commis contre les chevaux et les autres animaux que les hommes emploient au service de leurs passions insensées, l'insouciance qu'ils mettent à détruire des habitats et des œuvres d'art qui manifestent pleinement la dignité et le génie du travail humain, le dépouilleront pour toujours de toute foi excessive en l'espèce humaine. Lorsque ses passions belliqueuses s'enflamment, ce pygmée de la création est capable de défier la source créatrice de toute vie et de rejeter tout ce qu'il chérissait autrefois. Comme les anciens titans de la légende, il semble décidé à prendre d'assaut les remparts du ciel et à s'attirer un châtiment d'un type nouveau.

Devant le caractère présomptueux de la créature humaine, devant sa manière de se renfermer en elle-même et vu le défaut d'amour qu'elle manifeste, le soldat à la conscience éveillée sera porté à se dire en son for intérieur : « J'appartiens moi aussi à l'espèce humaine. J'ai honte non seulement de mes propres actions, ou de celles de mon pays, mais aussi des actions commises par l'humanité. J'ai honte d'être un homme. » C'est là le point culminant d'une logique passionnée qui, à la guerre, commence avec la mise en question d'un acte, contraire à sa conscience, que le soldat s'est vu ordonner d'exécuter. La prise de conscience que nous n'avons pas su agir en réponse à notre conscience peut conduire au plus grand dégoût qui soit, non seulement le dégoût de soi-même, mais aussi celui de l'espèce humaine. Combien de soldats ont fait l'expérience au combat de cette répulsion profonde pour la créature humaine ! J'exprimais ainsi mon propre désespoir :

Il est onze heures du soir et il pleut. La ville est silencieuse et un vent frais chargé de pluie souffle. Je suis assis seul dans ma chambre et je songe à mes propres insuffisances, me demandant pourquoi tout le mystère de l'univers doit demeurer impénétrable, pourquoi je dois me traîner sur le même chemin que tant d'autres, soumis aux mêmes tentations et aux mêmes faiblesses. Depuis des années, des nuits comme celles-là me renvoient à la figure mes échecs, mon aveuglement et la nature impénétrable du monde.

Le combattant qui ressent au plus profond de lui-même les fautes de la créature humaine risque de verser dans une crise de conscience sévère. D'un côté, il perçoit le niveau dégradé et dégradant de l'existence humaine, comme le lui enseigne si bien son expérience du combat. Et cette dégradation ne semble pas tant être l'effet des circonstances de la guerre que celles-ci ne sont l'effet de celle-là. Tout son être s'insurge contre cet état des choses ; sa conscience l'avertit que cela ne devrait pas être ainsi. Ni lui ni les autres ne méritent d'être épargnés. Tous constituent de telles caricatures de ce qu'ils devraient être que la mort lui apparaît comme la seule solution qui convienne. D'un autre côté, il est submergé par le doute quant à la possibilité d'accéder à un autre état. Peut-être les hommes sont-ils ce qu'ils sont sous l'effet de quelque nécessité cachée dans la nature des choses. Est-il sage d'attendre autre chose que le spectacle qui nous est offert maintenant ? Le soldat qui désespère cherche une raison qui expliquerait pourquoi les hommes se montrent de telles créatures au combat, et la raison qui a le plus eu les faveurs des nombreuses générations antérieures repose sur l'idée de nécessité. Après tout, il se peut que la liberté soit une illusion, et qu'en moi la conscience, qui est toujours là à protester, se trompe tragiquement.

Ce conflit classique entre liberté et nécessité accable souvent le cœur de celui qui s'est déjà un peu avancé dans la prise de conscience de sa culpabilité. Peut-être le sentiment de la nécessité est-il le refuge ultime de cet esprit qui, en nous, résiste à toutes les tentatives de l'autocritique, cet ego impossible à civiliser, que rien n'arrête dès lors qu'il s'agit de justifier le moi dans ses manifestations les plus basses et les plus agressives. Ou peut-être est-ce simplement cet effort désespéré pour nous débarrasser de toute culpabilité métaphysique qui rend la croyance en la nécessité si attrayante. En tout cas, pour le soldat au combat, les arguments en faveur de la nécessité paraissent extrêmement solides. La voix de la conscience peut être si aisément éludée en invoquant la superstition religieuse et un endoctrinement remontant à l'enfance ! Il est tentant d'attaquer la validité du sentiment de liberté en mettant en cause son origine.

Certains ne survivent à cette crise de leur foi qu'en renonçant à leur croyance en la responsabilité individuelle vis-à-vis des actes que nous commettons. Les tenants de la morale cynique, que les guerres engendrent à foison, sont là pour témoigner de l'espoir perdu en l'humanité. Là où le cynisme n'est pas seulement une pose superficielle, il est le cri des hommes qui n'ont pas été capables d'endurer la tension entre leur idéal intérieur et la réalité extérieure. Ils se résolvent alors à ne plus prendre au sérieux le monde ou eux-mêmes et se consacrent au plaisir. Mais tout le monde peut observer que leur joie recèle une tristesse et que leur frivolité n'est guère contagieuse.

Le soldat qui ne succombe pas aux séductions d'une doctrine de la nécessité, mais s'efforce de résoudre le conflit en faisant appel à la raison, sera longtemps en proie aux doutes et à l'indécision. Progressivement, il peut finir par comprendre que ni la liberté ni le déterminisme ne peuvent être démontrés de façon satisfaisante, si ce n'est dans un sens affectif. En pratique, il ne lui est pas difficile de se persuader lui-même qu'il est libre de changer. Toutefois, à la réflexion, cette clarté que la pratique engendre se retourne sur le passé et y trouve la nécessité, tandis que cette même pratique envisage l'action au présent et dans le futur et affirme alors la liberté. Dans les moments de sérénité, le soldat peut voir clairement qu'il est en partie libre – en ce qu'il se projette dans le futur et s'efforce d'atteindre un idéal – et en partie déterminé – en ce qu'il est limité par ce qu'il a fait et été auparavant. Pourtant, à la question de savoir si sa propre liberté ne constitue pas seulement un minuscule aspect de quelque nécessité plus vaste, ses plus grands efforts d'analyse ne parviendront pas à lui apporter de réponse. Par moments, il se convainc que les deux possibilités ne s'opposent pas du tout, mais forment d'une façon mystérieuse les deux faces d'une même monnaie.

La logique de la majorité des soldats en proie à un profond sentiment de culpabilité est une logique de la passion, et normalement toutes les subtilités du problème leur échapperont. S'il arrive qu'un tel soldat soit trop fatigué ou absorbé par d'autres tâches pour se sentir perturbé de quelque manière, ce conflit risque alors de s'enfouir profondément dans son inconscient, d'où il pèsera sur son esprit et y insinuera un sentiment de mélancolie. Ce à quoi il aspire essentiellement, c'est une piété simple, une attitude de reconnaissance et d'acceptation devant la création. Il perd tout le sentiment de satisfaction qu'il a pu éprouver auparavant en empruntant les voies destructrices de la guerre. L'homme en tant que *homo furens* lui apparaît maintenant comme un monstre, car ce soldat a appris à ne chérir que la fonction humaine de protection et de conservation des choses créées.

Bien des soldats empêtrés dans cette situation délicate ont trouvé un soulagement bienvenu dans la certitude qu'il existe un ordre supérieur de la réalité, où tous les problèmes insolubles trouvent leurs solutions. Cela peut se manifester, et c'est d'ailleurs souvent le cas, sous la forme d'une confiance assez primitive en la justice et la miséricorde ultimes d'un père qui est au ciel, en qui la justice et la miséricorde ne s'opposent pas. En un sens, cet abandon s'apparente à la satisfaction que ressent celui qui croit que la nécessité gouverne toutes choses.

Mais la différence se voit dans la richesse de sens qu'une confiance religieuse apporte de façon évidente. Toutes les luttes anciennes sont vues comme autant de préparatifs et de purifications nécessaires à la certitude actuelle. En Dieu, tout ce qui paraît infiniment difficile pour la raison humaine devient mystérieusement déterminé et clair. Hormis la question de la validité de la résolution religieuse du problème de la culpabilité (et pour l'incroyant cette résolution n'apparaît guère plus que comme un mécanisme de fuite), l'efficacité de cette voie dépasse toutes celles que les mortels ont pu découvrir par ailleurs.

Si le soldat est doté d'une nature foncièrement religieuse, il pourra puiser absolution et exaltation dans sa capacité à se repentir et à se soumettre à la volonté du divin. Il se trouvera alors délivré du besoin de mourir et parfois aussi de la peur de la mort, car il aura acquis la grande vertu de l'espérance, qui représente peut-être le meilleur ancrage possible dans la vie et constitue la vertu propre à la religion. Si elle ne le délivre pas des tourments habituels de la chair, l'espérance religieuse lui garantit qu'il existe un domaine au-delà de la faiblesse et de la culpabilité humaines. Son seul désir est d'agir en accord avec cette espérance en une réalité suprême, et, s'il est chrétien, la prière que ses lèvres murmureront le plus souvent est : Que Ta volonté soit faite et non la mienne. La culpabilité individuelle et politique qui a pu auparavant peser de façon intolérable sur lui a maintenant trouvé sa résolution dans cette confiance enfantine accordée à une interprétation et un interprète uniques.

Cependant, pour un tempérament plus philosophique, il n'est pas de solution ou de résolution immédiates au problème de la culpabilité métaphysique. Pour un soldat doté d'un tel tempérament et qui est assez fort, la pénétration acquise grâce à la découverte de cette forme plus globale de la culpabilité pourra progressivement l'aider à établir une relation nouvelle à ses semblables et au cosmos. La culpabilité peut lui enseigner, comme peu d'autres choses le peuvent, combien un homme peut devenir étranger aux sources mêmes de son être. Mais cette découverte peut aussi lui indiquer le chemin à suivre en vue d'une réunion aux formes diverses de la création et d'une réconciliation avec elles. Pour le dire brièvement, il est en mesure de surmonter son rejet de l'espèce humaine et d'accéder à une nouvelle compréhension du monde. Ce soldat découvrira que sa future mission dans l'existence est de se tenir le plus possible à l'écart de l'œuvre de destruction de la guerre. Il s'adonnera aux arts véritablement humains, simples et réparateurs. L'expiation deviendra pour lui non pas un acte de foi ou une activité, mais une vie, une vie consacrée au projet de renforcer les liens entre les hommes et entre l'homme et la nature. Il ne sera pas ostensiblement un réformateur, un travailleur social ou un prédicateur. Mais il sera connu de ses amis comme un homme extraordinairement doux, sain d'esprit et sage.

Ce sont là quelques-uns des effets qu'entraîne la certitude métaphysique de la culpabilité. Pour certains, elle mène à la folie ; pour d'autres, à un désir de mort à peine dissimulé. D'autres sont submergés par la croyance que tout est nécessaire, et en concluent le plus souvent que rien ne compte vraiment, excepté les plaisirs des sens. D'autres encore triomphent grâce à la foi religieuse ou grâce à une réconciliation philosophique avec l'homme et la nature, utilisant ainsi la culpabilité comme un moyen d'accéder à un ancrage plus solide et plus durable dans l'existence. Comme tous les hommes y sont plus ou moins portés, il se peut fort bien que la culpabilité métaphysique soit aussi répandue dans les conditions de la guerre que dans les conditions de la paix. Toutefois, une culpabilité morale ou politique excessive est souvent nécessaire pour nous forcer à accepter cette réalité. Dans cette sphère aussi, les hommes ont besoin d'être exposés au plus grand danger et de faire l'expérience du combat le plus extrême pour que se révèle à eux-mêmes ce qu'est leur moi véritable.

J'ai peine à croire que, dans les guerres de notre temps, un grand nombre de soldats puissent accéder aux possibilités qui s'ouvrent à ceux qui acceptent leur culpabilité.

Comme je l'ai indiqué plus haut, il semble qu'il faille en chercher les raisons dans le sentiment dominant de notre époque et dans la nature différente du combat. Pourtant, on ne saurait guère en être sûr, car peu de gens sont prêts à reconnaître qu'ils éprouvent parfois de la culpabilité. Il est possible que la profonde aversion que la guerre inspire en cette moitié de siècle ne soit pas entièrement due au fait que les guerres récentes n'ont porté aucun fruit politique et économique et qu'elles ont déchaîné une furie sans précédent. Même si cela n'est pas apparent, beaucoup de gens ont peut-être conscience que les questions morales de la guerre ne peuvent guère être résolues avec les moyens présents. Il se peut qu'ils s'aperçoivent que, puisque la guerre ne peut enseigner aux nations la repentance et l'humilité, il faut renoncer à elles si nous ne voulons pas perdre notre héritage culturel humaniste. Coupé de ses attaches traditionnelles, on voit que *homo furens* est trop exclusivement voué à la dévastation du sol naturel et humain dont il s'est nourri jusqu'à présent.

Si nous n'éprouvons pas de culpabilité assez profonde pour qu'elle nous entame, notre avenir est peut-être perdu. Il est possible que ceux qui comprennent cela soient plus nombreux que je ne le soupçonne ; et il se peut que les vétérans qui n'en montraient aucune trace quand ils combattaient la ressentent à présent de façon aiguë. En tout cas, il est des hommes qui ont accompli cet itinéraire secret dans leur conscience et qui bâtissent désormais leur vie sur des principes très différents de ceux qu'ils suivaient avant de s'éveiller à eux-mêmes.

La nuit dernière, je ne parvenais pas à trouver le sommeil dans mon lit et je pensais à l'inhumanité de tout ceci, à la bestialité de la guerre [...]. Je me rappelais toutes les brutalités que j'ai vues depuis que j'ai traversé l'Atlantique, tous ces gens pourrissant en prison, dont certains que j'ai aidés à y mettre [...]. J'ai pensé à la phrase de Platon sur l'homme sage captif d'une époque mauvaise, qui refuse de participer aux crimes de ses concitoyens, mais se dis-

simule derrière un mur jusqu'à ce que la tempête soit passée. Et ce matin quand je me suis levé, fatigué et désemparé par ma nuit, j'ai su que pour survivre à ce temps il me faut aimer davantage. Il n'y a pas d'autre moyen [...].

(*Journal de guerre*, 8 décembre 1944.)

Conclusion

L'AVENIR DE LA GUERRE

Aujourd'hui nous retournons au front ! Un grand changement s'est produit dans notre humeur à tous [...]. La paix est en vue, ou bien l'illusion de la paix. Et nous nous élançons avec l'espoir qu'il n'y aura plus d'hivers épuisants à endurer sur des fronts ravagés par la guerre.

(Journal de guerre, 6 juillet 1944.)

Pour beaucoup, la perspective d'une paix stérile et insipide est aujourd'hui aussi effrayante que celle d'une grande guerre. Nous sommes souvent étonnés par notre incapacité renouvelée à mobiliser, au service de la paix dans le monde, l'effort commun, la joie du sacrifice, la détermination et la persévérance qui pourtant jaillissent presque spontanément dans la poursuite de la guerre. Il est rare que nous aimions faire face aux explications ultimes de ce phénomène. La majorité d'entre nous, infatigables et insatisfaits, ne discernent aucune dignité suprême dans notre condition présente. Nous demandons plus à la vie que ce que nous obtenons d'elle et nous sommes toujours plus ou moins disposés à tout miser sur l'accomplissement de nos grandes espérances. Quoique nous ne sachions pas, pour la plupart, ce que nous attendons de la vie, nous rejetons intérieurement le destin que nous réserve notre existence présente : cet isolement, ces routines insignifiantes et ces pièges anciens que la société met en place pour nous. La réalité est si différente de nos rêves et des espoirs que nous nourrissions en toute confiance dans notre jeunesse. Et le bonheur est si insaisissable, lui auquel n'accèdent qu'un petit nombre de privilégiés.

Si, par quelque magie, tous les peuples de la terre pouvaient être assurés de jouir d'une paix éternelle, un observateur perspicace ne manquerait pas de discerner chez eux un véritable regret et une véritable déception, mêlés, bien sûr, à des soupirs sincères de soulagement et de joie.

J'avoue qu'au temps de mon adolescence et de ma jeunesse, avant la Seconde Guerre mondiale, j'appelais de mes vœux une guerre à laquelle il me fût donné de participer. Quoique je n'aie jamais parlé de ce vœu, et bien que j'y songe aujourd'hui avec un désarroi considérable, je ne peux nier qu'il occupait une place importante parmi les aspirations de ma jeunesse. Et je n'ai pas de raison de croire que mon cas est unique ou singulier. Ces pulsions secrètes ne peuvent pas être ignorées. Les voies de la paix n'ont pas découvert – et peut-être ne le peuvent-elles pas – de substitut aux enthousiasmes et aux extases collectifs de la guerre. À moins que nous ne trouvions le moyen de changer le cœur des hommes, il y a, semble-t-il, peu de chance que cesse leur amour de la violence destructrice.

En 1955, j'ai conversé avec une Française qui avait cruellement souffert pendant la guerre du manque de nourriture et du souci qu'elle se faisait pour sa famille, mais qui vivait à présent dans un confort bourgeois avec son mari et son fils. Nous évoquâmes les mésaventures de nos années de guerre, puis elle m'avoua très sérieusement qu'en dépit de tout, cette époque lui avait procuré plus de satisfaction que la présente. « Ma vie est si insupportablement ennuyeuse aujourd'hui ! s'écria-t-elle. Tout vaut mieux que cette vie où jour après jour rien ne se passe. Vous savez que je n'aime pas la guerre et que je ne désire pas qu'elle recommence. Mais au moins me faisait-elle sentir vivante, comme je ne me suis jamais sentie vivante avant ou depuis lors. »

Quelques jours plus tard, un ami allemand me tint un discours étonnamment semblable. Ayant pris trop de poids, un cigare onéreux à la bouche, il se mit à évoquer les jours que nous avions connus ensemble à la fin de la guerre, quand il vivait frissonnant, affamé et traversé d'angoisses au sujet de sa femme et de ses enfants, à qui il voulait épargner des misères excessives. « Parfois, je pense que cette époque fut plus heureuse que celle d'aujourd'hui », me dit-il pour conclure. Il y avait quelque chose qui ressemblait à du désespoir dans ses yeux. Ni cette femme ni cet homme n'étaient coutumiers de ce genre d'aveu ; il leur était venu spontanément et parce que je les avais connus dans la détresse et dans la prospérité. Ce n'était pas par nostalgie sentimentale qu'ils regrettaient les jours anciens ; ils avouaient simplement la désillusion que leur inspirait un présent stérile. La paix exposait un vide en eux que l'excitation de la guerre leur avait permis de recouvrir.

La violence a toujours, je pense, constitué un refuge contre ce mal pénible. Il est difficile aujourd'hui de surestimer à quel point des millions de gens puisent dans la violence ou dans la menace de violence de quoi nourrir leur soif d'émotion. Les revues, les journaux, le cinéma et la télévision procurent à cet appétit des aliments de substitution. Quant à la violence potentielle, elle est partout visible : dans les relations entre les parents et leurs enfants, entre les travailleurs et leurs employeurs, entre les minorités raciales et les populations majoritaires au sein d'une même société, et dans bien d'autres relations encore. Quoique la violence organisée par l'État – ce qui est la définition même de la guerre – soit d'une nature différente, on ne peut guère l'isoler, car sans cet amour secret de la violence et sans la capacité de notre psyché à s'y accoutumer, ainsi que l'expérience nous en fournit quotidiennement l'occasion, le combat effectif qui se joue à la guerre serait impensable.

Les violents courants souterrains qui caractérisent la vie quotidienne dans notre société occidentale ont un aspect si ordinaire, et les autorités sont si habiles à maintenir les plus manifestes hors de vue, qu'il faut parfois un œil perçant pour les discerner. Ainsi, par exemple, on peut vivre en Allemagne et se sentir impressionné par le caractère inoffensif de la vie sociale. Toutefois, sous la surface sommeillent des forces volcaniques qui ne sont pas moins agitées que celles qui sévissaient dans les décennies précédentes du siècle en cours. Dans les recoins les plus subtils de la vie culturelle du peuple allemand, la violence demeure un principe dominant. La situation dans d'autres pays d'Europe, vieux et soumis à la tradition comme ils le sont, n'est meilleure qu'en termes de degré, pour peu qu'elle le soit vraiment. Les choses ne sont en rien différentes dans notre pays. Au vu des circonstances défavorables auxquelles la plupart de ces nations ont été soumises, nous serions horrifiés par le spectacle des forces brutales et sinistres que notre propre pays pourrait réveiller d'un jour à l'autre. Ce qui est arrivé sous les nazis en Allemagne devrait nous servir de leçon à tous pour le siècle à venir. Je crois que chaque nation recèle des forces criminelles violentes qui n'attendent que l'occasion de se manifester au grand jour.

Mais le plus inquiétant pour moi, c'est ce que mon expérience m'a contraint d'apprendre, à savoir que les vertus cathartiques et purificatrices de la souffrance sont très limitées. Car, pour le plus grand nombre, la souffrance est tout autant susceptible d'abîmer le caractère et la volonté, ou, au mieux, de ne laisser aucune trace durable, que ce soit pour le bien ou pour le mal. Un observateur théorique aurait pu croire que l'angoisse occasionnée par deux guerres mondiales en l'espace d'un demi-siècle suffisait à garantir un climat de repentir et de réforme, libérant ainsi les décennies à venir ne serait-ce que de l'orgueil et de l'arrogance des nations. Il n'en a pas été ainsi. À ce qu'il semble, la souffrance ne perfectionne que les caractères déjà solides et ne sensibilise que les consciences déjà éveillées ; chez d'autres, elle produit le plus souvent l'effet opposé.

Dans le Wurtemberg, vers la fin de la guerre, notre division s'empara d'un camp de concentration qui avait été récemment vidé de ses prisonniers et de ses gardiens. On découvrit que les prisonniers, entassés à la hâte dans une série de wagons de marchandises, avaient été transportés aussi loin que possible vers l'intérieur de l'Allemagne avant d'être abandonnés par leurs gardiens. C'est là que nos troupes les trouvèrent par hasard, ouvrirent les portes des wagons et permirent à tous ces gens affamés de se traîner jusqu'à la ville la plus proche, où les citoyens, choqués, les soignèrent et s'occupèrent d'eux. J'ai passé une longue journée parmi eux, et j'ai appris à cette occasion quelques leçons, que je ne suis pas près d'oublier, sur ce qu'il advient de la nature humaine quand elle est placée dans des situations extrêmes.

Dans leur état, les regards étaient plus éloquents que les mots, et une livre de chair supplémentaire sur les os, un peu plus de couleur sur les joues manifestaient, plus clairement que n'auraient pu le faire des dénonciations, qui avaient été les oppresseurs à l'intérieur du camp. En effet, comme dans tous les camps de concentration, y avaient été détenus des hommes issus d'une douzaine de nationalités et d'autant de classes sociales différentes : des antinazis, des Juifs, des prisonniers de guerre, mais aussi, comme toujours, quelques criminels professionnels que l'on avait transférés dans les camps depuis leurs prisons pour qu'ils assujettissent les autres détenus et rendent ainsi la tâche des gardiens plus aisée. Seuls parmi tous ces hommes libérés à avoir conservé leurs forces physiques, ces criminels étaient regardés avec une haine indicible par les autres. Il n'y avait que la maigreur décharnée et la faiblesse de ceux qu'ils avaient opprimés pour leur éviter d'être taillés en pièces ; car d'après les témoignages unanimes, ils s'étaient montrés plus cruels que les gardiens nazis. Je n'ai jamais vu de regard plus mauvais que dans les yeux de ceux d'entre eux que j'interrogeai. Quoiqu'on y vît brûler de la rage et du mépris, il y avait de la peur aussi, et j'eus l'impression que la plupart de ces criminels étaient probablement soulagés d'avoir été faits prisonniers par nous et rapidement séparés des autres.

Je remarquai immédiatement que tous les autres se massaient autour d'un homme qu'ils louaient de façon extravagante, parce qu'il leur avait permis de se tenir les coudes contre les gardiens et les traîtres, devenant ainsi au cours de longs mois et de longues années un chef naturel à leurs yeux. En écoutant les Français, dont beaucoup étaient instruits et avaient donc occupé une position influente dans le camp, louer cet homme, je fus stupéfait d'apprendre qu'il était allemand. C'était un prisonnier politique de longue date et un vétéran de nombreux camps de concentration. Je passai plusieurs heures à converser avec lui, et je découvris un homme chez qui les privations avaient accompli cette chose rare, l'éradication dans son cœur de toute haine et de tout esprit de vengeance. Il en était sorti presque incroyablement sain d'esprit et sage. À ma demande, il m'exposa ses idées sur ce qui devait se produire en Allemagne et en Europe au sortir de la guerre, et je fus tout autant sidéré par la modération de ce qu'il préconisait pour punir nos ennemis politiques que par le pragmatisme des programmes politiques et économiques qu'il proposait. Nous avions là un homme entre dix mille – plus précisément, peut-être, un homme sur un million – qui puisait dans les expériences épouvantables qu'il avait vécues le moyen de perfectionner son savoir et sa compassion. Après quelques heures en sa compagnie, je compris pourquoi tous les détenus, y compris ceux qui haïssaient passionnément tout ce qui était allemand, parlaient de lui et lui parlaient avec une vénération non dissimulée.

On eût dit que tout l'éventail des caractères humains était exhibé, au jour de leur libération, par ces quelques centaines de survivants ; j'étais conscient d'avoir comme trébuché sur une heure de vérité dont on ne pouvait guère espérer qu'elle se produisît à nouveau, même chez ces gens, dans les jours suivants. En outre, il y avait pour moi une sorte de présage effrayant dans les derniers mots que j'échangeai avec leur chef. Tandis que je me levais pour partir, je lui demandai ce qu'il avait l'intention de faire dans l'avenir immédiat : « Me mettre à la recherche de ma famille, me répondit-il.

Ma femme a été détenue dans un camp de concentration presque aussi longtemps que moi, et je crains qu'elle soit morte depuis longtemps. Mes deux garçons ont été emmenés par les SS comme travailleurs forcés et affectés à la construction de fortifications en France, et j'ai des raisons d'espérer qu'ils sont encore en vie quelque part en Europe. Dès que j'aurai recouvré assez de forces pour voyager, la première chose que je dois faire, c'est essayer de les retrouver.»

Imaginer cet homme ravagé parcourant l'Europe à la recherche de sa famille dispersée, avec le risque de retrouver ses enfants vivants mais pervertis par leurs fréquentations, révélait un aspect de la guerre future qui ne serait absolument pas toléré. J'avais déjà observé que la plus amère de toutes les expériences endurées par les soldats européens de la Seconde Guerre mondiale était le retour dans leurs villes souillées et auprès de familles brutalisées avec encore plus de cruauté qu'eux. Avec des milliers d'autres soldats américains, j'avais murmuré une prière de reconnaissance en songeant que les foyers auxquels nous retournions ne ressemblaient pas à ceux-là. À présent, rétrospectivement, aucun changement dans le caractère de la guerre ne semble plus décisif que ce brouillage moderne de toutes les distinctions entre combattants et non-combattants. Ce que cela implique en termes de dégradation morale, les expériences comme celles que je viens de décrire me l'ont fait voir de la manière la plus claire qui soit. À l'issue des guerres à venir, quand les soldats et les civils auront été pareillement déplacés, aussi bien physiquement que spirituellement, qui sera disponible pour prendre soin des malades, ou de ceux qui sont découragés ou perdus ?

Bien que se propage la peur que notre siècle, dans sa seconde moitié, n'ait pas la capacité de supporter ou d'endurer une reprise des guerres qui ont marqué ses premières cinquante années, il semble que nous n'ayons guère l'assurance d'avoir trouvé quelque moyen de l'éviter. Avec fatalité, certains conti-

nuent de citer les paroles de la Bible sur la guerre et les rumeurs de guerre, répétant, comme le font les hommes depuis les temps immémoriaux, qu'il y aura des guerres pour l'éternité puisque les guerres ont toujours été là, que la nature humaine ne change jamais, que l'homme est belliqueux par nature et que nous ne pouvons donc abolir la guerre. D'autres prétendent qu'une autre guerre est impensable, pour la raison que la guerre n'est plus, comme elle le fut jusque récemment, un instrument de la politique étrangère. « Les missiles et la bombe à hydrogène nous forcent à grandir », en vient à conclure un rapport récent, dont l'auteur assure avec optimisme que « nous sommes plus éloignés d'une guerre mondiale que nous ne l'avons jamais été de mon vivant », avant d'ajouter, sur un ton léger, mais agrémenté de cette note hystérique que l'on observe souvent aujourd'hui : « Si l'avenir me donne tort sur ce point, aucun lecteur de ces lignes ne sera en mesure de me confondre, car nous serons morts tous les deux. »

La difficulté de toute prédiction réside dans notre incapacité à discerner ce qui a réellement changé dans notre condition présente et ce qui n'a changé qu'en apparence. Si l'on s'en tient à la surface des choses, optimisme et pessimisme sont également stupides. Les optimistes, qui fondent leur conviction sur le fait que les armes modernes promettent l'anéantissement de populations entières et rendent ainsi illusoire tout espoir de victoire d'un camp sur l'autre, oublient, je pense, que cette situation ne risque guère de durer. Puisque le progrès se poursuit à l'allure, typique de notre époque, d'une tornade, comment quiconque pourrait donc savoir à l'avance quelles capacités, en matière de défense ou de neutralisation des armes les plus puissantes, ou quel pouvoir de destruction sélectif des capacités militaires ou industrielles nous réserve la prochaine décennie ? Et si aucun Armageddon ultime ne nous attend dans l'avenir, qui peut être certain qu'une série de guerres limitées conduites avec des armes plus conventionnelles ne détruira pas, d'une manière moins dramatique mais tout aussi radicale, notre

civilisation ? Tant que la volonté de guerre n'aura connu aucun changement, ce sera semble-t-il pure folie de se fier, ainsi que beaucoup le veulent aujourd'hui, au pouvoir dissuasif de la peur et de la force armée. Notre état d'esprit actuel étant ce qu'il est, ces dernières sont probablement nécessaires, mais personne ne devrait être abusé au point de croire que notre condition présente nous offre quelque sécurité que ce soit.

Si les guerres ont pour originè l'esprit des hommes, il serait sage d'y rechercher les bases de tout optimisme. Or, on y observe effectivement un changement qui semble prometteur et important : notre réticence grandissante à célébrer la guerre et les vertus militaires. Dans les récits de bataille, on voit s'amenuiser la tendance à justifier la guerre par les actes héroïques qu'elle suscite, à idéaliser ses grandeurs et exalter les sacrifices personnels qu'elle exige. Nous ne frémissons plus guère en Occident devant le sentiment exprimé par Horace qu'il est doux et noble de mourir pour son pays. Et nous ne sommes plus très nombreux à partager la croyance, autrefois répandue, que les guerres répondent à la volonté de Dieu. Je ne sais trop si ce changement procède d'une modification dans la nature même de la guerre ou d'une altération dans la nature du combattant. Mais j'observe à coup sûr une diminution des appétits martiaux chez les auteurs du XXe siècle.

Il serait facile de citer des pages exaltant la guerre chez les auteurs allemands du XIXe siècle, ainsi qu'on le fait d'ordinaire. Mais en voici une tirée de l'œuvre de notre Oliver Wendell Holmes Jr, vétéran de notre Guerre civile, extrême entre toutes et pourtant guère isolée. Lequel d'entre nous pourrait adhérer aujourd'hui à la doctrine de cet homme qui, parvenu à la maturité de ses cinquante-quatre ans, écrivait : « Lorsque vous y êtes, la guerre est horrible et insipide ; c'est seulement quand le temps a passé que vous voyez que son message était divin. » Qui aujourd'hui pourrait éprouver autre chose que de l'incrédulité à le voir poursuivre et dire :

J'ignore ce qui est vrai. J'ignore le sens de l'univers. Mais quand je suis assailli de doutes et que les croyances s'effondrent, il est une chose dont je ne doute point, dont aucun homme qui vit dans le même monde que la plupart d'entre nous ne peut douter, c'est que la foi qui pousse un soldat à donner sa vie pour obéir à un devoir qu'il accepte aveuglement, pour défendre une cause qu'il ne comprend guère, dans un plan de campagne dont il n'a aucune idée, sous l'autorité de tactiques dont il ne voit pas l'utilité, est vraie et digne de vénération.

On en trouvera peut-être encore qui partagent cette foi, et de fait, il en existe presque certainement dans chaque nation. Mais on peut parier sans risque qu'ils sont moins nombreux dans notre décennie qu'auparavant, et on peut raisonnablement prédire que leur nombre continuera de décroître régulièrement, bien que les hommes en armes soient au total plus nombreux que jamais. Dans ce changement de mentalité, s'il s'agit bien de cela, on puisera certainement plus d'espoir que dans tout équilibre de la terreur.

D'un autre côté, cela ne doit pas nous aveugler sur les aspects négatifs de la situation actuelle, ou nous faire oublier ce qui n'a pas changé. Nous sommes trop nombreux, je le crains, à ne plus célébrer la guerre, non parce que nous aurions renoncé à ses manifestations, mais parce que nous trouvons notre passé militaire inexplicable et déconnecté du présent. Après quelques années de paix, nous ne sommes pas en mesure de croire à la guerre et nous élaborons d'excellents arguments qui démontrent qu'elle ne saurait recommencer. Comme il est difficile d'avoir conscience que tant d'hommes que nous effleurons chaque jour dans la rue ont tué et mutilé d'autres hommes ! Nous paraissons si innocents et inoffensifs, nous autres vétérans ! À vrai dire, nous ne tirons aucune gloire de ce passé, mais cela n'en détruit pas pour autant l'actualité. Seul un moment de réflexion nous est nécessaire pour nous persuader que des forces titanesques gisent sous la surface de nos jours paisibles. Souvenons-nous de la rapidité avec laquelle la plupart d'entre nous s'adaptèrent à la logique du

combat. N'y avait-il pas là la vérification directe de la théorie freudienne du retour à un stade antérieur et primitif de la personnalité, elle qui demeure intacte dans le subconscient, nullement modifiée par nos personnalités ultérieures et plus sophistiquées ?

Un des faits tragiques de notre époque, qui à mon avis surpasse tous les autres, est simplement celui-ci : en un temps où l'on exige de nous les changements les plus révolutionnaires pour nous convertir à une forme meilleure d'existence, nous sommes en réalité fort peu disposés à tout changement intérieur. On ne trouverait pas beaucoup d'observateurs sérieux de notre société qui auraient la témérité d'affirmer que l'homme occidental se sent plus chez lui dans le monde actuel qu'aux époques précédentes, ou moins angoissé, ou plus maître des institutions et des forces supérieures de l'histoire. En fait, la plupart s'accordent à dire que la civilisation contemporaine en Amérique et en Europe est, par bien des aspects, insatisfaisante. Impersonnalité, monotonie, standardisation, course à la consommation et poursuite du confort matériel produisent par moments un incommensurable ennui et un désir d'évasion, aussi dangereux et violent fût-il.

Si l'optimisme comme le pessimisme ont progressivement perdu toute pertinence dans ce terrible dilemme, il existe néanmoins de grandes raisons de continuer à pratiquer l'ancienne vertu d'espérance. Bien qu'elle ait été généralement négligée dans les siècles derniers, quand la vision optimiste du progrès était la règle, l'espérance décrit cette qualité du caractère et cette vertu de l'esprit qui nous inclinent à nous tourner vers l'avenir avec confiance, plutôt qu'avec assurance. C'est la confiance en la capacité des êtres humains à pouvoir un jour, dans la limite de ce qui est accordé aux mortels, maîtriser leur destin à force de raison et de sagesse. Pour faibles que soient les perspectives de paix, nous pouvons tout de même garder espoir, car de plus en plus nous prenons conscience que rien, hormis nous-mêmes, ne nous empêche de reléguer la guerre au triste domaine du passé. Les guerres

ne répondent ni à la volonté de Dieu, ni aux impératifs de la nécessité.

Il devait appartenir à l'un des penseurs les plus découragés d'écrire, au sujet d'un futur monde sans guerres, le paragraphe le plus riche d'espoir qui fût. Nous devrions voir dans sa prédiction la reconnaissance du pouvoir qu'a l'homme, quand il se laisse transformer intérieurement, de modifier le cours des événements. Assez étrangement, c'est à Friedrich Nietzsche que je me réfère, et au passage suivant, tiré du *Voyageur et son ombre* :

> Et un grand jour viendra peut-être où un peuple, insigne par ses guerres et ses victoires, par la suprême perfection de son organisation et de son génie militaires, et habitué à faire les plus lourds sacrifices en ces domaines, s'écriera spontanément : « Nous brisons l'épée » – et détruira jusqu'en ses fondements la totalité de ses forces armées. *Renoncer aux armes alors qu'on était le plus vaillant sous les armes*, par *élévation* de sentiment, – voilà le moyen d'une paix *véritable*, qui ne peut jamais reposer que sur la paix des esprits ; alors que la paix armée, comme on l'appelle, celle qui gagne maintenant tous les pays, est le fait d'une âme inquiète qui n'a confiance ni en soi ni dans le voisin et, moitié par haine, moitié par peur, ne veut pas déposer les armes. Plutôt périr que haïr et craindre, et *plutôt périr deux fois que se faire haïr et redouter*, – telle devra être un jour la maxime suprême de toute société politiquement organisée[1].

Nous tenons certainement là l'une des prédictions les plus remarquables de la littérature occidentale. Nietzsche comprend bien que la pratique de la guerre doit être dépassée par la force et la décision volontaire d'une nation solide ou d'un groupe de nations ; la paix n'adviendra jamais comme effet de la faiblesse, de l'épuisement ou de la peur. Tout comme il est en nous des pulsions destructrices qui requièrent pour les contenir une puissance qui leur soit supérieure, une institution aussi pro-

1. Friedrich Nietzsche, *Humain, trop humain II*, « Le voyageur et son ombre », § 284, trad. française Robert Rovini, Gallimard, 1968. [NdT.]

fondément enracinée dans notre société que la guerre requiert de la force pour être extirpée. La paix des peuples ne saurait guère advenir à notre insu. Préparée par un changement graduel dans l'attitude des ensembles dominants, l'impulsion ultime viendra de l'acte audacieux, volontaire et décisif qui brisera l'épée. Cela ne pourra advenir que lorsque la force de caractère et une volonté résolue n'auront plus besoin de soutiens extérieurs, comme le prestige et le protocole. Cela ne pourra advenir aussi que lorsqu'une nation prendra la décision, « par élévation de sentiment », de tout risquer pour le bien suprême.

Tel est le second point important développé par Nietzsche. Mis à part la force morale, il faudra du courage aussi, et un courage de l'espèce la plus rare si l'on veut extirper de notre race la guerre. Malheureusement, les forts ne sont pas toujours les braves, surtout lorsqu'ils doivent s'exposer aux menaces agitées par les moins forts. Comme il est excessivement improbable qu'aucune des nations les plus fortes du monde ait aujourd'hui le courage de se désarmer face à ses ennemis ! Seuls quelques pacifistes ont la témérité de suggérer une telle chose. Qui, parmi nos dirigeants politiques, serait assez fort pour prendre la responsabilité d'un tel acte ? Beaucoup pourraient dire alors : « Si je n'étais responsable que de moi-même, il vaudrait la peine de prendre ce risque. Mais de quel droit mettrais-je en jeu les générations futures de mon peuple en commettant un acte aussi irrévocable que celui-là ? Les individus peuvent se permettre de risquer leurs vies ; les gouvernants doivent choisir la voie prudente de la sécurité. En tant que représentant de mon peuple, mon devoir est de garantir sa sécurité du mieux que je pourrai pour le bref temps où il me faudra prendre soin de lui. Il convient aux rêveurs et aux utopistes d'écrire des livres ; ils ne sauraient occuper de fonction politique responsable. »

Telle est la sagesse du monde aujourd'hui, et malheur au dirigeant qui ne la suit pas. L'immense majorité de notre peuple ne veut pas moins la « paix armée » que ses représentants ; plus exactement, ils ne voient pas d'autre possibilité qu'une paix reposant sur la puissance armée. L'autre voie est trop parsemée de risques, et la règle implicite paraît donc être : mieux vaut périr par prudence que par folie. Néanmoins, il y a eu, à de rares moments de l'histoire mondiale, des leaders intellectuels et politiques qui ont réussi à persuader leur peuple de prendre des risques presque aussi décisifs que celui dont nous parlons. Ils n'ont été qu'un trop petit nombre, bien sûr, et parmi ce petit nombre la plupart ont échoué. Pourtant, on peut faire remonter quasiment tout ce qu'il y a de meilleur dans notre héritage culturel au courage et à la résolution dont ils firent preuve.

Un jour, quand le temps sera venu, de nouveaux leaders apparaîtront qui inciteront les peuples à franchir l'étape irrévocable, dans un acte d'une telle audace qu'il en sera contagieux et qu'il forcera l'imitation. À l'évidence, cet acte ne sera pas exclusivement l'œuvre d'un seul homme ou d'un seul groupe. Le peuple dans son ensemble devra être prêt à en soutenir l'exécution. Cependant, même lorsque le grand nombre aura enduré cette transformation intérieure du cœur et de l'esprit que nous avons décrite dans les chapitres précédents, le plus courageux des chefs sera quand même requis pour briser l'épée en son nom et assumer ainsi la responsabilité d'un échec possible. Il faudra un homme d'une grande simplicité et animé par une conviction profonde.

Le point le plus important dans la prédiction de Nietzsche, c'est le problème de la motivation requise pour briser l'épée. Si la paix perpétuelle doit un jour régner sur le monde, c'est que des mobiles qui n'ont guère cours dans la vie politique l'auront rendue possible. « Plutôt périr que haïr et craindre, et plutôt périr deux fois que se faire haïr et redouter. » Si, au sein d'une grande nation, la base en venait à accepter une maxime de ce genre, notre avenir serait peut-être assuré. Pour la plupart d'entre nous, nous ne prenons aucun plaisir à haïr et craindre nos ennemis politiques, mais c'est à nos yeux un sort infiniment préférable à la mort. Nous préférons cela même quand nous prenons conscience que la haine et la crainte, quand elles sont à leur comble, détruisent notre humanité et nous rendent à peine meilleurs que des bêtes.

Si la majorité d'entre nous ne préféraient pas l'existence quelles qu'en soient les conditions, nous verrions à que point le fardeau de la haine et de la crainte nous oppresse à notre époque. Elles nous poussent à consacrer la plus grande part de nos ressources nationales à l'armement et à la défense, privant ainsi la population des écoles, des hôpitaux et des bibliothèques dont elle aurait grandement besoin, ainsi que de milliers d'autres bienfaits que la vie politique organisée nous apporte. La haine et la crainte nous incitent à endoctriner la jeunesse, à tordre et déformer la vérité pour la faire entrer dans nos moules provinciaux et nationaux, au lieu de lui offrir le cadre universel qu'elle requiert. La haine et la crainte rendent étroit le cercle de nos sympathies, étouffent nos élans de générosité et transforment en caricatures nos différents moi possibles. Quand on considère tout ceci, et bien d'autres choses encore qui pourraient être invoquées dans tout acte légitime d'accusation contre la haine et la crainte, il ne faut pas s'étonner que tout esprit libre préfère périr plutôt que d'avoir à vivre sous leur domination.

Toutefois, la chose la plus importante qui doit nous inciter à briser l'épée, nous dit Nietzsche – et il a assurément raison –, c'est que les hommes devraient choisir de périr deux fois plutôt que se faire haïr et craindre. Tant que nous n'aurons pas fait de cette maxime la maxime suprême des nations, comme l'on fait pour eux-mêmes certains individus exceptionnels, nous ne serons pas en mesure d'atteindre notre objectif. Au premier abord, l'idée d'un mobile si peu pratique pourrait susciter notre surprise, tant il est contraire à nos pulsions naturelles, et il se pourrait bien qu'elle déclenche un sourire méprisant sur la figure des hommes prétendument réalistes de ce monde. Pourquoi une nation se résoudrait-elle à ne plus être redoutée et haïe et pourquoi serait-elle disposée à payer le prix d'une telle décision ?

Il est terriblement difficile de répondre à cette question quand il s'agit de s'adresser à des esprits qui se plaisent à calculer les avantages et mesurer les mobiles comme on mesure des choses. Ceux-là ne pourront guère comprendre la décision que Socrate prit il y a de nombreux siècles, celle de souffrir l'injustice plutôt que de la commettre, considérant qu'en faisant ce choix-là plutôt que l'autre son âme s'en trouverait moins abîmée. La raison pour laquelle une nation qui veut être juste doit répugner à se faire haïr et craindre n'est pas très différente. Haïr et craindre nuisent à notre vie intérieure et l'abîment, mais se faire haïr et craindre détruit encore plus nos pulsions et nos capacités les plus nobles. Rien ne corrompt notre âme plus sûrement et plus subtilement que la conscience que d'autres nous craignent et nous haïssent. Telle est notre nature humaine que nous ne pouvons posséder de pouvoir redouté par d'autres sans devenir comme l'image de leur crainte et de leur haine. Détenir un tel pouvoir ne nous corrompt pas du jour au lendemain ; il se peut que nous conservions notre air bienveillant des années durant. Mais inévitablement, savoir que d'autres tremblent ou enragent lorsqu'ils nous aperçoivent nous empoisonne l'esprit et finit par nous transformer, individus ou nations, en parias agressifs, méfiants, capricieux et creux.

Si des nations devaient accéder un jour aux sommets moraux qu'atteignent les individus exceptionnels, elles frémiraient devant l'image que se font d'elles leurs voisines. Et elles feraient alors tout ce qui est imaginable pour modifier cette image. L'image d'elle-même qu'une nation forte et bienveillante jugera un jour la plus intolérable est celle du colosse jaloux de son prestige et prompt à fondre sur quiconque défie l'ordre établi. Consciente de ses propres desseins et de ses propres mobiles, une telle nation n'aura de cesse que les autres ne les ignorent pas. Mais elle ne saurait y parvenir sans qu'il lui en coûte, avec des actes et non avec des mots, si éloquents fussent-ils. Quel qu'en soit le coût, une nation forte et bienveillante engagera tous ses efforts pour combler le fossé entre ce qui est et ce qui paraît être aux yeux des autres, car la fissure entre l'être et le paraître est fatale à toute nation qui veut la réforme. Une nation forte et bienveillante ne pourra parvenir à ses fins que lorsque les autres auront pleinement conscience que la puissance et la bienveillance peuvent coexister et devenir la plus haute bénédiction qui puisse toucher notre malheureux monde.

D'après la prédiction de Nietzsche, il faut que la guerre disparaisse subitement, sous l'effet d'un coup qui ne laissera personne dans le doute quant à la signification de l'acte accompli. Comme le contexte du paragraphe cité le montre clairement, Nietzsche considère qu'aucune progression graduelle ne peut réussir ici. Au contraire, si la guerre doit finir un jour, alors les hommes devront rompre radicalement avec leur passé, tout comme des drogués doivent le faire avec leurs addictions. Le problème de la guerre n'est certes pas un problème ordinaire, que l'on pourrait combattre et résoudre comme on combat d'autres difficultés sociales. Il exige un tel changement d'orientation de nos émotions que les hommes dateraient de ce jour celui de leur délivrance. Cette transformation sera, en langage biblique, d'un genre apocalyptique, comparable à l'ancien commandement du Seigneur : « Que la lumière soit ! » Alors les hommes seront incapables de comprendre comment ils ont pu vivre jusque-là dans les ténèbres. « Brisons l'épée ! » s'écriera effectivement quelqu'un, et des hommes dotés d'une grande sensibilité répondront à l'appel en détruisant les engins de destruction et prendront la résolution de ne plus s'instruire dans l'art de la guerre.

Il ne fait pas de doute que cette prédiction sera raillée par les hommes pratiques, puisqu'elle s'oppose à toutes les procédures régulières de notre temps et à l'essentiel de notre histoire la plus récente. De plus, les hommes d'État et les internationalistes, qui font un travail sérieux aux Nations unies et ailleurs afin de forger petit à petit les chaînes fragiles de la paix, auront tendance à considérer l'idée d'une fin soudaine de la guerre sous l'effet d'un acte de volonté nationale comme un rêve stupide et dangereux.

À vrai dire, l'homme qui suggérerait que l'on renonce au dur labeur de nos institutions internationales, pour attendre à la place qu'advienne quelque chose d'aussi incertain et d'aussi peu fiable qu'une réponse populaire du genre de celle que Nietzsche propose, serait irresponsable. Ce que nous avons besoin de faire sans faillir, c'est redoubler d'efforts dans les affaires internationales, viser le développement des régions du monde qui accusent du retard, parvenir à des solutions légales dans les conflits entre nations et apaiser les ressentiments nationaux en faisant appel aux conférences mondiales et à tous les arts du compromis. Si en usant de tels moyens nous parvenons à prolonger, année après année, la durée de notre fragile paix actuelle, on pourra faire en sorte que les guerres paraissent encore plus démodées sociologiquement, économiquement et politiquement qu'elles ne le sont déjà. Même si une bonne part de l'effort accompli par les institutions internationales ne promeut pas directement la cause de la paix dans le monde, cela n'enlève rien au fait que cet effort est en soi désirable et qu'il doit être poursuivi. Après tout, la paix n'est pas la seule fin que l'homme poursuive légitimement, et dans bien des cas personne ne sait réellement ce qui favorisera la paix à long terme.

Ceci étant accordé, je suis néanmoins convaincu qu'une profonde transformation intérieure devra toucher les hommes si l'on veut vaincre la guerre. Toute la machinerie de la diplomatie internationale et un niveau de vie plus élevé pour les peuples qui accusent du retard ne pourront pas apporter à eux seuls un tel bouleversement. Peut-être est-ce une exagération poétique de dire que cette conversion aura lieu subitement ; ce que cela signifie, c'est qu'il s'agira d'un changement décisif. Dans les chapitres précédents, je l'ai décrit comme un éveil, un éveil à soi-même, une découverte de l'amitié, la naissance d'un amour. La nature humaine, qui est la source ultime de toute hostilité, doit subir une conversion qui la fasse sortir de l'état de haine et de peur dans laquelle elle se trouve, afin de libérer des puissances qui sont en nous et dont seule une infime minorité soupçonne l'existence. Ni les gouvernements ni les autres institutions ne sont en mesure de combattre aujourd'hui les forces destructrices qui existent à l'état latent chez la plupart d'entre nous. Il est peu probable que les leaders dont nous avons besoin surgissent spontanément de la terre ; pour réussir, eux aussi ont besoin d'un changement radical dans la population.

À quel point faut-il que nous changions si l'occasion doit jamais nous être donnée de briser l'épée une fois pour toutes ? C'est une question aussi difficile que suggestive et séduisante. La tentation de renoncer aux limites du probable est grande, mais nous sommes tous las des utopies socialistes qui décrivent des hommes qui ont désappris les plaisirs, les besoins et les désirs ordinaires. Le réalisme nous incline à ne pas attendre des hommes qu'ils modifient radicalement leur mode de vie extérieur ; car des changements profonds et révolutionnaires peuvent avoir lieu relativement sans grande transformation extérieure. Il est probable qu'après avoir subi les changements les plus profonds, nous nous en retournions à notre vie de tous les jours peu changés en apparence, alors que nos actions obéissent désormais à des mobiles différents et qu'elles finiront par remodeler l'environnement humain.

Le philosophe grec Héraclite a écrit un jour que « les hommes se séparent de ce qui leur est le plus familier et ils doivent rechercher ce qui est évident par soi ». Ce propos m'éclaire, comme peu d'autres l'on fait, sur une bonne partie de mon expérience de la guerre. Une atmosphère de violence tire un voile sur nos yeux qui nous empêche de voir les faits les plus manifestes de notre existence quotidienne. Pour une conscience éveillée, tout ce qui relève de l'action humaine devient alors étrange et quasiment inexplicable. On peut comprendre, jusqu'à un certain point seulement, que les hommes puissent combattre sans colère et tuer sans remords. Une légère modification de la conscience suffirait à placer leurs actions sous un juste éclairage et à les détourner pour toujours de la destruction. Pour que les tueurs se changent en amis et en amants, il suffirait qu'ils adviennent à eux-mêmes, puisque, aussi paradoxal que cela puisse paraître, les pulsions qui font les tueurs ne sont pas dans leur genre si différentes de celles qui font les amants. Je ne connais pas d'autre explication à la connexion bien connue qui, à la guerre, rattache les actions les plus nobles aux actions les plus viles, les vices les plus exécrables aux vertus les plus sublimes.

De même, le sentiment d'être chez soi dans le monde n'est pas très éloigné de celui qui nous y fait sentir exposé et perdu sans espoir de secours. Quant au sentiment d'avoir été jeté dans l'existence, que décrivent les penseurs existentialistes, il ne s'éloigne que d'un cheveu de l'expérience que fait l'homme créé à l'image de Dieu, tel que le figure Michel-Ange dans sa merveilleuse fresque *La Création de l'homme*. Le changement qui s'opère en nous et qui nous fait passer d'un certain état de notre être à un autre est, bien sûr, profond, mais la distance psychologique qu'il nous faut alors traverser est minime. Nous avons, pour la plupart d'entre nous, connu les deux extrêmes, souvent dans un laps de temps incroyablement court. Tout se passe comme si un mur fin mais impénétrable séparait ces deux états l'un de l'autre. Si, par moments, le mur paraît aisément enfoncé, il s'avère généralement plus impérissable que nos vies.

Ainsi, la quête de la plus familière et de la plus évidente de toutes les vérités, l'appartenance de tous les hommes au genre humain, ou, en langage religieux, le fait que les hommes sont frères, est rarement couronnée de succès. Pendant la Seconde Guerre mondiale, j'en suis venu à distinguer les soldats éveillés, et conscients de la situation dans laquelle ils se trouvaient, de ceux qui y étaient perdus. Je pouvais communiquer avec les premiers et les comprendre ; les autres étaient seulement « les autres », évoluant par-delà la portée de ma compassion et de mon souci. Pourtant, il est des moments de lucidité où rien n'est plus manifeste que le fait que les meilleurs et les plus mauvais des hommes diffèrent entre eux seulement par degré et non par nature. Par exemple, le soldat animé par des sentiments de fraternité et un amour préservateur peut bien rejeter le soldat-tueur ; il ne peut nier en toute justice l'humanité qu'il partage avec lui. De même, le soldat à la conscience éveillée, qui reconnaît sa culpabilité à tous les niveaux, ne manque pas de reconnaître aussi la possibilité d'un éveil similaire chez le plus téméraire et le plus impitoyable de ses camarades ou même chez son ennemi. Nous avons tous à l'esprit bien trop d'exemples de ces transformations pour pouvoir en douter.

Il n'en va pas vraiment différemment dans les conditions actuelles de notre paix anxieuse. Pour surmonter ce qui nous rend étranger au familier et à l'évident, nous avons avant tout besoin d'une proximité véritable entre nous, par opposition à la séparation et à l'isolement qui prévaut si largement aujourd'hui. Il est évident qu'en surmontant la distance physique, nous ne gagnerons aucune proximité. En fait, à mesure que notre planète devient de plus en plus surpeuplée et que les problèmes d'espace vital et alimentaires se font de plus en plus pressants, les risques de conflit s'aggravent. À l'évidence, il n'y a que peu ou même pas du tout de relation entre la proximité physique et la proximité psychique, puisqu'il est possible de se sentir étranger à celui dont on partage la chambre et proche de quelqu'un qui se trouve à des centaines de kilomètres de là.

Aussi longtemps que nous serons éloignés de nous-mêmes, il nous sera impossible de nous rapprocher des autres. Des gens bien intentionnés croient souvent que ce qu'il nous faut aujourd'hui, c'est un réseau de relations plus vaste que celui qui peut exister au sein de ces unités simples et naturelles que sont la famille, la ville ou sa région. Les citoyens ordinaires du Kansas, de Grande-Bretagne ou de Formose ne sauraient guère devenir proches les uns des autres, en aucun sens impliquant une connaissance mutuelle intime. Ce dont nous avons tous besoin, c'est de relations de proximité avec notre entourage immédiat. Celui qui sait ce qu'est la véritable amitié ou le genre le plus accompli de l'amour érotique ne peut devenir aussi étranger à lui-même ou aux autres que le sont ceux qui n'ont jamais fait l'expérience de ces choses.

Cette proximité à autrui, même si elle n'existe qu'avec un seul être humain, favorise grandement le progrès de la réflexion et de la prise de conscience. Ceux qui ont l'expérience de cette intimité sont portés à se poser les questions importantes : Qui suis-je ? Pourquoi suis-je ? Quel est mon rôle dans la vie ? Le savoir qu'ils recherchent n'est pas celui du genre subtil, souvent nommé à tort philosophie, qu'on ne saurait attendre d'un homme sans instruction. Au contraire, il s'agit de ce savoir que les gens qui ont peu d'instruction recherchent souvent avec plus d'ardeur que les êtres faussement sophistiqués. Parce qu'ils se soucient des questions importantes, il leur arrive parfois d'accéder à ce don important qu'est le don de simplicité. Je ne connais pas de meilleur chemin pour parvenir au familier et à l'évident que celui qui consiste à se dépouiller de tout ce qui est superflu dans notre moi affectif, dans notre moi réfléchi et dans notre moi social, et aussi bien dans notre environnement extérieur. La simplicité se manifeste dans la franchise du contact avec autrui et en l'absence de toute dissimulation et de toute ruse. Comme il se connaît lui-même, l'homme simple a conscience que l'homme auquel il s'adresse n'est pas essentiellement différent de lui-même, et c'est à l'être humain en lui qu'il entend s'adresser.

Une des conditions de cette intimité trop rarement reconnue par la plupart d'entre nous est une attitude différente envers les objets de la nature autour de nous. L'habitude d'entretenir des rapports intimes avec les choses de la nature peut attiser l'étincelle créative qui est en nous et renforcer notre souci de nous préserver nous-mêmes et de préserver autrui. Ce n'est pas d'un sentiment brumeux et romantique de la nature dont nous avons besoin ; mais plutôt de la reconnaissance que nous dépendons pour notre usage quotidien des objets les plus humbles, de la reconnaissance de leur importance et de la place qu'ils occupent dans l'existence. Tant que nous n'aurons pas appris à nous façonner une expérience plus simple et plus directe de nos jardins et de nos arbres, des cieux au-dessus de nous et de tous les objets parmi lesquels nous nous mouvons et travaillons, il nous paraîtra difficile de parvenir à une proximité avec nos voisins et même avec nous-mêmes.

Je suis arrivé à la conviction que, si le familier et l'évident sont si éloignés de nous, c'est que nous autres modernes n'avons eu de cesse de nous séparer toujours plus de la nature en substituant à notre réponse première et artistique aux choses une mentalité technologique. Contrairement à la volonté de beaucoup de scientifiques, notre science est devenue bien trop souvent un instrument de l'exploitation des choses et des individus. Notre obsession de la puissance et de la maîtrise de la nature est devenue telle que nous y avons perdu une dimension importante de notre être : la disposition à la gratitude et à la commémoration, la capacité à percevoir une chose et à jouir d'elle pour ce qu'elle est. Au lieu de considérer ces objets immédiats de notre environnement pour ce qu'ils sont en eux-mêmes, nous en sommes venus à n'y voir que ce qu'ils sont pour nous. Devant une telle mentalité d'exploiteur, la voix de la nature se tait. Traitée comme une simple matière, qu'il faut travailler et presser au service d'un soi-disant seigneur de la création, elle ne renferme plus aucune révélation et aucun bienfait.

Pour un homme qui ne s'intéresse pas à ce qu'est une chose en elle-même et pour elle-même, nulle relation intime n'est possible. La nature peut être infiniment abusée par lui, mais en aucun cas il ne saurait la comprendre. Seul l'œil caressant et centré sur l'objet de l'artiste qui somnole au fond de chacun de nous peut nous rendre conscients de ce que la nature n'existe pas seulement pour nous, mais aussi pour elle-même. Seul le regard artistique sait discerner dans la nature ces qualités qui, en rehaussant la valeur de l'ordinaire, peuvent nous guérir de notre agitation et de notre ennui. L'art peut nous réconcilier avec notre destin individuel et collectif, comme rien d'autre ne le peut, à l'exception, peut-être, de la religion. Mais l'art (et je ne parle pas des beaux-arts) a connu un déclin dans notre société à mesure que cet idéal étroit qu'est l'idéal utilitaire y étendait son influence, et il en est résulté des conséquences lamentables.

L'effet sur nos traditions religieuses de cette disposition d'esprit accaparante et égocentrique n'a guère été moins désastreux. Comme l'art, la religion fait signe vers quelque chose de plus grand et de plus digne que nous-mêmes et nous incite à lui rendre hommage. La religion relie l'homme à ses origines, le soutenant ainsi dans sa quête du sens de l'existence. En effet, l'homme moderne a du mal à découvrir dans l'univers quoi que ce soit qui soit digne d'adoration. Le plus souvent, il se figure au sommet de la création, une création dépourvue d'ordre, dont il serait capable de contempler la totalité et qu'il pourrait manipuler à sa guise. Mais peu sont prêts à prendre l'homme en adoration, lui qui a trop souvent prouvé que la sérénité et la vigueur divines lui faisaient défaut.

De plus, il ne sait que trop bien qu'il ne peut devenir un dieu véritable, car il est habité par le désir d'appartenir à quelque chose ou à quelqu'un. Devant cet univers qui le dépasse, il se rend compte, consciemment ou non, que sa liberté et son indépendance sont faibles et relatives. Ce qui manque si souvent chez les hommes modernes, c'est une piété fondamentale, la reconnaissance de notre dépendance à la nature. D'ailleurs, ils éprouvent le besoin de cette piété sans la posséder. Ce ne sont pas les religions qui font défaut à notre époque ; elles répondent à certains besoins. Mais on constate une absence générale de passion religieuse pour un ordre qui transcende infiniment l'humain. Privés de toute association étroite avec la nature et de relation intime avec ses voies, nous éprouvons de la difficulté à rendre hommage au dieu de la nature.

Cette séparation de l'homme et de la nature, conséquence de notre intérêt trop exclusif pour la puissance, est en partie responsable des guerres totales de notre siècle. Il ne nous est jamais apparu à quel point nous avions transféré de la nature à l'homme lui-même notre mentalité d'exploiteur. Dans la guerre totale, les hommes deviennent eux aussi des matériaux, et la population civile doit alors être ravagée et soumise comme le sont les soldats. Les distinctions s'abolissent entre l'innocence et la culpabilité, entre ce qui est permis et ce qui est interdit. Hommes et machines se rapprochent de plus en plus. Pendant la Seconde Guerre mondiale, comme je l'ai dit, mes impressions les plus douloureuses eurent pour cause l'écrasement sans merci des œuvres de la nature et des productions innocentes de l'art humain. J'ai beau essayer, même dans mon souvenir je ne peux que reculer d'horreur devant la furie destructrice d'une armée moderne qui se précipite sur les choses et les créatures de la nature, elles qui sont pourtant indemnes de tout esprit partisan. Il était presque plus aisé de supporter le spectacle des hommes qui se massacraient que de voir comme on violait les animaux, les cultures, les fermes, les maisons, les ponts et toutes les autres choses qui relient l'homme à son environnement naturel et contribuent à lui fournir un foyer spirituel.

Depuis la guerre, on n'a vu nulle preuve convaincante d'un changement modifiant cette mentalité d'exploiteur. La fabrication de la bombe atomique me paraît être trop dangereusement typique de l'esprit moderne, et les récentes expérimentations en vue de produire une bombe à hydrogène un blasphème méconnu. Il n'est personne pour penser que le risque d'empoisonnement des poissons de l'océan pourrait valoir à ces expérimentations quelque condamnation. Tout se passe comme si l'homme ne pouvait commettre de péché que contre l'homme, ou peut-être contre Dieu, mais pas contre la nature. Que l'océan – domaine jusqu'ici relativement épargné par les pulsions destructrices – puisse être violé, voilà qui paraît n'être regardé par la plupart que comme un triomphe des sciences de la nature.

En l'état désespérant des relations humaines à notre époque, on peut comprendre les arguments favorables aux essais atomiques, lesquels ont pour objectif de renforcer nos défenses nationales. Mais je m'oppose à l'esprit qui préside à ces essais, car ils recouvrent une indifférence à tout ce qui n'est pas d'origine humaine ou à l'usage des hommes. Je pense que le fait de ne pas se soucier de la nature constitue un obstacle sérieux à l'abolition de la guerre. Avant d'attendre de l'homme qu'il épargne son frère, nous devons le persuader d'épargner les choses autour de lui, qui contribuent à son existence tout autant que ses frères. Le déploiement de cet amour et de ce soin préservateurs, qui s'opposent avec le plus de force aux pulsions destructrices, suppose d'établir une intimité avec les choses dont nous sommes trop nombreux à ne pas même soupçonner l'existence.

Le don de proximité avec le familier et l'évident est le bonheur. Quoi qu'il en soit par ailleurs, nous autres Occidentaux, nous n'apprendrons pas à briser l'épée tant que nos peuples ne seront pas plus heureux. S'il existe des lois de la psychologie en ce domaine, l'une d'elles doit stipuler qu'un peuple heureux est un peuple paisible. L'aptitude au bonheur, que nous sommes nombreux à posséder, reçoit trop rarement l'appui dont elle a besoin pour devenir plus qu'une aptitude ; le plus souvent, elle décroît à mesure que nous vieillissons. L'aspiration au paradis, que nos cœurs croient possible mais que nous n'arrivons pas à trouver, nous prive de notre sérénité ; les grandes espérances de notre jeunesse demeurent inassouvies. Quoique les ingrédients du bonheur soient sans nul doute nombreux et pas identiques pour tous, l'intimité affective et intellectuelle avec autrui est certainement le seul qui soit essentiel pour presque tout le monde. Pour une minorité, le fait de s'associer aux choses de la nature peut de soi-même créer un bonheur qui suffit à combler les plus solitaires d'entre les hommes. Mais pour la majorité, la proximité aux choses de notre existence quotidienne peut constituer un moyen de se rapprocher des autres êtres humains, qu'il s'agisse de fraternité au travail, de mariage, d'affinités d'esprit entre amis ou d'autres associations possibles.

Plus que toute autre chose, le bonheur peut fournir au monde un socle solide, suffisant pour nous persuader que nous ne sommes pas des accidents sur cette planète. Seul le bonheur peut changer notre scène quotidienne, morne et terne, en un ordre imprégné de sens et de joie. Lorsque quelqu'un trouve un ami à qui il peut ouvrir son cœur, lorsqu'une femme trouve un homme qu'elle peut aimer et pour qui elle peut porter un enfant, quand l'un d'entre nous trouve une communauté qu'il peut aimer et servir, nos petites existences revêtent un sens dont nous n'aurions pas même rêvé. Loin d'être de ces agités qui accueillent la guerre comme un chemin possible menant à des expériences interdites, nous voyons en elle une menace tout à fait intolérable. Ceux qui ont misé sur la guerre ne voient que trop bien qu'elle peut causer la perte de toutes choses.

Si les nations riches de notre temps fuient la guerre par peur de perdre, des nations habitées par des citoyens authentiquement heureux reculeraient encore plus à l'idée d'exposer leurs grands bonheurs aux aléas du combat. Plus encore, une nation de citoyens heureux aurait bien du mal à entretenir chez eux ou chez les autres des sentiments hostiles, car le bonheur tend toujours à l'universalité. Le peuple qui un jour rompra avec son passé militaire et déclarera qu'il ne peut plus endurer d'être haï et craint ne sera pas seulement un peuple heureux ; son acte sera largement dû à son bonheur. Ayant fait l'expérience en son sein de ce qu'est la proximité, il aura hâte d'étendre cette expérience aux autres peuples. Et pour cela, animé par une confiance et une foi plus grandes que les nôtres, il se peut qu'il soit alors disposé à prendre les plus grands risques.

J'ai souvent médité sur ma rencontre fortuite avec le vieil ermite en Italie et j'ai essayé de découvrir pourquoi il m'avait tant impressionné. Peut-être que cela ne tenait pas seulement au fait qu'il ignorait qu'il y eût une guerre et à mon incapacité à expliquer pourquoi nous combattions, mais aussi à certaines qualités que je discernais en lui et qui contrastaient vivement avec l'état dans lequel je me trouvais. Ce qu'étaient ces qualités, j'ai encore du mal à le dire avec précision. Né dans une ferme et élevé à la campagne comme je l'ai été, je me méfie du sentimentalisme que m'inspire le vieil homme de la montagne. Je ne doute pas qu'il possédât sa dose ordinaire de méchanceté, de malhonnêteté et d'avarice humaines. Lui et ses semblables ne peuvent évidemment pas faire grand-chose pour la paix dans le monde aujourd'hui ou dans quelque avenir concevable.

Mais il y avait en lui une paix et un équilibre rares que je suis arrivé lentement à associer à un monde pacifique et meilleur.

Quoiqu'il n'eût probablement jamais vu d'Américain auparavant, il m'invita à m'asseoir sur l'herbe à côté de lui, et je ne me suis jamais senti aussi peu intrus de toute ma vie. Malgré le handicap de la langue, nous nous mîmes aussitôt à converser de choses importantes aussi naturellement que le font des gens qui se connaissent bien. Il n'y avait rien d'étrange dans notre rencontre, dans notre conversation ou dans notre séparation, et pourtant cette expérience fut pour moi dans son ensemble la plus étrange de toute la guerre.

Je sentais en lui la force que lui procurait son association étroite aux choses de la nature. La sérénité dans ses yeux, dans sa voix et dans ses gestes n'avait rien de la torpeur du rustre ou de l'esprit creux. Quand bien même aurait-il vécu sans traverser aucun de ces orages que connaissent les individus plus sensibles et plus talentueux, il paraissait posséder une constance, une patience et une endurance qu'on ne leur connaît guère. Je ne pouvais deviner et je ne lui demandai pas ce qu'avait été son histoire et pourquoi il avait choisi cette vie, mais il était clair qu'il avait gagné dans sa solitude une sorte de sagesse qui lui permettait de vivre simplement et heureux. En fait, il paraissait être singulièrement chez lui dans le monde ; on eût dit qu'il était surgi spontanément du sein de la nature et qu'il se voyait lui-même comme son authentique rejeton. Inoffensif et sage et innocent, il habitait ces montagnes prêt à converser avec quiconque passait par là et à l'interroger sur ces bruits étranges et infernaux qui montaient de la vallée et auxquels il ne comprendrait jamais rien. Lorsque, comme lui, le grand nombre deviendra vraiment incapable de comprendre pourquoi des nations se font la guerre, l'espèce humaine ne sera plus en danger mortel d'extinction.

Peut-être aussi que sa douceur et sa simplicité lui avaient enseigné à ne pas s'exagérer l'importance de l'histoire humaine par rapport au reste du royaume de la nature. Rien qu'à contempler les étoiles la nuit, comme doivent le faire souvent les soldats quand ils sont seuls de garde ou dans leurs trous de combat, les hommes devraient se détacher de l'arrogance qui incline les hommes à croire que leur histoire est le commencement et la fin des choses existantes. Après ma rencontre avec le vieil homme, je me réconfortai en songeant aux mots de Platon : « Pensez... que les petites affaires humaines ici-bas intéressent beaucoup le dieu qui règne sur toutes choses. »

Loin de rendre les hommes tristes et défaitistes, cette perspective peut leur apporter une sorte de sérénité. Après tout, il se peut fort bien que les grands desseins de l'univers, quoiqu'ils transcendent largement nos faibles capacités de compréhension, ne dépendent pas de l'histoire de l'homme. Si nous ne sommes pas le but principal de la création, et assurément nous ne le sommes pas, le tout auquel nous appartenons et dont nous ne formons qu'une petite part a peut-être un sens et relève peut-être d'un certain dessein. Bien que les guerres humaines soient peut-être trop infimes d'un point de vue cosmique pour que l'on puisse y discerner un plan, elles pourraient néanmoins revêtir suffisamment de sens si seulement quelqu'un parvenait à observer les événements avec moins de myopie que nous. En tout cas, il est temps que nous autres êtres humains renoncions à la croyance démesurée que les objectifs de la création ne sauraient s'accomplir qu'à travers nous. Cette foi doit être remplacée par la confiance que, même si nous devions tôt ou tard disparaître de la surface de la terre à cause de nos échecs, cela aussi relèverait du champ de compréhension d'un Être incomparablement plus grand et immuable que la race des hommes.

À ce propos, il est pour moi un mystère tout aussi impénétrable que ne l'est la nature même de l'homme. La guerre révèle des aspects de la nature humaine qui sont au-dessus et au-dessous des normes acceptables de l'humanité. En fin de compte, toute étude de la guerre doit s'efforcer de traiter de dieux et de démons qui revêtent une forme humaine. Il est dit dans les Écritures saintes qu'il y eut jadis une guerre dans les cieux, et les enfers sont censés être encore le théâtre de combats incessants. Interprété symboliquement, ceci doit vouloir dire que les secrets ultimes expliquant pourquoi les hommes combattent doivent être recherchés par-delà l'humain, dans la nature même de l'être.

Dans la même collection

Louis Althusser, *Machiavel et nous*
Éric Anceau, *Napoléon III*
François-Jean Armorin, *Terre Promise, terre interdite*
Colette Arnould, *Histoire de la sorcellerie*
Raymond Aron, *Essais sur la condition juive contemporaine*
Frédérique Audoin-Rouzeau, *Les Chemins de la peste : le rat, la puce et l'homme*
Élisabeth Badinter, *Les Remontrances de Malesherbes*
Jacques Bainville, *Histoire de France*
Jacques Bainville, *Napoléon*
Malcom Barber, *Le Procès des Templiers*
Alessandro Barbero, *Barbares. Immigrés, réfugiés et déportés dans l'Empire romain*
Jean-Jacques Becker et Gerd Krumeich, *La Grande Guerre. Une histoire franco-allemande*
Giovanni Belzoni, *Voyages en Égypte et en Nubie*
Jean Bérenger, *Histoire de l'empire des Habsbourg. Tome 1 : 1273-1665*
Jean Bérenger, *Histoire de l'empire des Habsbourg. Tome 2 : 1665-1918*
David Berlinski, *Une brève histoire des maths*
Anne Bernet, *Les Chrétiens dans l'empire romain*
Célia Bertin, *La Femme à Vienne au temps de Freud*
Georges Bordonove, *La Tragédie des Templiers*
Georges Bordonove, *La Tragédie cathare*
Marcel Brion, *Frédéric II de Hohenstaufen*
Marcel Brion, *Les Borgia*
Louise Brooks, *Loulou à Hollywood*
Christopher R. Browning, *Des hommes ordinaires. Le 101e bataillon de réserve de la police allemande et la Solution finale en Pologne*
Christopher R. Browning, *Politique nazie, travailleurs juifs, bourreaux allemands*
G. Bruno, *Le Tour de la France par deux enfants*
Riccardo Calimani, *Histoire du ghetto de Venise*
Piero Camporesi, *Le Goût du chocolat*
Paul Carell, *Ils arrivent ! Le Débarquement vécu du côté allemand*
Boni de Castellane, *L'Art d'être pauvre*, précédé de *Comment j'ai découvert l'Amérique*
Curtis Cate, *La Campagne de Russie*
Matei Cazacu, *Dracula*
Matei Cazacu, *Gilles de Rais*
Rémy Cazals et André Loez, *14-18. Vivre et mourir dans les tranchées*
Pierre Chaine, *Mémoires d'un rat*
Eddie Chapman, *Ma Fantastique Histoire*
Pierre Chaunu et Michèle Escamilla, *Charles Quint*

Guy Chaussinand-Nogaret, *Les Femmes du roi, d'Agnès Sorel à Marie-Antoinette*
Guy Chaussinand-Nogaret, *Les Français sous Louis XV*
Kellow Chesney, *Les Bas-Fonds de Londres. Crime et prostitution sous le règne de Victoria*
Winston Churchill, *Discours de guerre.* Édition bilingue
Winston Churchill, *Journal politique, 1936-1939*
Winston Churchill, *Mes jeunes années*
Winston Churchill, *Mon voyage en Afrique*
Winston Churchill, *Réflexions et Aventures*
Ivan Cloulas, *César Borgia*
Marthe Cohn, *Derrière les lignes ennemies*
Philippe de La Cotardière, *Histoire des sciences*
Bernard Cottret, *Histoire de l'Angleterre*
Roger Dachez, *Histoire de la médecine*
Pierre Daix, *Aragon avant Elsa*
Franck Daninos, *CIA. Une histoire politique, 1947-2007*
Amable De Fournoux, *La Venise des Doges*
Philippe Delorme, *Aliénor d'Aquitaine*
Arthur Demarest, *Les Mayas. Grandeur et chute d'une civilisation*
Sophie Deroisin, *Le Prince de Ligne*
Roger Duchêne, *Madame de Sévigné*
Jean Favier, *Louis XI*
Moses I. Finley, *L'Héritage de la Grèce antique*
Janet Flanner, *Chroniques d'une Américaine à Paris*
Robert Fleury, *Marie de Régnier*
Michael R.D. Foot & J.-L. Cremieux-Brilhac, *Des Anglais dans la Résistance. Le SOE en France, 1940-1944*
Philippe Franchini, *Les Guerres d'Indochine. De la conquête française à 1949*
Philippe Franchini, *Les Guerres d'Indochine. De 1949 à la chute de Saïgon*
Isabelle Franco, *Dictionnaire de mythologie égyptienne*
Max Gallo, *Garibaldi*
Max Gallo, *Rosa Luxemburg*
Max Gallo, *La Nuit des longs couteaux*
Max Gallo, *L'Italie de Mussolini*
Pierre Gaxotte, *Le Siècle de Louis XV*
Murray Gordon, *L'Esclavage dans le monde arabe*
Sylvain Gouguenheim, *Le Moyen Âge en questions*
Sylvain Gouguenheim, *Les Chevaliers teutoniques*
Zalmen Gradowski, *Au cœur de l'enfer*
Michael Grant et John Hazel, *Dictionnaire de la mythologie*
Peter Green, *Les Guerres médiques*
Pierre Grimal, *Cicéron*
Mogens Herman Hansen, *La Démocratie athénienne*
Victor Hanson, *Le Modèle occidental de la guerre*

Gilles HENRY, *Petit dictionnaire des mots qui ont une histoire*
John HERSEY, *Hiroshima*
Richard HILLARY, *Le Dernier Ennemi. Bataille d'Angleterre, juin 1940-mai 1941*
Adam HOCHSCHILD, *Les Fantômes du roi Léopold. La terreur coloniale au Congo belge, 1884-1908*
Alistair HORNE, *Comment perdre une bataille*
John HORNE et Alan KRAMER, *1914, Les Atrocités allemandes. La vérité sur les crimes de guerre en France et en Belgique*
Richard HOUGH, *La Mutinerie du cuirassé Potemkine*
Aldous HUXLEY, *Les Diables de Loudun*
Christian JACQ, *Le Monde magique de l'Égypte ancienne*
Jean-Noël JEANNENEY, *Georges Mandel. L'homme qu'on attendait*
Lucien JERPHAGNON, *Julien dit l'Apostat*
Lucien JERPHAGNON, *C'était mieux avant...* suivi du *Petit Livre des citations latines*
Alexandre JEVAKHOFF, *Les Russes blancs*
Pierre JOURNOUD et Hugues TERTRAIS, *Paroles de Dien Bien Phu*
Camille JULLIAN, *Vercingétorix*
Donald KAGAN, *Périclès*
François KERSAUDY, *Churchill contre Hitler*
Joseph KESSEL, *Jugements derniers. Les procès Pétain, de Nuremberg et Eichmann*
Joseph KESSEL, *L'Heure des châtiments*
Joseph KESSEL, *La Nouvelle Saison*
Joseph KESSEL, *Le Jeu du roi*
Joseph KESSEL, *Le Temps de l'espérance*
Joseph KESSEL, *Les Instants de vérité*
Joseph KESSEL, *Les Jours de l'aventure*
Anja KLABUNDE, *Magda Goebbels*
Arthur KOESTLER, *La Treizième Tribu*
Paul LAFARGUE, *Paresse et Révolution, 1880-1911*
Olivier LALIEU, *La Résistance française à Buchenwald*
Hermann LANGBEIN, *Hommes et femmes à Auschwitz*
Henry LAURENS, *Français et Arabes depuis deux siècles*
Richard LEBEAU, *Une Histoire des Hébreux*
Évelyne LEVER, *Marie-Antoinette; journal d'une reine*
Claude LÉVY et Paul TILLARD, *La Grande Rafle du Vel d'Hiv*
Bernard LEWIS, *Istanbul et la civilisation ottomane*
Louis XIV, *Mémoires* suivis de *Manière de montrer les jardins de Versailles*. Textes présentés par Joël Cornette
Pierre MENDÈS FRANCE, *Dire la vérité*
Jean MEYER, *La Révolution mexicaine*
André MIQUEL, *Ousâma. Un prince syrien face aux croisés*
Pierre MIQUEL, *Mourir à Verdun*

Nancy Mitford, *Madame de Pompadour*
Horst Möller, *La République de Weimar*
Philippe Monnier, *Venise au XVIIIe siècle*
Pierre Montagnon, *Histoire de la Légion*
Daniel Mornet, *Les Origines intellectuelles de la Révolution française*
Dominique de la Motte, *De l'autre côté de l'eau. Indochine, 1950-1952*
Donald M. Nicol, *Les Derniers Siècles de Byzance*
George D. Painter, *Marcel Proust*
Jacques-Henry Paradis, *Le Journal du siège de Paris.* Texte annoté et présenté par Alain Fillion
Joseph Pérez, *Brève histoire de l'Inquisition en Espagne*
Michel Pernot, *La Fronde*
Jean-Christian Petitfils, *Le Véritable d'Artagnan*
Henri Pigaillem, *Anne de Bretagne*
Jean-Robert Pitte, *Histoire du paysage français*
Karyn Poupée, *Les Japonais*
Christophe Prochasson, *14-18. Retours d'expérience*
Claude Quétel, *Histoire de la folie*
Salomon Reinach, *Sidonie ou Le Français sans peine*
Yves Renouard, *Les Hommes d'affaires italiens au Moyen Âge*
Jean-François Revel, *Un festin en paroles. Histoire littéraire de la sensibilité gastronomique de l'Antiquité à nos jours*
Jean-Pierre Rioux, *La France de 1900*
Jacqueline de Romilly, *Alcibiade*
Steven Runciman, *La Chute de Constantinople : 1453*
Cornelius Ryan, *La Dernière Bataille : 2 mai 1945*
Cornelius Ryan, *Le Jour le plus long*
Heinrich Schliemann, *La Fabuleuse Découverte des ruines de Troie*
Comte Philippe de Ségur, *Un aide de camp de Napoléon. De 1800 à 1812*
Comte Philippe de Ségur, *La Campagne de Russie, 1812*
Comte Philippe de Ségur, *Du Rhin à Fontainebleau, 1812-1815*
Gitta Sereny, *Au fond des ténèbres*
William L. Shirer, *Les Années du cauchemar, 1934-1945*
La Baronne Staffe, *Usages du monde. Règles du savoir-vivre dans la société moderne*
Robert van Gulik, *Affaires résolues à l'ombre du poirier. Un manuel chinois de jurisprudence et d'investigation policière du XIIIe siècle*
Fey von Hassel, *Les Jours sombres*
Paul Veyne, *Sénèque. Une introduction*
Alexander Werth, *Leningrad, 1943*
Alexander Werth, *La Russie en guerre. La patrie en danger, 1941-1942*
Alexander Werth, *La Russie en guerre. De Stalingrad à Berlin, 1943-1945*
Édith Wharton, *Villas et jardins d'Italie*
Arthur Young, *Voyages en France*
Natalie Zemon Davis, *Le Retour de Martin Guerre*

Cet ouvrage a été achevé d'imprimer en mars 2016
dans les ateliers de Normandie Roto Impression s.a.s.
61250 Lonrai
N° d'impression : 1601070
N° d'édition : 3575
ISBN : 979-10-210-0088-9
Dépôt légal : avril 2013

Imprimé en France